SCHÄFFER
POESCHEL

Gerrit Jan van den Brink/Frank Romeike

Corporate Governance und Risikomanagement im Finanzdienstleistungsbereich

Grundlagen, Methoden, Gestaltungsmöglichkeiten

2005
Schäffer-Poeschel Verlag Stuttgart

Bibliografische Information Der Deutschen Bibliothek
Die Deutsche Bibliothek verzeichnet diese
Publikation in der Deutschen Nationalbibliografie;
detaillierte bibliografische Daten sind im Internet über
< http://dnb.ddb.de > abrufbar.

Gedruckt auf säure- und chlorfreiem,
alterungsbeständigem Papier.

ISBN 3-7910-2318-7

© 2005 Schäffer-Poeschel Verlag
für Wirtschaft · Steuern · Recht GmbH
www.schaeffer-poeschel.de
info@schaeffer-poeschel.de

Einbandgestaltung: Willy Löffelhardt
Satz: Grafik-Design Fischer, Weimar
Druck und Bindung: Kösel, Krugzell
www.koeselbuch.de
Printed in Germany
April/2005

Schäffer-Poeschel Verlag Stuttgart
Ein Tochterunternehmen der Verlagsgruppe Handelsblatt

Inhalt

Vorwort

Nicht selten verwechseln Unternehmen Corporate Governance mit einem Beauty-Contest. Rankings, Rating hin und her – es gibt keinen ersten Platz. Denn schlussendlich entscheidet der (potenzielle) Investor, ob er dem Unternehmen traut oder auch nicht.

Daher sollte auch klar sein, dass Corporate Governance keine Steigerungsform eines missverstandenen kurzfristigen Shareholder-Value-Ansatzes ist. Vielmehr ist Corporate Governance ein Instrument zur mittel- und langfristigen Bindung des Investors an das Unternehmen durch den Aufbau von Vertrauen. Vor diesem Hintergrund wird auch sehr schnell deutlich, dass Corporate Governance eng mit der strategischen Unternehmenssteuerung und dem Risikomanagement verknüpft ist. Corporate Governance ist kein Selbstzweck, sondern Mittel zum Zweck. Corporate Governance basiert auf dem Versprechen gegenüber den Aktionären und sonstigen Investoren, dass Vorstand und Aufsichtsrat alles daran setzen, um eine ökonomisch sinnvolle und realistische Rendite auf das eingesetzte Kapital zu erzielen.

Der Begriff Corporate Governance ist an und für sich nicht neu und beinhaltet die Grundsätze einer verantwortungsvollen Unternehmensführung und -kontrolle. Auch in Deutschland ist die Diskussion nicht wirklich neu und fand eine gesetzliche Kodifizierung bereits durch das »Gesetz zur Kontrolle und Transparenz im Unternehmensbereich« (KonTraG). Das KonTraG verpflichtet seit 1. Mai 1998 Vorstände börsennotierter Unternehmen zur Einrichtung eines Überwachungssystems, um Risiken frühzeitig zu erkennen. § 91 II AktG sieht vor, dass »der Vorstand geeignete Maßnahmen zu treffen, insbesondere ein Überwachungssystem einzurichten hat, damit den Fortbestand der Gesellschaft gefährdende Entwicklungen früh erkannt werden«. Danach hat die Geschäftsleitung ein Früherkennungssystem für Risiken sowie ein internes Überwachungssystem im Unternehmen einzurichten.

Doch recht schnell hat der Gesetzgeber erkannt, dass der Papiertiger KonTraG nicht wirklich gelebt wurde und »Corporate Governance« ein fortwährender Prozess aller am Unternehmen beteiligten Personen ist, der gelebt werden muss. Ein Häkchen bei der Jahresabschlussprüfung reicht nicht.

Daher hat die Regierungskommission Corporate Governance im Februar 2002 den Deutschen Corporate Governance Kodex vorgelegt, der wesentliche Regelungen zur Leitung und Überwachung deutscher börsennotierter Gesellschaften enthält und zusätzlich zum geltenden Recht Standards für eine gute und verantwortungsvolle Unternehmensführung setzt. Vorrangiges Ziel ist es, den Standort Deutschland für nationale und internationale Investoren attraktiver zu machen.

Das Buch gliedert sich in insgesamt vier Kapitel. Im Kapitel 1 wird ein Überblick über die wesentlichen Corporate Governance-Codes gegeben. Neben dem Deutschen Corporate Governance Kodex stehen hier die internationalen Regelwerke im Vordergrund. Der Sarbanes-Oxley Act und die Ausarbeitung mit Hilfe des COSO-Frameworks werden ebenfalls behandelt.

Im Kapitel 2 wird die Verbindung mit dem Risikomanagement im Unternehmen gelegt. Es gibt bedeutende Wechselwirkungen zwischen den Corporate Governance-Anforderungen und der Risikomanagementpraxis in Unternehmen. Die Synergiepotenziale werden hervorgehoben.

Im Kapitel 3 wird das Corporate Governance-Rating behandelt, dass in Zukunft eine wichtige Rolle spielen wird, da die Investoren sich auf das Urteil der Rating-Institute bei ihren Entscheidungen verlassen werden.

Das Buch wird mit einem Ausblick abgerundet, der sich mit den Initiativen der Europäischen Union beschäftigt.

Als Hilfestellung sind im Anhang Übersichten und Checklisten aufgenommen, die eine Hilfestellung für die Umsetzung in die Praxis darstellen sollen. Die Checklisten werden auf die Webseite http://cg.risknet.de/ eingestellt und stehen für die Leserinnen und Leser zum Download bereit. Wenn sich Änderungen in den Kodizes ergeben, werden hier aktuelle Checklisten aufgenommen, beziehungsweise auf Quellen verwiesen.

Wir wünschen Ihnen viel Spaß beim Lesen und eine erfolgreiche Umsetzung des Gelesenen in die Praxis. Schreiben Sie uns Ihre Meinung an buch@risknet.de. Machen wir uns auf den Weg!

Freiburg im Breisgau und Königstein im Taunus
November 2004

Frank Romeike und
Gerrit Jan van den Brink

I Corporate Governance: Überblick, Zweck und Begriffsbestimmung

1 Corporate Governance: Überblick und Grundlagen

In den vergangenen Jahren führte eine Reihe von Finanzskandalen, insbesondere in den USA, zu einem schwindenden Vertrauen der Anleger in die Kapitalmärkte. Die Ursachen für die meisten Aufsehen erregenden Unternehmenskrisen sind weniger auf Markt-, Finanz-, Rechtsrisiken oder externe Risiken zurückzuführen, sondern vielmehr auf Missmanagement und Managementfehler. Bernie Ebbers, der Chef der US-Telefongesellschaft *WorldCom*, und sein Finanzchef hatten beispielsweise einfach Ausgaben als Investitionen gebucht und mit Hilfe kreativer Buchführung das Vermögen in der Bilanz des Jahres 2001 um etwa vier Milliarden Dollar erhöht ausgewiesen. Später räumte der Konzern ein, weitere 3,3 Milliarden Dollar falsch verbucht zu haben, womit sich die Falschbuchungen auf insgesamt 7,2 Milliarden Dollar summierten. Parallelen gab es auch beim Zusammenbruch von Enron: Kenneth Lay, der Chef des US-Energieriesen *Enron*, hatte den Gewinn des Unternehmens in den vergangenen vier Jahren um 20 Prozent – insgesamt 586 Millionen Dollar – zu hoch angegeben. Dennis Kozlowski, Chef des Mischkonzerns *Tyco*, hatte mit Hilfe einer »kreativen Buchführung« den Unternehmensgewinn künstlich gesteigert und ist schlussendlich Opfer seiner eigenen Gier geworden.

Im Mai mussten Chuck Watson als Chief Executive Officer (CEO) des Konzerns Dynegy (Dynamic Energy) sowie William McCormick von CMS Energy ihren Hut nehmen, weil beide jeweils Strom des anderen bezogen und zum gleichen Preis wieder verkauft hatten (»Round trip«-Handel). Durch derartige Transaktionen wurden die Handelsbilanzen aufgebläht.

Diese Ereignisse führten weltweit zu einer neuen Diskussion über Corporate Governance. Der Begriff »Corporate Governance« ist jedoch nicht erst seit den jüngsten spektakulären Firmenpleiten und -krisen in den USA und Europa in aller Munde. In der Wissenschaft werden diese Themen bereits seit mehreren Jahrzehnten intensiv diskutiert – beginnend in den USA, spätestens seit Beginn der neunziger Jahre auch in Europa und Japan.

Doch um was genau geht es bei »Corporate Governance«? Primärer Zweck einer effektiven Corporate Governance ist es, Aktionäre und andere von der Leistung und dem Verhalten der Kontrollinhaber abhängige Parteien vor Vermögensschädigung und anders gearteten Übervorteilungen zu schützen. Hierdurch sollen Anreize für ein effizientes (Investitions-)Verhalten aller *Stakeholder* geschaffen werden.

Die Notwendigkeit für »Corporate Governance« resultiert vor allem aus der Trennung von Eigentum und Kontrolle in öffentlichen Aktiengesellschaften. Aus dieser Trennung kann ein *Prinzipal-Agent-Problem* zwischen Aktionären der Gesellschaften, den Prinzipalen, und ihren Managern, den Agenten, identifiziert werden. »Corporate Governance« versucht die möglichen Interessenkonflikte im Unternehmen auf dem Verhandlungsweg zu lösen und auf diese Weise die Macht- und Einkommensverteilung zwischen den verschiedenen Interessengruppen des Unternehmens zu definieren und zu koordinieren.

Die zuvor skizzierten Ereignisse haben dazu geführt, dass national und international mit verschiedenen gesetzgeberischen Maßnahmen auf das schwindende Vertrauen der Anleger reagiert wurde. So hat der US-Kongress innerhalb weniger Monate den »*Sarbanes-Oxley Act* of 2002« (SOA) verabschiedet. Benannt wurde das Gesetz nach den Autoren des Gesetzentwurfes: Paul Sarbanes (Vorsitzender des Bankenausschusses des Senats) und Michael G. Oxley (Vorsitzender des Ausschusses für Finanzdienstleistungen im Repräsentantenhaus). Ziel des Gesetzes ist es, das Vertrauen der Anleger in die Rechnungslegung und Unternehmenssteuerung und -überwachung wiederherzustellen sowie die Anleger zu schützen. Erklärtes Ziel der US-Gesetzgebung war es aber auch, das System der Selbstregulierung abzulösen, das nach Ansicht der amerikanischen Börsenaufsicht SEC zahlreiche Schwachstellen aufwies.

Der SOA regelt die Verantwortlichkeiten der Unternehmensführung und der Wirtschaftsprüfer grundlegend neu und definiert Regeln für die Zusammenarbeit von Unternehmen und Wirtschaftsprüfern. Der SOA ist die bedeutendste Änderung der US-Wertpapiergesetze seit dem »Securities Act von 1933« und dem »Securities Exchange Act von 1934«. Diese in der Amtszeit von Präsident Franklin D. Roosevelt erlassenen Gesetze waren eine Reaktion auf den damaligen weltweiten Zusammenbruch der Kapitalmärkte.

Die durch den Sarbanes-Oxley Act eingeführten Regelungen lassen sich im Wesentlichen in zwei Kategorien aufteilen und gehen teilweise weit über die im Deutschen Corporate Governance Kodex verankerten Empfehlungen hinaus:

- Das oberste Management von an US-Börsen notierten Unternehmen haftet nach dem Sarbanes-Oxley Act nun persönlich für die Richtigkeit der Aussagen über die finanzielle Unternehmenssituation und die Wirksamkeit der internen Kontrollen. Festgelegt wird diese persönliche Pflicht der CEOs und CFOs US-börsennotierter Unternehmen im Rahmen der internen Kontrollen in den Sections 302 und 404 des SOA.
- Einrichtung und Verstärkung des *Audit Committees*. Die Mitglieder dieses Prüfungsausschusses müssen unabhängig vom Vorstand sein. Das Komitee trägt die Verantwortung für die Berufung, Festlegung der Vergütung und Überwachung der externen Prüfer.

Die im Sarbanes-Oxley Act definierten Sections haben auch eine grenzüberschreitende Wirkung und gelten auch für die internationalen Tochtergesellschaften. Deutsche Unternehmen, die entweder an US-Börsen gelistet oder Töchter einer US-Firma sind, sind direkt vom SOA betroffen.

Eine grundlegende Bestimmung des Sarbanes-Oxley Act ist Sec. 302, wonach der CEO (deutsches Äquivalent ist der Vorstandsvorsitzende) und der CFO (deutsches Äquivalent ist der Finanzvorstand) in einer Erklärung zu bestätigen hat, dass die von ihm unterzeichneten jährlichen oder vierteljährlichen Geschäftsberichte ihrer Kenntnis nach keine unwahren Tatsachen beinhalten und die in den Geschäftsberichten enthaltenen Jahresabschlüsse und andere Finanzinformationen eine in allen wesentlichen Belangen zutreffende Darstellung der Vermögens-, Finanz- und Ertragslage des Emittenten darstellen. Des Weiteren wird den Organmitgliedern die gesetzliche Pflicht auferlegt, ein Internes Kontrollsystem einzurichten und die Funktionsfähigkeit dieses Systems sicherzustellen. Bereits das *KonTraG* verpflichtet die deutschen Aktiengesellschaften gemäß § 91 Abs. 2 AktG zur Einrichtung eines *Frühwarn- und Kontrollsystems*, um rechtzeitig die den Fortbestand der Gesellschaft gefährdenden Entwicklungen zu erkennen. Der Sarbanes-Oxley Act ist hier ungenauer und spricht allgemein von »wesentlichen Informationen«. Insbesondere im Zusammenhang mit den potenziellen zivil- und strafrechtlichen Konsequenzen ist dies nicht unproblematisch.

Hinsichtlich möglicher Sanktionen sind verschiedene Rechtsfolgen denkbar. So sieht der Sarbanes-Oxley Act neben zivilrechtlichen Haftungsansprüchen insbesondere auch eine strafrechtliche Haftung der Organmitglieder vor (vgl. Sec. 906 SOA). Wusste das Organmitglied, dass die Angaben in der Erklärung gemäß Sec. 302 unzutreffend waren, droht eine Geldstrafe von bis zu einer Million US-Dollar oder eine Freiheitsstrafe von bis zu sechs Jahren oder auch beides. Ist die falsche Erklärung gemäß Sec. 302 absichtlich abgegeben worden, beläuft sich die Geldstrafe auf bis zu fünf Millionen US-Dollar oder eine Freiheitsstrafe von bis zu zwanzig Jahren oder auch beides. Weitere Sanktionen sieht Sec. 304 SOA vor. Danach muss der CEO und CFO innerhalb eines Jahres nach Veröffentlichung eines korrigierten Abschlusses variable Bezüge (etwa aufgrund von Stock-Options) an den Emittenten zurückzahlen, sofern wesentliche Korrekturen des Jahresabschlusses erforderlich sind.

Neben der Pflicht der Bestätigung der Finanzlage und zu Internen Kontrollsystemen sind auch die Regelungen zum Audit Committee ein Herzstück des Sarbanes-Oxley Act (Sec. 301 SOA). Aufgabe des Audit Committee ist die Überwachung der ordnungsgemäßen Finanzberichterstattung. Falls ein (deutsches) Unternehmen über kein Audit Committee verfügt, so werden sowohl Vorstand als auch Aufsichtsrat als Audit Committee angesehen. So ist das Audit Committee u. a. für die Bestellung und Honorarvereinbarung des Abschlussprüfers und dessen Überwachung verantwortlich. Die Mitglieder des Audit Committee sollten gemäß Sec. 301 SOA unabhängig sein und es darf sich um keine, im Verhältnis zum Emittenten oder seinen Tochtergesellschaften, nahe stehende Person handeln.

Laut Aussagen der amerikanischen *Börsenaufsicht* SEC muss das Management von an US-Börsen gelisteten Unternehmen erstmals für das Geschäftsjahr, das nach dem 15. April 2005 endet, über die Wirksamkeit des Internen Kontrollsystems berichten. Damit Vorstände von US-börsennotierten Unternehmen in Deutschland diesen neuen Anforderungen gerecht werden können und die Wirksamkeit der internen Kontrollen nachgewiesen werden kann, hat die SEC das COSO-Rahmenwerk als Standard für interne Kontrollen empfohlen.

In diesem Zusammenhang ist für an US-Börsen gelistete Unternehmen wichtig, dass neben den Anforderungen des Sarbanes-Oxley Act auch die von der SEC erlassenen Ausführungsregelungen und die Listing-Anforderungen der jeweiligen Börse (etwa der NYSE) zu berücksichtigen sind.

Wie bereits skizziert haben Interne Kontrollsysteme insbesondere in der angelsächsischen Unternehmenspraxis eine lange Historie. So führte etwa der »Federal Deposit Insurance Corporate Improvement Act« bereits 1991 zu erweiterten Regelungen für das Management bestimmter staatlich versicherter Finanzdienstleistungsunternehmen, die u. a. auch eine umfassende Berichterstattung über das Interne Kontrollsystem vorsah. Wie bereits erwähnt, legte 1992 das »Committee of Sponsoring Organizations of the Treadway Commission« den COSO Report mit Details zur Ausgestaltung und Bewertung von Internen Kontrollsystemen vor. Auch der englische »Combined Code« enthielt Details zum Internen Kontrollsystem und wurde im Jahr 2000 durch den »Turnbull Report« wesentlich erweitert.

In Deutschland konkretisierte der Gesetzgeber wesentliche Komponenten eines Internen Kontrollsystems im *KonTraG* (Gesetz zur Kontrolle und Transparenz im Unternehmensbereich). Das KonTraG verpflichtet seit 1. Mai 1998 Vorstände von Aktiengesellschaften (durch die Ausstrahlungswirkung auch die Vorstände und Geschäftsführer anderer Gesellschaftsformen) zur Einrichtung eines Überwachungssystems, um Risiken frühzeitig zu erkennen. § 91 Abs. 2 AktG sieht vor, dass »der Vorstand geeignete Maßnahmen zu treffen, insbesondere ein Überwachungssystem einzurichten hat, damit den Fortbestand der Gesellschaft gefährdende Entwicklungen früh erkannt werden«. Und schließlich fordert auch der im Juli 2002 vom amerikanischen Kongress verabschiedete Sarbanes-Oxley Act die Einrichtung und Aufrechterhaltung eines Internen Kontrollsystems (vgl. Sec. 302 und Sec. 404 SOA).

Ein *Internes Kontrollsystem* ist daher ein ganz wesentliches Element für den Aufbau und die Umsetzung eines guten Corporate Governance-Systems.

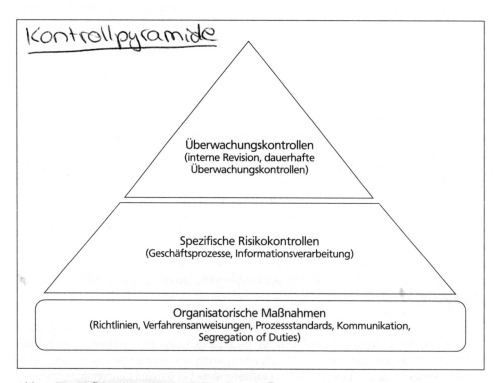

Abb. 1: Der Aufbau eines Internen Kontrollsystems

Basierend auf den Prüfungsstandards der Wirtschaftsprüfer (IDW PS 260) kann ein Internes Kontrollsystem wie folgt definiert werden:[1]

---

1 Vgl. Waldersee, G./Ranzinger, Chr.: Gestaltung und Bewertung des Internen Kontrollsystems, in: Pfitzer, N./Oser, P.: Deutscher Corporate Governance Kodex – Ein Handbuch für Entscheidungsträger, Stuttgart 2003, S. 477.

Unter einem Internen Kontrollsystem werden die von der Unternehmensleitung im Unternehmen eingeführten Grundsätze, Verfahren und Maßnahmen (Regelungen) verstanden, die auf die organisatorische Umsetzung der Entscheidungen der Unternehmensleitung gerichtet sind. Sie haben das Ziel:

- die Wirksamkeit und Wirtschaftlichkeit der Geschäftätigkeit unter Berücksichtigung des Vermögensschutzes und
- die Ordnungsmäßigkeit und Verlässlichkeit der internen und externen Rechnungslegung zu gewährleisten sowie
- die Einhaltung der für das Unternehmen maßgeblichen rechtlichen Vorschriften sicherzustellen.

Hierbei liegt der Schutz des Vermögens und die Verhinderung und Aufdeckung von Vermögensschädigungen im Fokus eines Internen Kontrollsystems. Dabei richtet sich die Überprüfung sowohl auf Kontrollen im Rahmen der täglichen Geschäftsvorfälle, als auch auf Kontrollen der Informationsverarbeitung sowie deren Aufbereitung in Management-Informationssystemen. In Abbildung 1 ist die Grundkonzeption der *Kontrollpyramide* in Unternehmen dargestellt.

Das Fundament eines Internen Kontrollsystems bilden organisatorische Maßnahmen in der Form von Richtlinien, Verfahrensanweisungen und methodischen Vorgaben.

So können aber auch definierte Genehmigungsprozesse (etwa im Bereich der Kreditvergabe, des Underwriting oder der Schadenbearbeitung), der Aufbau von Limitsystemen (etwa im Bereich des Asset-Managements) oder auch die Analyse von Protokollen im Bereich der Informationstechnologie das Interne Kontrollsystem unterstützen (Spezifische Risikokontrollen). Die Überwachungskontrollen bilden die oberste Ebene der Kontrollpyramide und beruhen z. B. auf der Durchführung von Tests, um die Ergebnissicherheit von definierten Kontrollen zu verifizieren. Überwachungskontrollen werden insbesondere durch Prozessuntersuchungen der Internen Revision unterstützt.

Das Interne Kontrollsystem besteht – in Anlehnung an die Empfehlungen des COSO-Reports – aus fünf Komponenten:

- *Kontrollumfeld:* Wesentlich für ein effizientes Internes Kontrollsystem ist die Wahrnehmung der Geschäftsführungs- und Aufsichtsorgane hinsichtlich des Stellenwerts von Kontrollen und deren Festlegung in unternehmensinternen Prozessen, Methoden und Verfahren.
- *Risikobewertung und -steuerung:* Jede unternehmerische Entscheidung ist mit Risiken verbunden. Erfolgreich unternehmen heißt jedoch kalkuliert riskieren. Daher sollte ein Unternehmen ihre Risiken identifizieren, analysieren und effizient steuern. Erst der gezielte Umgang mit Risiken führt insbesondere bei Banken und Versicherungsunternehmen dazu, dass Unternehmen erfolgreich im Wettbewerb bestehen, ihre finanziellen Ziele erreichen und die Qualität ihrer Produkte und Dienstleistungen verbessern können.
- *Kontrollaktivitäten:* Die Kontrollaktivitäten stellen auf allen Hierarchiestufen sicher, dass adäquate Maßnahmen zur Risikoeingrenzung getroffen und umgesetzt werden, damit die Unternehmensziele erreicht werden.
- *Information und Kommunikation:* Eine adäquate Informationsversorgung ist ganz wesentlich für den Erfolg eines Unternehmens. Daher sollte sichergestellt werden, dass

die für die unternehmerischen Entscheidungen relevanten Informationen in geeigneter und zeitgerechter Form erfasst, aufbereitet und an die verantwortlichen Stellen weitergeleitet werden.

- *Überwachung des Internen Kontrollsystems*: Da es sich beim Internen Kontrollsystem – analog dem Risikomanagement – um einen Regelkreis handelt, beinhaltet die Überwachung des Internen Kontrollsystems die kontinuierliche Beurteilung der Wirksamkeit vorhandener interner Kontrollen. Bei Abweichungen sollten sofort adäquate Maßnahmen eingeleitet werden.

In diesem Zusammenhang ist es wichtig, dass die Ausgestaltung eines Internen Kontrollsystems Bestandteil eines integrierten Risikomanagements sein sollte. Häufig existieren in den Unternehmen bereits Risikomanagement-Systeme, so dass das Interne Kontrollsystem lediglich ein- oder angebunden werden muss. So kann das Interne Kontrollsystem auch auf den Methodenbaukasten des Risikomanagements (Self-Assessment, Key-Risk-Indikatoren etc.) zurückgreifen. In Abbildung 2 ist die grundsätzliche Konzeption eines integrierten Risikomanagement- und Kontrollsystems skizziert.

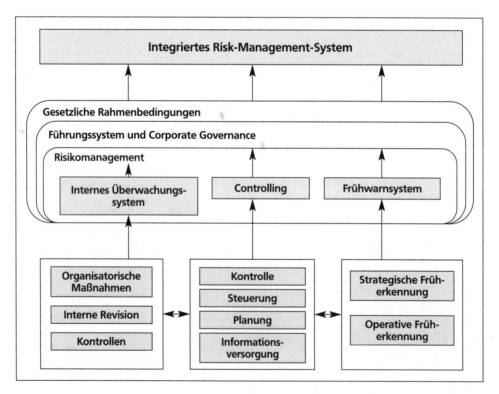

Abb. 2: Integriertes Risikomanagement- und Kontrollsystem[2]

---

2 Vgl. Romeike, F.: Gesetzliche Grundlagen, Einordnung und Trends, in: Romeike, F.; Finke, R. (Hrsg.): Erfolgsfaktor Risikomanagement: Chance für Industrie und Handel, Wiesbaden 2003.

2 Corporate Governance im internationalen Kontext

Die OECD[1] hat Corporate Governance wie folgt definiert:

>*Corporate governance is the system by which business corporations are directed and controlled. The corporate governance structure specifies the distribution of rights and responsibilities among different participants in the corporation, such as, the board, managers, shareholders, and spells out the rules and procedures for making decisions on corporate affairs. By doing this, it also provides the structure through which the company objectives are set, and the means of attaining those objectives and monitoring performance.*«

Obwohl Corporate Governance oft als Regelwerk für die Zusammenarbeit zwischen den Organen einer Gesellschaft, Aktionären, Wirtschaftsprüfern und anderen Interessengruppen (Stakeholdern) verstanden wird, hat die OECD-Definition ebenfalls einen klaren unternehmensinternen Bezug. Es handelt sich hier ebenfalls um die interne Kontrolle des Unternehmens. Die Strukturen, die eine erfolgreiche Erreichung der Unternehmensziele sicherstellen sollen, werden bereits in der Definition erwähnt. Die Leitungskontrolle ist ebenfalls ein fester Bestandteil der Corporate Governance. Obwohl das Risikomanagement hier noch nicht explizit erwähnt wurde, braucht es jedoch wenig Phantasie, um festzustellen, dass eine Verfehlung der Ziele meistens durch das Eintreten eines Störfalles (eines Risikoereignisses) verursacht wird. Die Betrachtung der Risiken in einem Unternehmen ist daher als notwendiger Teil von Corporate Governance zu betrachten. Dieser Punkt wird klar, wenn die verschiedenen Corporate Governance-Codes in diesem Kapitel besprochen werden.

Die OECD[2] hat 2004 die »Principles« herausgegeben, die als Orientierungshilfe für die Staaten und die Unternehmen gedacht sind. Ziel ist es, vergleichbare Standards weltweit zu definieren, um so den Wettbewerb der Märkte weiter voranzutreiben. Die Schaffung von Transparenz für alle Marktparteien zum gleichen Zeitpunkt steht dabei im Mittelpunkt. Aktionäre sollten sich immer weniger am nationalen Recht orientieren, sondern in immer mehr Ländern von den gleichen Rechten und Pflichten ausgehen können. Es handelt sich hier sowohl um die Informationspflichten der Unternehmensführung als auch um die verbesserten Möglichkeiten für Aktionäre, ihre Rechte auszuüben.

Am weitesten geht in diesem Kontext die Möglichkeit für Aktionäre, in einem definierten Rahmen Informationen bei der Geschäftsleitung anfordern zu können. Die Teilnahme an Hauptversammlungen soll erleichtert werden. Es wird dabei sogar daran gedacht, per Internet an den Hauptversammlungen teilzunehmen.

---

1 Cadbury Report, 1992, Seite 15.
2 OECD, 2004.

In vielen europäischen Staaten ist vor kurzem ein neuer Corporate Governance Kodex eingeführt worden. Es handelt sich in allen Fällen um eine Verbesserung der Transparenz im Unternehmen für die Interessengruppen (Stakeholders) eines Unternehmens. Die vorherige Praxis hat gezeigt, dass manche Informationen zu spät zu den Interessengruppen durchgedrungen sind. Manche Situationen wurden in den Bilanzen zu optimistisch dargestellt und die Risikomanagementfunktion war nicht in allen Unternehmen adäquat implementiert. Bilanzskandale haben die Notwendigkeit für mehr Transparenz gezeigt. Gleichwohl haben die Internen Kontrollsysteme die notwendigen Warnsignale nicht immer rechtzeitig gesendet, weil sie in solchen Fällen oft nicht auf die Früherkennung der Risiken ausgelegt waren. Die Stärkung der Risikomanagementorganisation und die verbesserte Definition der Aufsichtsanforderungen an den Aufsichtsrat stehen darum im Vordergrund. Der Aufsichtsrat wird als Kontrollorgan deutlich unterstützt. Die Randbedingungen sind ebenfalls in den unterschiedlichen Codes klarer beschrieben worden.

Die folgenden Punkte unterstützen die Sicherstellung der Risikoorientierung in den verschiedenen Gremien:

- Der Vorstand implementiert ein *Risikofrüherkennungssystem* und erklärt im Jahresabschlussbericht, dass die Risikosteuerungs- und internen Kontrollmaßnahmen effektiv und adäquat sind. Die Wirkung des Internen Kontrollsystems wird ebenfalls im Jahresabschlussbericht erläutert (siehe Niederländischer Corporate Governance-Code).
- Der Vorstand ist verantwortlich für die Implementierung und das Funktionieren von Abläufen, die dafür sorgen, dass alle materiellen und finanziellen Informationen beim Vorstand bekannt werden.
- Der Vorstand stellt sicher, dass die Mitarbeiter, ohne Konsequenzen befürchten zu müssen, Missstände dem Vorstandsvorsitzenden berichten können.
- Der Aufsichtsrat bespricht mindestens jährlich die Strategie und die damit verbundenen Risiken und die Ergebnisse der Beurteilung des internen Risikosteuerungs- und Kontrollsystems.
- Der Vorsitzende des Aufsichtsrates ist kein ehemaliges Vorstandsmitglied des Unternehmens.
- Der Audit-Ausschuss beaufsichtigt den Vorstand bezüglich des Funktionierens des Risikomanagements und Internen Kontrollsystems.
- Der Audit-Ausschuss wird weder durch den Aufsichtsratsvorsitzenden noch durch ein ehemaliges Vorstandsmitglied geführt.
- Die Non-Executive Directors überzeugen sich von der Integrität der Finanzinformationen. Sie überzeugen sich ebenfalls von der Robustheit der Kontrollen, die bei der Erstellung der Finanzinformationen eine Rolle spielen, sowie von den Systemen für das Risikomanagement (siehe British Combined Code).
- Der Vorsitzende des »Boards« soll nicht gleichzeitig »Chief Executive Officer« (CEO) sein.
- Das »Board« unterhält ein fundiertes System der internen »Controls« zur Sicherung der Aktionärsinvestitionen und der Unternehmensaktiva.
- Das »Board« sollte mindestens jährlich das *System der internen »Controls«* bewerten und den Aktionären berichten, dass diese Bewertung stattgefunden hat.

Die folgenden Beispiele aus unterschiedlichen Corporate Governance-Codes spiegeln die gemeinsamen Grundlagen wider:

- Der Vorstand ist durch die Anforderung bezüglich des Entwurfs und die Umsetzung des Internen Kontrollsystems explizit in seiner Kontrollrolle eingebunden.
- Die Kontrolle des Vorstandes ist klar geregelt, insbesondere durch die Besetzung des Aufsichtsrates.
- Der Aufsichtsrat ist stärker in die Kontrolle des Unternehmens eingebunden, insbesondere durch die explizite Anforderung, sich mit der Risikosituation des Unternehmens zu beschäftigen.
- Die Implementierung eines Audit-Ausschusses stellt einen strukturierten Informationsfluss in Richtung des Aufsichtsrates sicher.

Der Vorstand ist durch die Anforderung bezüglich des Entwurfs und die Umsetzung des Internen Kontrollsystems explizit in seiner Kontrollrolle eingebunden.
Der Vorstand ist explizit für den Entwurf und das Funktionieren des Internen Kontrollsystems zuständig. Der Entwurf eines Internen Kontrollsystems kann nur dann gelingen, wenn die Risiken, die produkt-, organisations-, system- und prozessimmanent sind, richtig erkannt werden. Es gilt, diese Risiken durch ein adäquates Internes Kontrollsystem zu steuern und zu beherrschen.

Nun reicht das Aufsetzen eines Internen Kontrollsystems nicht aus: Es muss ja auch gelebt werden. Der Vorstand ist ebenfalls in der Pflicht, die Umsetzung des Internen Kontrollsystems zu überwachen. Die so genannten »Checks and Balances« in der Organisation spielen hier eine wichtige Rolle. Interne Kontrollen werden zum Beispiel so aufgesetzt, dass Informationen aus verschiedenen unabhängigen Quellen miteinander abgestimmt werden, um so die Vollständigkeit der Datenerfassung sicherzustellen. Die interne Kontrollmaßnahme, die hier implementiert wird, basiert auf einer funktionalen Trennung, die durch gegenläufige Interessen bestimmt wird.

Darüber hinaus kann der Vorstand spezifische Kontrolleinheiten einsetzen. Kreditinstitute haben sogar eine Verpflichtung, denn es ist ihnen vorgeschrieben, eine interne Revision vorzuhalten[3]. Die Anforderung kann mit der besonderen Organisation der Finanzdienstleister begründet werden. In der Industrie und im Handel kann man sich bei der Implementierung eines Internen Kontrollsystems die *Wertschöpfungskette* zu Nutze machen. Beispielhaft kann in einem Großhandel dafür gesorgt werden, dass die Einkaufs-, Lager- und Verkaufsfunktion funktional getrennt sind. Dadurch kann das Interne Kontrollsystem die Verhältnisse zwischen den Funktionen feststellen. Alles was eingekauft wurde, muss auch gelagert werden, alles was verkauft wird, muss dem Lager entnommen werden. Das Interne Kontrollsystem überwacht, ob diese Verhältnisse auch stimmen. Die »Bewegung« der Ware kann dann natürlich mit der Geldbewegung konfrontiert werden. Wenn die Lagerbestände am Anfang und am Ende einer Berichtsperiode aufgenommen und die Einkäufe dazugezählt werden, kann man daraus ermitteln, wie viel dem Lager entnommen wurde. Wenn diese Warenmenge mit dem Verkaufspreis multipliziert wird, dann ist bekannt, wie viel Umsatz verantwortet werden muss. Bei Finanzdienstleistern gibt es keine Wertschöpfungskette, die Produkte liefert, die man zählen

---

3 BaFin, Mindestanforderungen an die Ausgestaltung der internen Revision der Kreditinstitute, Rundschreiben 1/2000.

kann. Darum ist die Organisation des Internen Kontrollsystems viel komplexer und in der Folge ist die Kontrolle durch die interne Revision umso wichtiger. Die interne Revision hat die Feststellung der ordnungsgemäßen Durchführung der Prozesse und darin aufgenommenen internen Kontrollen als wesentliche Aufgabe. Sie berichtet dem Vorstand bezüglich ihrer Untersuchungen und weist auf Handlungsbedarf hin.

Die Kontrolle des Vorstandes ist klar geregelt, insbesondere durch die Besetzung des Aufsichtsrates.

Der Vorsitzende des Aufsichtrates darf nach dem niederländischen Corporate Governance-Code kein ehemaliges Mitglied des Vorstandes sein. Der Grund ist nachvollziehbar: Wenn Punkte aus der nahen Vergangenheit einer Untersuchung bedürfen, kann das ehemalige Vorstandsmitglied in seiner neuen Rolle als Aufsichtsratsvorsitzender versuchen, die Untersuchung oder ihre Ergebnisse zu unterdrücken. Dadurch wird der Transparenz eher entgegengewirkt als diese gefördert. Die Versuchung ist groß, hier in eigenem Interesse, statt im Interesse der Aktionäre zu handeln. Diese Anforderung ist momentan ausschließlich im niederländischen Corporate Governance-Code definiert.

Kein System hat jedoch nur Vor- oder Nachteile. So muss dem deutschen System zu Gute gehalten werden, dass der ehemalige Vorstandsvorsitzende natürlich über viele Unternehmensinformationen verfügt und so seine Überwachungsfunktion besser ausüben kann.

Es ist jedoch nicht auszuschließen, dass die Europäische Union beim Bestreben nach einem gemeinsamen Corporate Governance-Code diesen Punkt aufnehmen wird.

In Deutschland ist es Usus, dass der Vorstandsvorsitzende bei seiner Pensionierung Aufsichtsratsvorsitzender wird. Mit dieser Tradition müsste dann gebrochen werden.

Der Aufsichtsrat ist stärker in der Kontrolle des Unternehmens eingebunden, insbesondere durch die explizite Anforderung sich mit der Risikosituation des Unternehmens zu beschäftigen.

Der Aufsichtsrat ist gefordert, sich mit der Risikosituation des Unternehmens zu beschäftigen. Es handelt sich hier um die operationellen und unternehmerischen Risiken. In einem Finanzinstitut zählen dazu auch die Kredit- und Marktpreisrisiken. Der Aufsichtsrat sollte sich umfassend mit dem Risikoprofil des Unternehmens im Allgemeinen und den Risiken verbunden mit neuen Strategien auseinander setzen. Die Beurteilung sollte ebenfalls das Interne Kontrollsystem umfassen. Es geht hier sowohl um die Angemessenheit des Kontrollsystems in Anbetracht der Risiken als auch um die Qualität der einzelnen internen Kontrollen.

Die Implementierung eines Audit-Ausschusses stellt einen strukturierten Informationsfluss in der Richtung des Aufsichtsrates sicher.

Die Einrichtung eines Audit-Ausschusses ist ein wichtiger Schritt zur Erreichung einer besseren Transparenz im Unternehmen. Dieser Ausschuss beschäftigt sich nicht nur – wie der Name vielleicht vermuten lässt – mit »Audit-Findings«, sondern vielmehr mit der Risikosituation des Unternehmens. In dem Rahmen sollten dem Ausschuss die Risikoberichte aller Risikoarten zugänglich gemacht werden. Das Risikoprofil des Unternehmens umfasst folgende Elemente:

- eine Übersicht der Risikoarten, denen das Unternehmen ausgesetzt ist,
- die Analyse der Risiken inklusive der Risiko reduzierenden bzw. Risiko vermeidenden Aktivitäten,
- eine Analyse der operationellen Risiken, die ebenfalls die Risiko reduzierenden bzw. Risiko vermeidenden Aktivitäten für die anderen Risikoarten umfassen sowie
- eine Analyse der Effektivität des Internen Kontrollsystems.

Der Audit-Ausschuss ist gleichzeitig zur Kontrolle des Vorstands vorgesehen. Es handelt sich dabei insbesondere um das Risikomanagement und das Interne Kontrollsystem. Der Vorstand trägt die Verantwortung für das Risikomanagement und das Interne Kontrollsystem im Unternehmen. Er ist gleichzeitig auch der Entscheidungsträger. Deshalb ist der Aufsichtsrat als Kontrollorgan für den Vorstand vorgesehen. Die Anforderung, dass der Audit-Ausschuss nicht durch einen ehemaligen Vorstand geführt werden sollte, ist deswegen nachvollziehbar.

In allen Ländern gibt es allerdings die »Comply or Explain«-Regel. Das Unternehmen kann von den Anforderungen abweichen, wenn es dafür Begründungen vortragen kann. Diese Begründungen sind zu veröffentlichen.

Es fällt auf, dass die Corporate Governance-Codes in anderen Ländern inzwischen deutlich strenger sind als in Deutschland.

Auch wenn solche Anforderungen in Deutschland noch nicht gestellt werden, so ist es dennoch gut, diese Anforderungen zur Kenntnis zu nehmen, auch in Anbetracht der Bestrebungen der Europäischen Union zu einem europaweiten Corporate Governance-Code zu kommen.

3 Der Deutsche Corporate Governance Kodex (DCGK): Entstehung, Zielsetzung, Nutzen und Adressaten

Im internationalen Kontext wurden bereits recht früh Richtlinien und Gestaltungsrahmen, in denen Verhaltenskodizes und Offenlegungspflichten von börsennotierten Unternehmen definiert wurden, abgestimmt. Beispielhaft seien erwähnt:

- Der KING Report II aus Südafrika – benannt nach dem Vorsitzenden des Untersuchungskomitees Mervyn King – aus dem Jahr 2002 gilt als der fortschrittlichste Best-Practice-Ansatz für Unternehmensaufsicht weltweit. Der KING Report II ist einer der weltweit wenigen Kodizes, die Unternehmen auffordern »... sich künftig nicht mehr nur um das Wohl ihrer Anteilseigner (Shareholder), sondern auch um dasjenige der Gemeinschaft (Stakeholders) zu kümmern.«
- In Kanada wurde die Corporate Governance-Politik und -Praxis mit den »Guidelines for Building High Performance Boards 2003« festgelegt.
- In Singapur beauftragte die Regierung ein vom privaten Sektor geführtes Untersuchungskomitee, dessen Empfehlungen zur Gestaltung der Unternehmensaufsicht von der Singapore Exchange im Jahr 2001 übernommen wurden. Der Singapore-Code gilt international als aktuell und fortschrittlich.
- Der britische Combined Code aus dem Jahr 2003 baut auf Untersuchungen früherer Komitees auf (Cadbury, Hampel etc.) und gilt in Europa als Best Practice.
- Die von der OECD (Organization for Economic Cooperation and Development = Organisation für wirtschaftliche Zusammenarbeit und Entwicklung) verabschiedeten »OECD-Grundsätze der Corporate Governance« dienen internationalen Unternehmen als globale Rahmenregeln und wurden 2004 in ergänzter Form veröffentlicht.

Resultierend vor allem aus den zunehmenden Unternehmenskrisen wollen in der Zwischenzeit sowohl der Gesetzgeber als auch die internationalen Kapitalmärkte mehr über die Wert- und Risikotreiber von Unternehmen erfahren. Hinsichtlich des Erfordernisses einer guten Corporate Governance bestand daher internationaler Konsens. Allerdings ist das Verständnis über den Begriff »Corporate Governance« vielfältig und uneinheitlich. Die Notwendigkeit der Corporate Governance resultiert u. a. aus dem *Prinzipal-Agent-Problem*, wonach die Geschäftsführung (der Agent) gegenüber dem Eigentümer (dem Prinzipal) insbesondere auf Grund einer besseren Informationslage eine überlegene Position hat.

Prinzipal-Agent-Situationen sind dadurch charakterisiert, dass der Agent Entscheidungen trifft, die nicht nur sein eigenes Wohlergehen, sondern auch das Nutzenniveau des Prinzipal beeinflussen.

In einer Kurzübersetzung von »Corporate Governance« würde man allgemein von »Unternehmensverfassung« oder »Unternehmensführung« sprechen.

Die OECD beschreibt hingegen *Corporate Governance* als die »Wechselbeziehungen zwischen allen unmittelbar und mittelbar durch die institutionelle Entscheidungsfindung beteiligten Akteuren ... [die] durch die institutionellen Rahmenbedingungen sowie durch das Regulierungsumfeld geprägt [werden]«[1] bzw. als »Struktur von Beziehungen und entsprechenden Verantwortlichkeiten in einer aus Aktionären, Board-Mitgliedern und Managern bestehenden Kerngruppe zur bestmöglichen Förderung der nötigen Wettbewerbsleistungen, um das Hauptziel eines jeden Unternehmens verwirklichen zu können«[2], welches in der Erwirtschaftung langfristiger Erträge zu sehen ist.

In Deutschland hat die Diskussion um Corporate Governance vor allem zwei *Ziele*:

- Definition eines Verhaltensrahmens im Sinne eines Code of Best Practice für die Leitungsorgane, insbesondere in Bezug auf das Zusammenwirken von Leitungs- und Überwachungsorgan in einer Aktiengesellschaft.
- Den Standort Deutschland für nationale und internationale Investoren attraktiver zu machen. Dies soll vor allem durch eine höhere Transparenz des deutschen dualistischen Systems der Unternehmensverfassung erreicht werden. Damit soll allgemein das Vertrauen der internationalen und nationalen Anleger, der Kunden, der Mitarbeiter sowie der Öffentlichkeit in die Leitung und Überwachung deutscher Großunternehmen gefördert werden.

Viele Elemente der Corporate Governance waren in Deutschland auch in der Vergangenheit bereits gesetzlich kodifiziert. In unterschiedlichen Gesetzen des Handels- und Gesellschaftsrechts sowie des Kapitalmarktrechts finden sich rechtliche Parameter. Bereits vor dem Inkrafttreten des KonTraG gehörte es zu den Aufgaben des Vorstands (vgl. § 76 Abs. 1 AktG), für die Einrichtung eines Kontroll- und Risikomanagement-Systems zu sorgen und Entwicklungen, die den Fortbestand der Gesellschaft gefährden könnten, zu erkennen sowie die entsprechenden organisatorischen Maßnahmen zu treffen. So findet man etwa im AktG, HGB, WpHG, BörsG, MitbestG, Montan-MitbestG 1951 sowie dem BetrVG Elemente guter Corporate Governance.

Ein weiterer Baustein zur Entwicklung »guter Corporate Governance« stellt der »Deutsche Corporate Governance Kodex« dar. Er fasst im Wesentlichen gesetzliche Vorschriften zur Unternehmensführung und Unternehmenskontrolle börsennotierter Gesellschaften zusammen. Ziel des Gesetzgebers war es auch, die Unternehmensleitung zu sensibilisieren, um Chancen offensiv, aber kontrolliert wahrzunehmen.

Durch das »Gesetz zur weiteren Reform des Aktien- und Bilanzrechts, zu Transparenz und Publizität« (TransPuG) ist mit Wirkung zum 26. Juli 2002 ein neuer § 161 in das Aktiengesetz eingeführt worden. Nach dem TransPuG sind Vorstand und Aufsichtsrat börsennotierter Aktiengesellschaften verpflichtet, jährlich zu erklären, dass den vom Bundesministerium der Justiz im amtlichen Teil des elektronischen Bundesanzeigers bekannt gemachten Empfehlungen der »Regierungskommission Deutscher Corporate Governance Kodex« entsprochen wurde und wird oder welche Empfehlungen nicht angewendet wurden oder werden (so genannter »Comply or Explain«-Mechanismus). Die Erklärung ist den Aktionären dauerhaft zugänglich zu machen (beispielsweise auf der Internetseite der Gesellschaft).

---

1 OECD: Wirtschaftsberichte: Deutschland 1995, Paris 1995, S. 152.
2 OECD-Beratergruppe: Corporate Governance – Verbesserung der Wettbewerbsfähigkeit und der Kapitalbeschaffung auf globalen Märkten, Paris 1998, S. 13.

AktG § 161: Erklärung zum Corporate Governance Kodex:

»Vorstand und Aufsichtsrat der börsennotierten Gesellschaft erklären jährlich, dass den vom Bundesministerium der Justiz im amtlichen Teil des elektronischen Bundesanzeigers bekannt gemachten Empfehlungen der »Regierungskommission Deutscher Corporate Governance Kodex« entsprochen wurde und wird oder welche Empfehlungen nicht angewendet wurden oder werden. Die Erklärung ist den Aktionären dauerhaft zugänglich zu machen.«

Einen wesentlichen Beitrag zur Fortentwicklung von Corporate Governance in Deutschland lieferte der deutsche Gesetzgeber bereits mit der Verabschiedung des KonTraG (»Gesetz zur Kontrolle und Transparenz im Unternehmensbereich«). Das KonTraG verpflichtet seit 1. Mai 1998 Vorstände börsennotierter Unternehmen in Deutschland zur Einrichtung eines Überwachungssystems, um Risiken frühzeitig zu erkennen. § 91 Abs. 2 AktG sieht vor, dass »der Vorstand geeignete Maßnahmen zu treffen, insbesondere ein Überwachungssystem einzurichten hat, damit den Fortbestand der Gesellschaft gefährdende Entwicklungen früh erkannt werden«. Danach hat die Geschäftsleitung ein *Früherkennungssystem* für Risiken sowie ein internes Überwachungssystem im Unternehmen einzurichten (siehe auch Abbildung 3).

Des Weiteren wurde auch die Pflicht zur Berichterstattung im *Lagebericht* durch den Gesetzgeber erweitert. So muss die Unternehmensführung bei der Darstellung des Geschäftsverlaufs und der Lage der Gesellschaft »auch auf die Risiken der künftigen Entwicklung« eingehen (§ 289 Abs. 1 HGB). Der Abschlussprüfer ist verpflichtet, beides aus der Sicht des Gutachters zu prüfen (§ 317 Abs. 2 und Abs. 4 HGB). Im *Prüfungsbericht* an den Aufsichtsrat muss er hierzu Stellung nehmen (§ 321 Abs. 1 und Abs. 4 HGB). Die Prüfergebnisse müssen des Weiteren in einem Testat der Allgemeinheit offen gelegt werden (§ 322 Abs. 2 und Abs. 3 HGB). Zumindest aus der Perspektive des Gesetzgebers soll der Abschlussprüfer – als Gehilfe des Aufsichtsrats – die Einhaltung der gesetzlichen Vorstandspflichten und Verhaltensgebote zur Unternehmensführung überwachen.

Das KonTraG kann zwar als wichtiger Katalysator für das Thema Risikomanagement angesehen werden, führte jedoch häufig durch den Fokus auf die Vergangenheit eher zu einer reinen »Risikobuchhaltung«. Wer sich näher mit der konkreten praktischen Umsetzung der Bestimmungen des KonTraG in die Unternehmenspraxis befasst, wird sehr schnell feststellen, dass der Anspruch der gesetzlichen Vorgaben einerseits und der tatsächliche Stand des Risikomanagements in den Unternehmen andererseits in vielen Fällen immer noch eklatant auseinander klaffen. Diese ebenso unerfreuliche wie gefährliche Tatsache resultiert in erster Linie daraus, dass die Einführung eines effektiven und effizienten Chancen- und Risikomanagement-Systems von einigen Unternehmen nach wie vor eher als gesetzlich erzwungene (und damit per definitionem lästige) Pflichtübung verstanden und nicht als sinnvolle und unverzichtbare Komponente der strategischen und operativen Unternehmensführung angesehen wird.

In Anbetracht dieser weit verbreiteten Einstellung kann es dann auch nicht überraschen, dass dem Risikomanagement-System mitunter lediglich eine Art »Feigenblatt-Funktion« zukommt: Zwar wurde in den letzten Jahren viel in den Aufbau von IT-Systemen und die Ausbildung bzw. Einstellung entsprechend qualifizierter Mitarbeiter investiert. Oftmals geschah dies jedoch weniger aus Eigeninteresse, um endlich die vielfältigen Chancen zu nutzen, die aus der Umsetzung eines ganzheitlichen und pro-aktiven Risikomanagements resultieren. Überspitzt formuliert, wird in manchem deutschen Unternehmen das Risikomanagement nur deshalb betrieben, um den formalen gesetzlichen Anforderungen gerecht zu werden und am Jahresende das begehrte »Häkchen« des Abschlussprüfers zu erhalten.

Abgesehen von der einen oder anderen unvermeidlichen Schwierigkeit lässt sich insgesamt feststellen, dass den meisten Unternehmen die Einführung eines Risikomanagement-Systems, das die maßgeblichen gesetzlichen Vorschriften und die Anforderungen der Wirtschaftsprüfer erfüllt, keine unüberwindbaren Probleme bereitet hat. Getreu dem Motto »Vater werden ist nicht schwer, Vater sein dagegen sehr« stellt dies allerdings eine zwar notwendige, aber lange noch nicht hinreichende Voraussetzung dar, um die vielfältigen Vorteile eines ganzheitlichen und pro-aktiven Risikomanagements auch tatsächlich realisieren zu können. Eine wesentliche Herausforderung (wenn nicht sogar »die« Herausforderung schlechthin), um das KonTraG vor einem traurigen Schicksal als »potemkinsches Dorf« zu bewahren, besteht vielmehr darin, das vorhandene System auch zum Leben zu erwecken. Risikomanagement muss zu einem integralen Bestandteil des täglichen Denkens und Handelns eines jeden Mitarbeiters gemacht werden – mit anderen Worten: *Risikomanagement* ist irreversibel in der Unternehmenskultur zu verankern.

Wie Unternehmenskrisen in der jüngsten Vergangenheit zeigten, war auch die Aufgabenerfüllung durch Aufsichtsrat und Wirtschaftsprüfungsgesellschaft nicht immer effizient und zielgerichtet.

Der Gesetzgeber bezweckt mit dem KonTraG die Verbesserung der Corporate Governance von Aktiengesellschaften. In diesem Zusammenhang ist jedoch zu beachten, dass das KonTraG auch Ausstrahlungswirkung auf den Pflichtenrahmen der Geschäftsleitung anderer Gesellschaftsformen (etwa öffentlich-rechtlicher Unternehmen) hat. Ein angemessenes Risikomanagement ist ebenso Bestandteil der Sorgfaltspflichten eines Vorstandes oder GmbH-Geschäftsführers. Im Falle einer Unternehmenskrise hat der Vorstand gemäß § 93 Abs. 2 AktG zu beweisen, dass er sich objektiv und subjektiv pflichtgemäß verhalten hat. Konkret heißt dies, dass er nachweisen muss, Maßnahmen zur *Risikofrüherkennung* und zur *Risikoabwehr* getroffen zu haben.

In diesem Zusammenhang ist ein Urteil aus dem Jahr 2004 interessant, in dem die Verantwortung des Vorstands für das Risikomanagement bestätigt wurde. In dem Urteil vom 8. Juli 2004 entschied die für Versicherungsaufsichtsrecht zuständige Kammer des Verwaltungsgerichts Frankfurt am Main über die Klage eines Vorstandsmitglieds, das sich gegen die Rechtmäßigkeit zweier Verfügungen der Bundesanstalt für Finanzdienstleistungsaufsicht (BaFin, Beklagte) wandte. Mit diesen Verfügungen hatte die BaFin vom Aufsichtsrat der Bruderhilfe Sachversicherung auf Gegenseitigkeit im Raum der Kirchen und vom Aufsichtsrat der PAX Familienfürsorge Krankenversicherung auf Gegenseitigkeit im Raum der Kirchen verlangt, den Kläger als Mitglied des Vorstandes abzuberufen. Zwischen dem 10. und dem 14. Juni 2002 fand bei der Familienfürsorge eine örtliche Prüfung seitens der Beklagten statt. Diese Prüfung ergab unter anderem, dass bei der Familienfürsorge die stillen Lasten aus Aktienengagements in mehreren Investmentfonds auf etwa 93 Mio. € angewachsen waren, die sich zum Jahresende 2001 auf etwa 55 Mio. € und Mitte 2001 auf etwa 26 Mio. € belaufen hatten. Im Juni 2002 kam es auf Anordnung der BaFin daraufhin zur Einsetzung eines Sonderbeauftragten für den Vorstand der Familienfürsorge. Weitere Veränderungen in den Vorständen erfolgten auf freiwilliger Basis. Mit Bescheid vom 12. 12. 2002 verlangte die BaFin schließlich vom Aufsichtsrat der Bruderhilfe bzw. vom Aufsichtsrat der PAX, den Kläger als Mitglied des Vorstandes abzuberufen. Diesem Verlangen folgten die jeweiligen Aufsichtsräte. Die BaFin begründete ihr Vorgehen damit, dass der Kläger nicht mehr den Anforderungen des Versicherungsaufsichtsgesetzes bzgl. der fachlichen Eignung von Geschäftsleitern von Versicherungsunternehmen genüge. In dieser Gesamtverantwortung müsse der Vorstand geeignete Maßnahmen treffen, insbesondere ein Überwachungssystem einrichten, damit eine den Fortbestand der Gesellschaft gefährdende Entwicklung früh erkannt werden könne (vgl. § 91 Abs. 2 AktG). Der hier heranzuziehende § 91 Abs. 2 AktG sei vom Gesetzgeber deshalb eingeführt worden, um angesichts offensichtlich fehlender Risikomanagementsysteme in den Unternehmen durch eine ausdrückliche Regelung diese Verpflichtung besonders hervorzuheben. Auch vor In-Kraft-Treten des hier entsprechend anwendbaren § 91 Abs. 2 AktG haben nach den Darlegungen des Gerichts entsprechende Verpflichtungen zur Schaffung angemessener interner Kontrollverfahren bestanden (§ 81 Abs. 1 Satz 5 *Versicherungsaufsichtsgesetz* und § 25a *Kreditwesengesetz*). Mit Einführung des § 91 Abs. 2 AktG im Jahre 1998 hat der Gesetzgeber die Verpflichtung der Geschäftsleitung hervorheben wollen, Risikofrüherkennungs- sowie Risikoüberwachungssysteme in den Unternehmen einzurichten, um Entwicklungen vorzubeugen, die den Fortbestand der Gesellschaft gefährden könnten. Der Gesetzgeber hat nämlich erkannt, dass die Ursache von Fehlentwicklungen vielmals eine mangelhafte Risikoeinschätzung der Unternehmensleitungen war, sodass nicht frühzeitig auf drohende Schieflagen der Unternehmen reagiert werden konnte.

Gleichzeitig wurde mit dem Urteil das Abberufungsrecht der BaFin bestätigt. Die strikte Anwendung der gesetzlichen Vorgaben des Aktiengesetzes und deren Überwachung durch die Finanzdienstleistungsaufsicht ist – unabhängig von der Rechtsform des Versicherungsunternehmens – erforderlich, weil nur so dem vom Versicherungsaufsichtsgesetz verfolgten Ziel einer ausreichenden Wahrung der Belange der Versicherten vor Verlusten effektiv Rechnung getragen wird.

Im Kern basiert die Risikoerkennung und -transparenz auf dem folgenden Fundament:

- Einrichtung eines internen Früherkennungs- und Überwachungssystems durch die Unternehmensleitung (§ 81 Abs. 2 AktG).
- Offenlegung der künftigen Risiken im Lagebericht sowie im *Konzernlagebericht* (§§ 289 Abs. 1, 315 Abs. 1 HGB).
- Prüfung und Überwachung von Risikofrüherkennungssystem und Risikobericht durch den Aufsichtsrat und den Abschlussprüfer (§§ 317, 321 HGB; 111 Abs. 1 AktG).

Trotz der gesetzlichen Neuregelungen hin zu einer höheren Transparenz in den Jahresabschlüssen führten diverse Unternehmenskrisen und Unternehmenszusammenbrüche zu einer intensiven Diskussion über gute Unternehmensführung und Überwachung.

Resultierend aus diesem Prozess (insbesondere resultierend aus den Erkenntnissen aus dem Beinahezusammenbruch von Holzmann) hat eine von der Bundesregierung eingesetzte »Regierungskommission Corporate Governance – Unternehmensführung – Unternehmenskontrolle – Modernisierung des Aktienrechts«[3] im Sommer 2001 einen etwa

---

3 Nach ihrem Vorsitzenden Prof. Dr. Theodor Baums auch »Baums-Kommission« genannt.

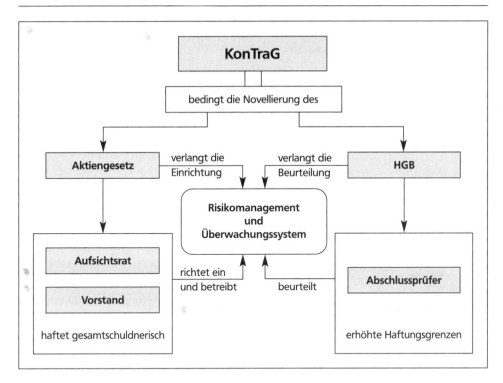

Abb. 3: Die Auswirkungen des KonTraG

300-seitigen Abschlussbericht mit etwa 150 Änderungsvorschlägen vorgelegt.[4] Die Reform-
empfehlungen der Regierungskommission betreffen insbesondere:
- Erweiterung von Rechten und Pflichten sowie Verschärfung der Haftung von Vorstand
  und Aufsichtsrat,
- Ausgestaltung der Hauptversammlung,
- Stärkung der Aktionärsrechte und Beschränkung von Anfechtungsklagen,
- Deregulierung von Finanzierungsinstrumenten und Schaffung neuer Finanzierungs-
  formen,
- Auswirkung der Informationstechnologie auf die Unternehmenspublizität,
- Änderungen der Rechnungslegung und Publizität.

Zur Formulierung eines einheitlichen Deutschen Corporate Governance Kodex empfahl
die Regierungskommission die Einrichtung einer Kodex-Kommission. Daher hat die Bun-
desministerin der Justiz in einer ersten Stufe am 6. September 2001 die Kommission
»Deutscher Corporate Governance Kodex« unter Leitung von Dr. Gerhard Cromme eingesetzt (vgl. Abbildung 4).[5] Ziel dieser Kommission war es, in einem Akt der Selbstorgani-

---

4 Vgl. Baums, Th. (Hrsg.): Bericht der Regierungskommission Corporate Governance, Köln 2001.
5 Nach ihrem Vorsitzenden Dr. Gerhard Cromme auch »Cromme-Kommission« genannt.

sation und Selbstverpflichtung der Wirtschaft Verhaltensregeln für die Führung und Kontrolle börsennotierter Unternehmen in Deutschland zu erarbeiten. Die Cromme-Kommission präsentierte am 21. 12. 2001 einen Kodex-Entwurf. Eine überarbeitete Kodex-Fassung wurde erstmals am 20. 8. 2002 im elektronischen Bundesanzeiger publiziert.

Im Gegensatz zum KonTraG ist der Corporate Governance Kodex kein Gesetz, sondern eine Bündelung von Prinzipien und Standards, denen sich die deutschen Unternehmen im Rahmen einer freiwilligen Selbstverpflichtung unterwerfen. Soweit der Kodex lediglich das geltende Gesetzesrecht wiedergibt, handelt es sich um bloße Informationen ohne jeglichen Rechtsetzungscharakter.[6] Auch den Verhaltensempfehlungen und Anregungen kommt unmittelbar keine Rechtsnormqualität zu. Sie können daher weder dem Gesetzes-, noch dem Gewohnheits-, noch dem Richterrecht zugeordnet werden. Die Regierungskommission DCGK behält sich allerdings vor, einzelne oder einige der Anregungen zu einem späteren Zeitpunkt in eine »zwingende Empfehlung« umzuwandeln.

Jedoch hat der Gesetzgeber durch das »Transparenz- und Publizitätsgesetz« vom 19. 7. 2002 (In Kraft getreten am 26. 7. 2002) eine flankierende gesetzliche Regelung eingeführt. Der neu eingeführte § 161 AktG bestimmt, dass im Jahresabschluss einer börsennotierten Gesellschaft von Vorstand und Aufsichtsrat dazu Stellung genommen werden muss, ob die Regelungen des Deutschen Corporate Governance Kodex eingehalten wurden und werden bzw. ob von ihnen abgewichen wurde.[7]

Eine solche *Compliance-Erklärung* war erstmals zum 31. 12. 2002 abzugeben. Trotz alledem handelt es sich um unverbindliche Verhaltensempfehlungen bzw. »Selbstverpflichtungsregeln«. Bei Nichtabgabe der Entsprechenserklärung gemäß § 161 AktG liegt ein Verstoß gegen zwingendes Gesetzesrecht vor.[8] Der Abschlussprüfer wird nach § 322 Abs. 4 HGB die fehlende Angabe bemängeln und beispielsweise nur einen eingeschränkten Bestätigungsvermerk erteilen. Möglicherweise wird auch die Hauptversammlung sowohl den Vorstand als auch den Aufsichtsrat nicht entlasten. Denkbar ist auch ein Bußgeld oder Ordnungsgeld für die Mitglieder des vertretungsberechtigten Organs oder des Aufsichtsrats (vgl. § 334 HGB sowie § 335a HGB). Da die Nichtabgabe oder eine falsche Abgabe der Verpflichtungserklärung auch grundsätzlich eine Pflichtverletzung des jeweiligen Organs darstellt, ist auch die Inanspruchnahme auf Schadensersatz denkbar.

Insgesamt erhält der Deutsche Corporate Governance Kodex etwa 60 Verhaltensempfehlungen und etwa 15 Anregungen, die sich mit den Aktionären, der Durchführung der Hauptversammlung, dem Aufsichtsrat, dessen Zusammenarbeit mit dem Vorstand, dem Vorstand selbst, Transparenz, Rechnungslegung und Abschlussprüfung befassen.

Die Spielregeln und Ziele des neuen Corporate Governance Kodex lassen sich wie folgt zusammenfassen:

---

6 Vgl. Ulmer, P.: Der Deutsche Corporate Governance Kodex – ein neues Regulierungsinstrument für börsennotierte Aktiengesellschaften, in: ZHR 2002, S. 160.

7 Laut Regierungsbegründung zum TransPuG könnte eine Entsprechenserklärung wie folgt formuliert werden: »Den Verhaltensempfehlungen des im elektronischen Bundesanzeiger bekannt gemachten Deutschen Corporate Governance Kodex wurde im Berichtsjahr entsprochen und soll auch künftig entsprochen werden.«

8 Vgl. Lutter, M.: Die Erklärung zum Corporate Governance Kodex gemäß § 161 AktG, in: ZHR 2002, S. 527.

- Die deutschen börsennotierten Unternehmen werden per Gesetz verpflichtet, einmal jährlich zu erklären, ob sie die Empfehlungen des Deutschen Corporate Governance Kodex einhalten. Diese Erklärung soll den Aktionären bekannt gegeben werden. Hierbei gilt das Prinzip: »comply or explain«. Entweder ein Unternehmen hält sich an die Empfehlungen des Corporate Governance Kodex oder es muss evtl. Abweichungen erklären.
- Der DCGK stellt höhere Anforderungen an die Risikokontrolle im Unternehmen. Risiken müssen proaktiv erkannt werden. Ein Risikomanagement-Prozess ist Bestandteil der Unternehmensführung.
- Corporate Governance soll die spezielle deutsche Unternehmenskultur, die häufig unter dem Schlagwort »Deutschland AG« zusammengefasst wird, international kommunizieren und transparent machen.
- Der Kodex legt Anforderungen an die Eignung und Arbeit von Aufsichtsräten fest.
- Die Informationspflichten des Vorstandes gegenüber dem Aufsichtsrat und den Aktionären werden erweitert.
- Vorstands- und Aufsichtsratmitglieder börsennotierter Unternehmen sowie Wirtschaftsprüfer können zukünftig auf Schadenersatz verklagt werden, wenn sie »grob fahrlässig« falsch informiert haben.

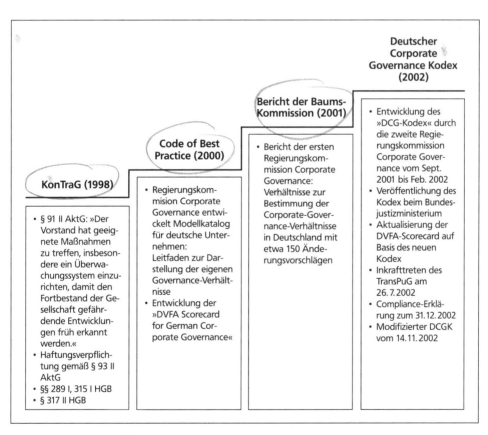

Abb. 4: Entwicklungspfad des DCGK

- Die Unternehmensführung wird nicht dahingehend geprüft, ob sie mit den Bestimmungen des Kodex in Übereinstimmung steht. Vielmehr wird diese Beurteilung insbesondere den Kapitalmarktteilnehmern überlassen.
- Auch zukünftig wird die Kodex-Kommission mindestens einmal jährlich zusammentreten, um den deutschen Kodex an die jüngsten nationalen und internationalen Entwicklungen anzupassen.

> Im Kern geht es bei Corporate Governance um wertorientierte Unternehmensführung und -kontrolle. In diesem Kontext wird das Risk-Management als Stellschraube an Bedeutung gewinnen. *Eine Risikoübernahme muss sich aus den zu erwartenden Rentabilitätsbeiträgen rechtfertigen, da Risiko und Rentabilität aus wertorientierter Sicht nicht losgelöst voneinander betrachtet werden können.*

3.1 Der Deutsche Corporate Governance Kodex im Überblick

Der Kodex gliedert sich nach der Präambel zum Kodex in insgesamt sechs Themenkomplexe:
- Aktionäre und Hauptversammlung,
- Zusammenwirken von Vorstand und Aufsichtsrat,
- Vorstand,
- Aufsichtsrat,
- Transparenz sowie
- Rechnungslegung und Abschlussprüfung.

Der Kodex adressiert alle wesentlichen – vor allem internationalen – Kritikpunkte an der deutschen Unternehmensverfassung, nämlich
- mangelhafte Ausrichtung auf Aktionärsinteressen,
- die duale Unternehmensverfassung mit Vorstand und Aufsichtsrat,
- mangelnde Transparenz deutscher Unternehmensführung,
- mangelnde Unabhängigkeit deutscher Aufsichtsräte,
- eingeschränkte Unabhängigkeit der Abschlussprüfer.

Um das Ziel einer höheren Transparenz der dualistischen Unternehmensverfassung und die Förderung des Vertrauens der Stakeholder in die Leitung und Überwachung der Gesellschaften auch tatsächlich zu erreichen, wird der Kodex in der Regel einmal jährlich vor dem Hintergrund nationaler und internationaler Entwicklungen von einer »Standing Commission« überprüft und – falls erforderlich – angepasst.[9]

---

9 Weitere aktuelle Informationen zum Deutschen Corporate Governance Kodex sind im Internet abrufbar unter: http://www.corporate-governance-code.de/.

3.1.1   Präambel

Nach der Präambel zum Deutschen Corporate Governance Kodex stellt dieser wesentliche gesetzliche Vorschriften zur Leitung und Überwachung deutscher börsennotierter Gesellschaften (Unternehmensführung) dar und enthält international und national anerkannte Standards guter und verantwortungsvoller Unternehmensführung. Der Kodex soll das deutsche Corporate Governance-System transparent und nachvollziehbar machen. Er will das Vertrauen der internationalen und nationalen Anleger, der Kunden, der Mitarbeiter und der Öffentlichkeit in die Leitung und Überwachung deutscher börsennotierter Aktiengesellschaften fördern. Damit verdeutlicht der Kodex die Rechte der Aktionäre, die der Gesellschaft das erforderliche Eigenkapital zur Verfügung stellen und das unternehmerische Risiko tragen.

Zudem enthält die Präambel eine knappe Erläuterung des dualen Führungssystems in deutschen Aktiengesellschaften, wonach die Mitglieder des Vorstands gemeinsam die Verantwortung für die Unternehmensleitung tragen und der Vorstandsvorsitzende die Arbeit der Vorstandsmitglieder koordiniert. Der Aufsichtsrat dagegen bestellt, überwacht und berät den Vorstand und ist in Entscheidungen, die von grundlegender Bedeutung für das Unternehmen sind, unmittelbar eingebunden. Der Aufsichtsratsvorsitzende koordiniert die Arbeit im Aufsichtsrat. Dem dualen System steht das international vorherrschende monistische System gegenüber, bei dem die Unternehmensführung und die Unternehmensüberwachung von einem einheitlichen Organ *(Board of Directors)* wahrgenommen wird. Recht häufig ist die Entscheidungsmacht auf eine Person, etwa den *Chief Executive Officer* (CEO) konzentriert.

Ebenso wird auf das Mitbestimmungsrecht der Arbeitnehmer in deutschen Aktiengesellschaften eingegangen.

Die Präambel geht außerdem kurz auf den Zweck der Rechnungslegung und die Orientierung am *True-and-fair-view-Prinzip* ein, wonach ein den tatsächlichen Verhältnissen entsprechendes Bild der Vermögens-, Finanz- und Ertragslage des Unternehmens gegeben wird.

Auf die sprachliche Fassung gestützt, enthält der Kodex drei Kategorien von Standards:
- Wiedergabe von zwingendem und geltendem Recht,
- Empfehlungen,
- Anregungen.

Empfehlungen des Kodex sind im Text durch die Verwendung des Wortes »soll« gekennzeichnet. Die Gesellschaften können hiervon abweichen, sind dann aber verpflichtet, dies jährlich offen zu legen (»comply or explain«). Dies ermöglicht den Gesellschaften die Berücksichtigung branchen- oder unternehmensspezifischer Bedürfnisse. Daneben enthält der Kodex Anregungen, von denen ohne Offenlegung abgewichen werden kann; hierfür verwendet der Kodex Begriffe wie »sollte« oder »kann«. Die übrigen sprachlich nicht so gekennzeichneten Teile des Kodex betreffen Bestimmungen, die als geltendes Gesetzesrecht von den Unternehmen zu beachten sind.

In der Präambel wird außerdem betont, dass der Kodex sich zwar in erster Linie an börsennotierte Gesellschaften richtet, aber auch nicht börsennotierten Gesellschaften die

Beachtung des Kodex empfohlen wird. So kann eine gute Corporate Governance für mittelständische Unternehmen eine Reduzierung der Kapitalkosten ermöglichen bzw. die Beschaffung von Finanzmitteln erleichtern.

3.1.2   Aktionäre und Hauptversammlung

Aktionäre sind die Kapitalgeber der Aktiengesellschaft. Trotzdem sind die Aktionäre nicht befugt, an der Unternehmensleitung mitzuwirken. Jedoch nehmen die Aktionäre gemäß § 118 Abs. 1 AktG ihre Rechte in der Hauptversammlung wahr und üben ihr Stimmrecht aus. Der DCGK wiederholt diese Bestimmung lediglich.

Die Aktionäre nehmen ihre Rechte in der Hauptversammlung wahr und üben dort ihr Stimmrecht aus. (DCGK 2.1.1)

Der DCGK beschreibt des Weiteren das aus § 12 AktG bekannte Prinzip »one share – one vote«.

Jede Aktie gewährt grundsätzlich eine Stimme. Aktien mit Mehrstimmrechten oder Vorzugsstimmrechten (»golden shares«) sowie Höchststimmrechte bestehen nicht. (DCGK 2.1.2)

Der DCGK hebt bestimmte Kompetenzen der Hauptversammlung hervor:

Der Vorstand legt der Hauptversammlung den Jahresabschluss und den Konzernabschluss vor. Sie entscheidet über die Gewinnverwendung sowie die Entlastung von Vorstand und Aufsichtsrat, wählt die Anteilseignervertreter im Aufsichtsrat und in der Regel den Abschlussprüfer. Darüber hinaus entscheidet die Hauptversammlung über die Satzung und den Gegenstand der Gesellschaft, über Satzungsänderungen und über wesentliche unternehmerische Maßnahmen wie insbesondere Unternehmensverträge und Umwandlungen, über die Ausgabe von neuen Aktien und von Wandel- und Optionsschuldverschreibungen sowie über die Ermächtigung zum Erwerb eigener Aktien. (DCGK 2.2.1)

Hinsichtlich der *Bezugsrechte* bei der Aktienausgabe gibt der DCGK § 186 Abs. 1 Satz 1 AktG wieder. Ergänzend regelt § 186 Abs. 3 jedoch auch den grundsätzlich möglichen Bezugsrechtsausschluss. So kann ein Bezugsrecht dann ausgeschlossen werden, wenn die Kapitalerhöhung 10 Prozent des Grundkapitals nicht überschreitet und der Ausgabekurs nicht wesentlich unter dem Börsenpreis liegt. Aus Corporate Governance-Sicht wird hiermit vor allem eine potenzielle Vermögensminderung bzw. Anteilsverwässerung verhindert, die etwa durch die Ausgabe neuer Aktien entstehen würde. Das Rede-, Frage und Antragsrecht des Aktionärs in der Hauptversammlung resultiert aus §§ 131, 126 AktG.

Bei der Ausgabe neuer Aktien haben die Aktionäre grundsätzlich ein ihrem Anteil am Grundkapital entsprechendes Bezugsrecht. (DCGK 2.2.2)

Jeder Aktionär ist berechtigt, an der Hauptversammlung teilzunehmen, dort das Wort zu Gegenständen der Tagesordnung zu ergreifen und sachbezogene Fragen und Anträge zu stellen. (DCGK 2.2.3)

Mit den Regelungen zur Abwicklung der *Hauptversammlung* enthält der DCGK eigentlich eine Selbstverständlichkeit, wenn dort festgelegt wird, dass der Versammlungsleiter (Vorsitzende der Hauptversammlung) »*für eine zügige Abwicklung der Hauptversammlung*« (DCGK 2.2.4) sorgt. Sinn und Zweck dieser Regelung ist jedoch, das Ausufern von Hauptversammlungen, insbesondere in der Folge von extensiven Rede- und Fragebeiträgen, zu verhindern.

Die Standards hinsichtlich der Vorbereitung und Durchführung der Hauptversammlung ist in DCGK 2.3.1 bis 2.3.4 geregelt.

Danach ist die Hauptversammlung der Aktionäre »*vom Vorstand mindestens einmal jährlich unter Angabe der Tagesordnung einzuberufen. Aktionärsminderheiten sind berechtigt, die Einberufung einer Hauptversammlung und die Erweiterung der Tagesordnung zu verlangen. Der Vorstand soll die vom Gesetz für die Hauptversammlung verlangten Berichte und Unterlagen einschließlich des Geschäftsberichts nicht nur auslegen und den Aktionären auf Verlangen übermitteln, sondern auch auf der Internet-Seite der Gesellschaft zusammen mit der Tagesordnung veröffentlichen.*« (DCGK 2.3.1)

Nach DCGK 2.3.2 soll die Gesellschaft »*allen in- und ausländischen Finanzdienstleistern, Aktionären und Aktionärsvereinigungen, die dies vor nicht länger als einem Jahr verlangt haben, die Einberufung der Hauptversammlung mitsamt den Einberufungsunterlagen mitteilen, auf Verlangen auch auf elektronischem Wege.*«

Nach DCGK 2.3.3 soll die Gesellschaft den Aktionären die persönliche Wahrnehmung ihrer Rechte erleichtern. So soll die Gesellschaft auch bei der Stimmrechtsvertretung die Aktionäre unterstützen. Der Vorstand soll für die Bestellung eines Vertreters für die weisungsgebundene Ausübung des Stimmrechts der Aktionäre sorgen, was bei vielen Hauptversammlungen in der Zwischenzeit Standard geworden ist.

Der abschließende Standard 2.3.4 enthält eine Anregung für die Gesellschaft zur Übertragung der Hauptversammlung über moderne Kommunikationsmedien, etwa das Internet.[10]

3.1.3   Zusammenwirken von Vorstand und Aufsichtsrat

Neben der Hauptversammlung bilden vor allem der Vorstand und Aufsichtsrat die weiteren Organe der Aktiengesellschaft. Der DCGK widmet sich in zehn Standards dem Zusammenwirken von Vorstand und Aufsichtsrat. Die »enge« Zusammenarbeit zwischen Vorstand und Aufsichtsrat muss sich zum einen auf eine retrospektive Überwachung, aber auch auf eine prospektive Beratung erstrecken. DCGK-Standard 3.1 legt fest, dass Vorstand und Aufsichtsrat zum Wohle des Unternehmens eng zusammenarbeiten. Hiermit wird vor allem deutlich gemacht, dass die Organe einer Aktiengesellschaft als Sachverwalter fremden Vermögens fungieren. Daher sollten sich die Organe auch primär am Unternehmenserfolg orientieren. In Standard 3.2 wird dies weiter konkretisiert: *Der Vorstand stimmt die strategische Ausrichtung des Unternehmens mit dem Aufsichtsrat ab und erörtert mit ihm in regelmäßigen Abständen den Stand der Strategieumsetzung.*

Den in DCGK 3.3 definierten Zustimmungsvorbehalt wurde auch im § 111 Abs. 4, S. 2 AktG verankert und ist eine Muss-Vorschrift. Danach legt die Satzung oder der Aufsichtsrat für Geschäfte von grundlegender Bedeutung Zustimmungsvorbehalte zugunsten des Aufsichtsrats fest. Hierzu gehören Entscheidungen oder Maßnahmen, die die Vermögens-, Finanz- oder Ertragslage des Unternehmens grundlegend verändern (etwa größere

---

10   Für nähere Details vgl. Noack, U.: Die Internetgestützte Hauptversammlung, in: Noack/
   Spindler (Hrsg.): Unternehmensrecht und Internet, München 2001, S. 13–35.

Investitionen, Erwerb von Beteiligungen, Eröffnung von Zweigniederlassungen, Erteilung und Einziehung von Prokura und Generalvollmachten oder Aufnahme großvolumiger Kredite).

Die ausreichende Informationsversorgung des Aufsichtsrats (DCGK 3.4) ist eine wichtige Grundlage einer effizienten Überwachung und gemeinsame Aufgabe von Vorstand und Aufsichtsrat. Damit wird der Streit beendet, ob die Informationsversorgung eine Bring- oder Holschuld ist. Der Standard 3.4 legt weiter fest, dass der Vorstand den Aufsichtsrat regelmäßig, zeitnah und umfassend über alle für das Unternehmen relevanten Fragen der Planung, der Geschäftsentwicklung, der Risikolage und des Risikomanagements informiert. Gleichzeitig muss der Vorstand auch auf Abweichungen des Geschäftsverlaufs von den aufgestellten Plänen und Zielen unter Angabe von Gründen eingehen Follow-up-Berichterstattung).

Standard 3.4 definiert weiter, dass der Aufsichtsrat die Informations- und Berichtspflichten des Vorstands näher festzulegen hat. So sollten die Berichte des Vorstands an den Aufsichtsrat in der Regel in Textform erfolgen, sodass eine Übermittlung per E-Mail zulässig ist.

Standard 3.5 beschäftigt sich mit der Vertraulichkeits- und Verschwiegenheitspflicht der Organmitglieder.

Gute Unternehmensführung setzt eine offene Diskussion zwischen Vorstand und Aufsichtsrat sowie in Vorstand und Aufsichtsrat voraus. Die umfassende Wahrung der Vertraulichkeit ist dafür von entscheidender Bedeutung. Alle Organmitglieder stellen sicher, dass die von ihnen eingeschalteten Mitarbeiter die Verschwiegenheitspflicht in gleicher Weise einhalten. (DCGK 3.5)

Standard 3.6 schlägt vor, dass sich Arbeitnehmervertreter und Aktionärsvertreter im Aufsichtsrat getrennt auf Sitzungen, gegebenenfalls mit Mitgliedern des Vorstands, vorbereiten. Bei Bedarf sollte der Aufsichtsrat auch ohne den Vorstand tagen.

Standard 3.7 beschäftigt sich mit Übernahmeangeboten.[11] So darf etwa der Vorstand nach Bekanntgabe eines Übernahmeangebots keine Handlungen außerhalb des gewöhnlichen Geschäftsverkehrs vornehmen, durch die der Erfolg des Angebots verhindert werden könnte, wenn er dazu nicht von der Hauptversammlung ermächtigt ist oder der Aufsichtsrat dem zugestimmt hat. Bei ihren Entscheidungen sind Vorstand und Aufsichtsrat an das beste Interesse der Aktionäre und des Unternehmens gebunden.

Standard 3.8 legt eigentlich eine Selbstverständlichkeit fest, nämlich dass Vorstand und Aufsichtsrat die Regeln ordnungsgemäßer Unternehmensführung beachten. Verletzen sie die Sorgfalt eines ordentlichen und gewissenhaften Geschäftsleiters bzw. Aufsichtsratsmitglieds schuldhaft, so haften sie der Gesellschaft gegenüber auf Schadensersatz. Falls die Gesellschaft für Vorstand und Aufsichtsrat eine »Directors and Officers Liability-Insurance« *(D&O-Versicherung)* abschließen, soll ein angemessener Selbstbehalt vereinbart werden.

---

11 Zum 1. Januar 2002 ist das Wertpapiererwerbs- und Übernahmegesetz (Gesetz zur Regelung von öffentlichen Angeboten, zum Erwerb von Wertpapieren und von Unternehmensübernahmen vom 20. Dezember 2001. Vgl. BGBl. I 2001, 3822.) in Kraft getreten. Dort sind die gesetzlichen Mindestanforderungen und Verhaltenspflichten im Detail definiert.

Die Gewährung von Krediten (dies gilt auch für unübliche Stundungen sowie die Bereitstellung von Sicherheiten und Anzahlungen) des Unternehmens an Mitglieder des Vorstands und des Aufsichtsrats sowie ihre Angehörigen bedarf der Zustimmung des Aufsichtsrats (DCGK 3.9).

3.1.4 Vorstand

Der *Vorstand* ist das Geschäftsführungs- und Vertretungsorgan der Aktiengesellschaft. Der Kodex gibt in einer sehr komprimierten Form den gesetzlich vorgegebenen Aufgabenbereich des Vorstands und seine Zuständigkeiten wieder. Bereits das Aktiengesetz definiert die gesetzlichen Aufgaben des Vorstands (vgl. etwa §§ 76, 77, 78, 83, 90, 91, 92). Standard 4.1.1 stellt noch einmal fest, dass der Vorstand das Unternehmen in eigener Verantwortung leitet und dabei an das Unternehmensinteresse gebunden ist. Gleichzeitig ist er der Steigerung des nachhaltigen Unternehmenswertes verpflichtet. Nach 4.1.2 entwickelt der Vorstand die strategische Ausrichtung des Unternehmens (Umfang des Produktangebots, räumliches Tätigkeitsfeld etc.) und stimmt diese mit dem Aufsichtsrat ab und sorgt schließlich für ihre Umsetzung.

Auch ohne Standard 4.1.3 sind Unternehmensorgane dazu verpflichtet, Gesetze zu beachten und sich rechtmäßig zu verhalten. Aus § 76 Abs. 1 AktG resultiert bereits die Verantwortlichkeit des Vorstands für die Rechtmäßigkeit des Handelns aller Mitarbeiter in der Gesellschaft und den weiteren Konzernunternehmen.

Der Vorstand hat für die Einhaltung der gesetzlichen Bestimmungen zu sorgen und wirkt auf deren Beachtung durch die Konzernunternehmen hin. (DCGK 4.1.3)

In Ergänzung zu § 91 Abs. 2 AktG wiederholt Standard 4.1.4 die Verpflichtung, dass der Vorstand für ein angemessenes *Risikomanagement* und *Risikocontrolling* im Unternehmen sorgt. Die Verpflichtung, organisatorische Vorkehrungen zu treffen, damit Risiken, die die Existenz des Unternehmens gefährden könnten, frühzeitig erkannt werden, resultiert auch bereits aus § 76 Abs. 1 AktG.

Hinsichtlich Zusammensetzung und Vergütung gibt der DCGK verschiedene Empfehlungen und Anregungen. Hinsichtlich des personellen Aufbaus (DCGK 4.2.1) sollte der Vorstand aus mehreren Personen bestehen und einen Vorsitzenden oder Sprecher haben. Gleichzeitig soll eine Geschäftsordnung die Geschäftsverteilung und die Zusammenarbeit im Vorstand regeln. Hierdurch wird die Regelung von § 77 Abs. 2 AktG, wonach es dem Vorstand überlassen bleibt, sich eine Geschäftsordnung zu geben, zumindest insoweit eingeschränkt, als das der DCGK eine Geschäftsordnung empfiehlt.

Ingesamt drei Standards (4.2.2 bis 4.2.4) im Kodex beschäftigen sich mit der Vergütung des Vorstands. Der Aufsichtsrat hat eine angemessene Vergütung des Vorstands auf der Basis einer Leistungsbeurteilung festzusetzen. So soll ein bestimmter Teil des Aufsichtsrats (Aufsichtsratsplenum) über die Struktur des Vergütungssystems für den Vorstand beraten und sie auch regelmäßig (beispielsweise jährlich) überprüfen. Kriterien für die Angemessenheit der Gesamtbezüge bilden insbesondere die Aufgaben des jeweiligen Vorstandsmitglieds, seine persönliche Leistung, die Leistung des Vorstands sowie die wirtschaftliche Lage, der Erfolg und die Zukunftsaussichten des Unternehmens unter Berücksichtigung seines Vergleichsumfelds.

Die Vergütung der Vorstandsmitglieder wird vom Aufsichtsrat unter Einbeziehung von etwaigen Konzernbezügen in angemessener Höhe auf der Grundlage einer Leistungsbeurteilung festgelegt. Kriterien für die Angemessenheit der Vergütung bilden insbesondere die Aufgaben des Vorstandsmitglieds, seine Leistung sowie die wirtschaftliche Lage, der Erfolg und die Zukunftsaussichten des Unternehmens unter Berücksichtigung seines Vergleichsumfelds. (DCGK 4.2.2)

In Standard 4.2.3 empfiehlt der DCGK, dass die Vorstandsvergütung fixe und variable Bestandteile umfasst und somit teilweise mit dem Unternehmenserfolg verknüpft wird. Es wird weiter empfohlen, dass die variablen Vergütungsteile einmalige sowie jährlich wiederkehrende, an den geschäftlichen Erfolg gebundene Komponenten und auch Komponenten mit langfristiger Anreizwirkung und Risikocharakter enthalten sollten. Die variable Vergütung kann aus verschiedenen Bausteinen zusammengesetzt sein. Dies können entweder Aktien der Gesellschaft mit mehrjähriger Veräußerungssperre, *Aktienoptionen* oder vergleichbare Gestaltungen (beispielsweise *Phantom Stocks*) sein. Von besonderer Bedeutung ist bei Aktienoptionen die Festlegung von Erfolgszielen. Als Erfolgsziel sind rechtlich anerkannt: Erreichen eines bestimmten Börsenkurses, Erreichen einer prozentualen Steigerung des Aktienkurses oder das Übersteigen eines Branchenindexes. Nach dem DCGK sollte eine nachträgliche Änderung der Erfolgsziele oder der Vergleichsparameter (Repicing) ausgeschlossen sein. Um zu vermeiden, dass kurz vor der Ausübung der Aktienoptionen der Börsenkurs künstlich in die Höhe getrieben wird, soll der Aufsichtsrat eine Deckelung der Optionsgewinne (Cap) für außerordentliche, nicht vorhergesehene Entwicklungen vereinbaren. Die Grundzüge des Vergütungssystems sowie die konkrete Ausgestaltung eines Aktienoptionsplans sowie Angaben zum Wert von Aktienoptionen sollen auf der Internetseite der Gesellschaft in allgemein verständlicher Form bekannt gemacht und im Geschäftsbericht erläutert werden. Parallel soll der Vorsitzende des Aufsichtsrats die Hauptversammlung über die Grundzüge des Vergütungssystems und deren Veränderung informieren.

Die Vergütung der Vorstandsmitglieder soll fixe und variable Bestandteile umfassen. Die variable Vergütung sollte einmalige sowie jährlich wiederkehrende, an den geschäftlichen Erfolg gebundene Komponenten und auch Komponenten mit langfristiger Anreizwirkung enthalten. Als variable Vergütungskomponenten mit langfristiger Anreizwirkung dienen insbesondere Aktienoptionen oder vergleichbare Gestaltungen (z. B. Phantom Stocks). Diese sollen auf vorher festgelegte Vergleichsparameter wie z. B. die Wertentwicklung von Aktienindizes oder das Erreichen bestimmter Kursziele bezogen sein. Eine nachträgliche Änderung der Erfolgsziele soll ausgeschlossen sein. Die Vorteile aus einem Aktienoptionsplan müssen angemessen sein. Die konkrete Ausgestaltung eines Aktienoptionsplans oder eines vergleichbaren Vergütungssystems soll in geeigneter Form bekannt gemacht werden. (DCGK 4.2.3)

Nach § 285 Nr. 9a HGB sind die Gesamtbezüge aller Vorstandsmitglieder in einer Summe im Anhang des Jahresabschlusses auszuweisen. Standard 4.2.4 des DCGK empfiehlt hier, die Vorstandbezüge im Anhang des Konzernabschlusses aufgeteilt nach Fixum, erfolgsbezogenen Komponenten und Komponenten mit langfristiger Anreizwirkung auszuweisen. Die Angaben sollen individualisiert für jedes Vorstandsmitglied erfolgen.

Die Vergütung der Vorstandsmitglieder soll im Anhang des Konzernabschlusses aufgeteilt nach Fixum, erfolgsbezogenen Komponenten und Komponenten mit langfristiger Anreizwirkung ausgewiesen werden. Die Angaben sollten individualisiert erfolgen. (DCGK 4.2.4)

Eine ganz wesentliche Komponente des DCGK ist die Vermeidung oder Beilegung von Interessenkonflikten. So bestimmt Standard 4.3.1, dass Vorstandsmitglieder während ihrer Tätigkeit für das Unternehmen einem umfassenden Wettbewerbsverbot unterliegen. Das Wettbewerbsverbot dient primär dem Schutz der Gesellschaft vor anderweitigem Einsatz der Arbeitskraft des Vorstandsmitglieds und sekundär dem Schutz vor Wettbewerbshandlungen.

Zur Vermeidung von Korruption dürfen nach Standard 4.3.2 Vorstandsmitglieder und Mitarbeiter im Zusammenhang mit ihrer Tätigkeit weder für sich noch für andere Personen von Dritten Zuwendungen oder sonstige Vorteile fordern oder annehmen (passive Bestechung) oder Dritten ungerechtfertigte Vorteile gewähren (aktive Bestechung). Die Vorteilsannahme durch ein Vorstandsmitglied oder einen Angestellten führt im Allgemeinen zur Straftat der Bestechlichkeit im geschäftlichen Verkehr nach § 299 Abs. 1 StGB, soweit der Vorteil eingefordert wurde oder der Vorteil als Gegenleistung dafür angenommen wird, dass Dienstleistungen oder Waren im Wettbewerb bevorzugt werden.

In Standard 4.3.3 gibt der Kodex in Kurzform die gesetzlichen Vorgaben wieder. Danach sind die Vorstandsmitglieder dem Unternehmensinteresse verpflichtet und dürfen bei Entscheidungen keine persönlichen Interessen verfolgen.

Die Vorstandsmitglieder sind dem Unternehmensinteresse verpflichtet. Kein Mitglied des Vorstands darf bei seinen Entscheidungen persönliche Interessen verfolgen und Geschäftschancen, die dem Unternehmen zustehen, für sich nutzen. (DCGK 4.3.3)

Nach Standard 4.3.4 soll jedes Vorstandsmitglied Interessenkonflikte dem Aufsichtsrat gegenüber unverzüglich offen legen und die anderen Vorstandsmitglieder hierüber informieren. Resultieren für die Vorstandsmitglieder aus der Erfüllung ihrer Aufgaben Konflikte zwischen den Unternehmensinteressen und persönlichen Interessen, so sollten diese offen gelegt werden, damit mögliche Vorkehrungen getroffen werden, um Schaden vom Unternehmen abzuwenden.

Jedes Vorstandsmitglied soll Interessenkonflikte dem Aufsichtsrat gegenüber unverzüglich offen legen und die anderen Vorstandsmitglieder hierüber informieren. Alle Geschäfte zwischen dem Unternehmen einerseits und den Vorstandsmitgliedern sowie ihnen nahe stehenden Personen oder ihnen persönlich nahe stehenden Unternehmungen andererseits haben branchenüblichen Standards zu entsprechen. Wesentliche Geschäfte sollen der Zustimmung des Aufsichtsrats bedürfen. (DCGK 4.3.4)

Der Kodex empfiehlt in 4.3.5 weiter, dass Vorstandsmitglieder *Nebentätigkeiten*, insbesondere Aufsichtsratsmandate außerhalb des Unternehmens, nur mit Zustimmung des Aufsichtsrats übernehmen. Hierdurch soll primär sichergestellt werden, dass die Vorstandsmitglieder die volle Arbeitskraft der Gesellschaft zur Verfügung stellen.

3.1.5 Aufsichtsrat

Während dem Vorstand die Leitung des Unternehmens unter eigener Verantwortung obliegt (§ 76 Abs. 1 AktG), kommt dem Aufsichtsrat primär eine Kontrollfunktion zu (§§ 30, 95ff AktG). Eine strikte Trennung von Leitung und Kontrolle der beiden Pflichtorgane wird durch die *Inkompatibilitätsregelung* nach § 105 Abs. 1 AktG gewährleistet.

Dabei ist jedoch zu beachten, dass die Überwachungsfunktion des Aufsichtsrats gegenüber der Unternehmensleitung weniger durch eine ex post-Kontrolle geprägt ist, sondern eher als kooperative, zukunftsbezogene Beratung des Vorstands zu verstehen ist.

Dieses Verständnis des Arbeitsteilung zwischen Vorstand und Aufsichtsrat bringt auch der DCGK in Standard 5.1.1 zum Ausdruck: *Aufgabe des Aufsichtsrats ist es, den Vorstand bei der Leitung des Unternehmens regelmäßig zu beraten und zu überwachen. Er ist in Entscheidungen von grundlegender Bedeutung für das Unternehmen einzubinden.*

Daneben sind auch Personalentscheidungen ein wichtiger Teil des Aufgabenkatalogs des Aufsichtsrats. So definiert Standard 5.1.2, dass der Aufsichtsrat die Mitglieder des Vorstands bestellt und entlässt. Gleichzeitig soll der Aufsichtsrat gemeinsam mit dem Vorstand für eine langfristige Nachfolgeplanung sorgen. Bei Erstbestellungen sollte die maximal mögliche Bestelldauer von fünf Jahren (siehe § 84 Abs. 1 AktG) nicht die Regel sein. So sollte bei von außen in das Unternehmen berufenen Vorständen die Bestellung auf maximal zwei oder höchstens drei Jahre begrenzt werden. Eine Wiederbestellung vor Ablauf eines Jahres vor dem Ende der Bestelldauer bei gleichzeitiger Aufhebung der laufenden Bestellung soll nur bei Vorliegen besonderer Umstände erfolgen. Des Weiteren schlägt der Kodex die Festlegung einer Altersgrenze für Vorstandsmitglieder vor.

In Standard 5.2 sind die Aufgaben und Befugnisse des Aufsichtsratsvorsitzenden definiert. So legt der DCGK fest, dass der Aufsichtsratsvorsitzende organintern die Arbeit im Aufsichtsrat koordiniert und dessen Sitzungen leitet. Der Aufsichtsratsvorsitzende soll zugleich Vorsitzender der Ausschüsse sein, die die Vorstandsverträge behandeln und die Aufsichtsratssitzungen vorbereiten. Den Vorsitz im Prüfungsausschuss (Audit Committee) sollte er nicht innehaben.

Organübergreifend übernimmt der Aufsichtsratsvorsitzende eine Scharnierfunktion zwischen Aufsichtsrat und Vorstand. So soll er mit dem Vorstand, insbesondere mit dem Vorsitzenden bzw. Sprecher des Vorstands, regelmäßig Kontakt halten und mit ihm die Strategie, die Geschäftsentwicklung und das Risikomanagement des Unternehmens beraten. Der Aufsichtsratsvorsitzende wird über wichtige Ereignisse, die für die Beurteilung der Lage und Entwicklung sowie für die Leitung des Unternehmens von wesentlicher Bedeutung sind, unverzüglich durch den Vorsitzenden bzw. Sprecher des Vorstands informiert. Der Aufsichtsratsvorsitzende soll sodann den Aufsichtsrat unterrichten und erforderlichenfalls eine außerordentliche Aufsichtsratssitzung einberufen.

Bereits durch das KonTraG wurde die enge Zusammenarbeit zwischen Aufsichtsrat und Abschlussprüfer in § 111 Abs. 2 Satz 3 AktG gesetzlich festgelegt. Nach Standard 5.3.2 soll der Aufsichtsrat einen Prüfungsausschuss (Audit Committee) einrichten, der sich insbesondere mit Fragen der Rechnungslegung und des Risikomanagements, der erforderlichen Unabhängigkeit des Abschlussprüfers, der Erteilung des Prüfungsauftrags an den *Abschlussprüfer*, der Bestimmung von Prüfungsschwerpunkten und der Honorarvereinbarung befasst. Viele Konzerne hatten bereits in der Vergangenheit ein »Audit Committee« gebildet, da dies u. a. auch eine Zulassungsvoraussetzung für an der New Yorker Börse notierte Unternehmen ist.

Der DCGK beschäftigt sich auch mit deren Zusammensetzung und Vergütung des Aufsichtsrates. Denn in der Realität ist der Aufsichtsrat so gut und so schlecht, wie seine Mitglieder ihre Aufgaben wahrnehmen. So sollte bei der Auswahl insbesondere auf die erforderlichen Kenntnisse, Fähigkeiten und fachlichen Erfahrungen sowie die Unabhängigkeit geachtet werden. In Standard 5.4.2 wird außerdem definiert, dass eine unabhängige Beratung und Überwachung des Vorstands durch den Aufsichtsrat dadurch gefördert wird, dass dem Aufsichtsrat nicht mehr als zwei ehemalige Mitglieder des Vorstands angehören. Aufsichtsratsmitglieder sollten außerdem keine Organfunktionen oder Beratungsaufgaben bei wesentlichen Wettbewerbern des Unternehmens ausüben.

Die verantwortungsvolle Ausübung eines Aufsichtsratsmandats bedarf ausreichend Zeit. So sollte jedes Aufsichtsratsmitglied darauf achten, dass ihm für die Wahrnehmung seiner Mandate genügend Zeit zur Verfügung steht (DCGK 5.4.3). Wer dem Vorstand einer börsennotierten Gesellschaft angehört, soll insgesamt nicht mehr als fünf Aufsichtsratsmandate in konzernexternen börsennotierten Gesellschaften wahrnehmen.

Analog der Regelung des § 113 Abs. 1 AktG legt der DCGK in 5.4.5 fest, dass Aufsichtsratmitgliedern eine Vergütung gewährt werden kann. Voraussetzung hierfür ist ein Beschluss der Hauptversammlung oder eine entsprechende Regelung in der Satzung. Bereits § 113 Abs. 1 Satz 3 AktG fordert, dass die Vergütung in einem angemessenen Verhältnis zu den Aufgaben der einzelnen Aufsichtsratmitglieder und zur Lage der Gesellschaft stehen soll. Der Kodex konkretisiert dies, da nunmehr neben der Verantwortung der Aufsichtsratsmitglieder die wirtschaftliche Lage und der Erfolg des Unternehmens bei der Festlegung der Aufsichtsratvergütung berücksichtigt werden soll. Dabei sollen der Vorsitz und der stellvertretende Vorsitz im Aufsichtsrat sowie der Vorsitz und die Mitgliedschaft in den Ausschüssen berücksichtigt werden.

Analog der Bezahlung des Vorstandes ist auch für die Mitglieder des Aufsichtsrats neben einer festen eine erfolgsorientierte Vergütung zu empfehlen. Die erfolgsorientierte Vergütung sollte auch auf den langfristigen Unternehmenserfolg bezogene Bestandteile enthalten. Analog der Regelungen zur Vorstandsvergütung sollte auch die Vergütung der Aufsichtsratsmitglieder im Anhang des Konzernabschlusses individualisiert, aufgegliedert nach Bestandteilen (hierzu gehören auch Beratungs- und Vermittlungshonorare) ausgewiesen werden. In diesem Zusammenhang ist auch darauf hinzuweisen, dass Berater- und sonstige Dienstleistungs- und Werkverträge eines Aufsichtsratsmitglieds mit der Gesellschaft der Zustimmung des Aufsichtsrats bedürfen.

Wer die Verantwortung eines Aufsichtsratsmandats übernimmt, sollte auch genügend Zeit für die Tätigkeit investieren. Daher legt der DCGK fest, dass die mangelnde Präsenz eines Aufsichtsratsmitglieds publik gemacht wird (falls ein Mitglied des Aufsichtsrats in einem Geschäftsjahr an weniger als der Hälfte der Sitzungen des Aufsichtsrats teilgenommen hat).

3.1.6 Transparenz

Transparenz ist eine ganz wesentliche Voraussetzung für die Funktionsfähigkeit und Effizienz der Kapitalmärkte. Ein eigener Abschnitt im DCGK widmet sich daher der Aufgabe, die *Informationsasymmetrie* zwischen den Kapitalmarktteilnehmern und dem Management der Gesellschaft zu reduzieren. Hierbei ist es wichtig, dass alle Kapitalmarktteilnehmer gleich behandelt werden.

Der DCGK 6.1 bildet die gesetzliche *Ad-hoc-Publizitätspflicht* der Emittenten von Wertpapieren, die zum Handel im Amtlichen oder Geregelten Markt einer inländischen Börse zugelassen sind, in Kurzform ab:[12]

Der Vorstand wird neue Tatsachen, die im Tätigkeitsbereich des Unternehmens eingetreten und nicht öffentlich bekannt sind, unverzüglich veröffentlichen, wenn sie wegen der Auswirkungen auf die Vermögens- und Finanzlage oder auf den allgemeinen Geschäftsverlauf geeignet sind, den Börsenpreis der zugelassenen Wertpapiere der Gesellschaft erheblich zu beeinflussen.

Gemäß Standard 6.2 wird vom Vorstand eine unverzügliche Veröffentlichung gefordert, wenn der Gesellschaft bekannt wird, dass jemand durch Erwerb, Veräußerung oder auf sonstige Weise 5, 10, 25, 50 oder 75 Prozent der Stimmrechte an der Gesellschaft erreicht, über- oder unterschreitet. Diese Pflicht zur unverzüglichen Veröffentlichung von Stimmrechtsveränderungen ist gesetzlich in § 21 und § 25 WpHG geregelt.

Der Kodex bestimmt in Ziffer 6.3, dass die Gesellschaft alle Aktionäre bei Informationen gleich behandeln wird. Sie soll ihnen unverzüglich sämtliche neuen Tatsachen, die Finanzanalysten und vergleichbaren Adressaten mitgeteilt worden sind, zur Verfügung stellen. Durch diese Regelung soll die Missbrauchsgefahr, etwa durch Insiderwissen, reduziert werden. Zur zeitnahen und gleichmäßigen Information der Aktionäre und Anleger soll die Gesellschaft geeignete Kommunikationsmedien, wie etwa das Internet, nutzen. So können alle Aktionäre zeitnah und gleichmäßig informiert werden.

Dabei sollen auch Informationen, die die Gesellschaft im Ausland aufgrund der jeweiligen kapitalmarktrechtlichen Vorschriften veröffentlicht, auch im Inland unverzüglich bekannt gegeben werden (DCGK 6.5).

Der DCGK fordert auch eine höhere Transparenz bei Wertpapiergeschäften der Führungskräfte eines Unternehmens (»Directors' Dealings«). Primärinsider werden basierend auf DCGK 6.6 und § 15a WpHG verpflichtet, ihre Geschäfte mit Wertpapieren des eigenen Unternehmens der Öffentlichkeit mitzuteilen.

Erwerb oder Veräußerung von Aktien der Gesellschaft oder von darauf bezogenen Erwerbs- oder Veräußerungsrechten (z. B. Optionen) sowie von Rechten, die unmittelbar vom Börsenkurs der Gesellschaft abhängen, durch Vorstands- und Aufsichtsratsmitglieder der Gesellschaft oder ihres Mutterunternehmens sowie durch bestimmte ihnen nahe stehende Personen werden von diesen unverzüglich der Gesellschaft mitgeteilt. Von der Mitteilungspflicht sind der Erwerb auf arbeitsvertraglicher Grundlage, als Vergütungsbestandteil sowie unwesentliche Erwerbs- und Veräußerungsgeschäfte (25.000,– € in 30 Tagen) ausgenommen. Die Gesellschaft veröffentlicht die Mitteilung unverzüglich. Im Anhang zum Konzernabschluss sollen entsprechende Angaben gemacht werden. Der Aktienbesitz einschließlich der Optionen sowie der sonstigen Derivate des einzelnen Vorstands- und Aufsichtsratsmitglieds sollen dann angegeben werden, wenn er direkt oder indirekt größer als 1 Prozent der von der Gesellschaft ausgegebenen Aktien ist. Übersteigt der Gesamtbesitz aller Vorstands- und Aufsichtsratsmitglieder 1 Prozent der von der Gesellschaft ausgegebenen Aktien, soll der Gesamtbesitz getrennt nach Vorstand und Aufsichtsrat angegeben werden.

---

12 Vgl. § 15 Abs. 1 WpHG.

3.1.7   Rechnungslegung und Abschlussprüfung

Für einen Investor spielen die externen Finanzinformationen eine ganz wesentliche Rolle bei der Anlageentscheidung. Daher widmet sich der DCGK in einem eigenen Abschnitt der »Rechnungslegung und Abschlussprüfung«. Die Empfehlungen sollen dazu beitragen, dass dem Kapitalmarkt regelmäßige, vergleichbare, zeitnahe, detaillierte und entscheidungsrelevante Informationen zur Verfügung gestellt werden.

So sollen nach Ziffer 7.1.1 Anteilseigner und Dritte während des Geschäftsjahres durch Zwischenberichte unterrichtet werden. Der *Konzernabschluss* und die Zwischenberichte sollen unter Beachtung international anerkannter *Rechnungslegungsgrundsätze* aufgestellt werden. Für gesellschaftsrechtliche Zwecke (Ausschüttungsbemessung, Gläubigerschutz) werden Jahresabschlüsse nach nationalen Vorschriften (HGB) aufgestellt, die auch Grundlage für die Besteuerung sind.

Ziffer 7.1.2 wiederholt die gesetzliche Regelung von § 290 Abs. 1 HGB, wonach der Vorstand verpflichtet ist, einen Konzernabschluss und Konzernlagebericht aufzustellen. Der Abschlussprüfer sowie der Aufsichtsrat prüfen diesen anschließend (§ 316 Abs. 2 HGB sowie § 171 Abs. 1 Satz 1 AktG). Der Kodex empfiehlt, dass der Konzernabschluss binnen 90 Tagen nach Geschäftsjahresende, die Zwischenberichte binnen 45 Tagen nach Ende des Berichtszeitraums, öffentlich zugänglich sein sollte. Hierbei folgt der DCGK den Anforderungen der Kapitalmärkte nach »Fast Close«, d. h. Verfahren zur Beschleunigung der Erstellung und Offenlegung von Abschlussdaten.

In der Vergangenheit wurde häufig kritisiert, dass die Gesamtvergütung der Organmitglieder für die Anteilseigner intransparent ist. Daher schlägt Ziffer 7.1.3 des DCGK vor, dass der Konzernabschluss konkrete Angaben über Aktienoptionsprogramme und ähnliche wertpapierorientierte Anreizsysteme der Gesellschaft enthalten sollte.

Ziffer 7.1.4 empfiehlt die Veröffentlichung einer Liste von Drittunternehmen, an denen sie eine Beteiligung von für das Unternehmen« nicht untergeordneter Bedeutung hält. So kann etwa eine Beteiligung von beispielsweise einem Prozent an einem DAX-30-Unternehmen für ein kleines Unternehmen von wesentlicher Bedeutung sein.

Nach Ziffer 7.1.5 sollen im Konzernabschluss Beziehungen zu Aktionären erläutert werden, die im Sinne der anwendbaren Rechnungslegungsvorschriften als nahe stehende Personen zu qualifizieren sind. Dabei werden Unternehmen und Personen als nahe stehend betrachtet, wenn eine der Parteien über die Möglichkeit verfügt, die andere Partei zu beherrschen oder einen maßgeblichen Einfluss auf deren Finanz- und Geschäftspolitik auszuüben. Dies können verbundene Unternehmen, Schwestergesellschaften, natürliche Personen mit maßgeblichem Einfluss oder auch Schlüsselpersonen im Unternehmen sein.

Der Abschlussprüfer erteilt mit dem Bestätigungsvermerk die Bestätigung, dass der geprüfte Jahres- oder Konzernabschluss ein den tatsächlichen Verhältnissen entsprechendes Bild der Vermögens-, Finanz- und Ertragslage widerspiegelt, den angewandten Rechnungslegungsgrundsätzen entspricht und die Risiken der künftigen Entwicklung zutreffend darstellt. Leider war insbesondere die Unabhängigkeit der Abschlussprüfer in den vergangenen Jahren nicht immer gegeben. In der Vergangenheit haben Abschlussprüfer nicht nur Prüfungsleistungen, sondern beispielsweise Steuer-, Personal- und Rechtsberatung, Finanz- und IT-Dienstleistungen angeboten. So hat nach dem Zusammenbruch von Enron und Worldcom die amerikanische Börsenaufsicht SEC (Security Exchange Commission) die Marktteilnehmer motiviert, entsprechende Unabhängigkeitsregeln aufzustellen.

Auch der DCGK greift diese Forderung auf und fordert gemäß Ziffer 7.2.1 zur Sicherung der Unabhängigkeit des Abschlussprüfers vor Unterbreitung des Wahlvorschlags eine Erklärung des vorgesehenen Prüfers einzuholen, ob und ggf. welche beruflichen, finanziellen oder sonstigen Beziehungen zwischen dem Prüfer und seinen Organen und Prüfungsleitern einerseits und dem Unternehmen und seinen Organmitgliedern andererseits bestehen, die Zweifel an seiner Unabhängigkeit begründen können. Die Erklärung soll sich auch darauf erstrecken, in welchem Umfang im vorausgegangenen Geschäftsjahr andere Leistungen für das Unternehmen, insbesondere auf dem Beratungssektor, erbracht wurden bzw. für das folgende Jahr vertraglich vereinbart sind.

Außerdem soll der Aufsichtsrat mit dem Abschlussprüfer vereinbaren, dass der Vorsitzende des Aufsichtsrats bzw. des Prüfungsausschusses über während der Prüfung auftretende mögliche Ausschluss- oder Befangenheitsgründe unverzüglich unterrichtet wird, soweit diese nicht unverzüglich beseitigt werden.

Nach Standard 7.2.2 erteilt der Aufsichtsrat dem Abschlussprüfer den Prüfungsauftrag und trifft mit ihm die Honorarvereinbarung. Der Kodex gibt hier § 111 Abs. 2 Satz 3 AktG wieder, der jedoch die Honorarvereinbarung nicht explizit erwähnt.

Ziffer 7.2.3 schlägt vor, dass der Aufsichtsrat mit dem Abschlussprüfer vereinbaren soll, dass dieser über alle für die Aufgaben des Aufsichtsrats wesentlichen Feststellungen und Vorkommnisse unverzüglich berichtet, die sich bei der Durchführung der Abschlussprüfung ergeben. Außerdem soll der Aufsichtsrat vereinbaren, dass der Abschlussprüfer ihn informiert bzw. im Prüfungsbericht vermerkt, wenn er bei Durchführung der Abschlussprüfung Tatsachen feststellt, die eine Unrichtigkeit der von Vorstand und Aufsichtsrat abgegebenen Erklärung zum Kodex ergeben.

4 Sarbanes-Oxley Act

Der Sarbanes-Oxley Act war eine direkte Reaktion auf die großen Bilanzskandale, die sich in den Vereinigten Staten ereignet haben. Die bekanntesten Fälle waren sicherlich Enron und Worldcom; in beiden Fällen wurden Milliardenschäden in den Anlegerdepots verursacht. Leider macht dieses Phänomen nicht vor Landesgrenzen halt. In den Niederlanden wurden Ungereimtheiten in den Bilanzen von Ahold gefunden, in der Schweiz wurde insbesondere Adecco bekannt und in Italien ging Parmalat durch die Presse. Der Jahresabschlussbericht von Royal Shell wurde vermutlich zurückgehalten, weil es Unsicherheiten bei der Bewertung von Ölreserven gab.

Interessanterweise wird in solchen Fällen i. d. R. der Wirtschaftprüfer ins Visier genommen. Desgleichen wird geprüft, ob die Banken sich in den betroffenen Fällen ordnungsgemäß verhalten haben und nicht weiterhin Anleihen eines Unternehmens empfohlen haben, obwohl ihnen die Schieflage des betroffenen Unternehmens schon längst bekannt war. Die Konsequenzen für den Wirtschaftprüfer wurden insbesondere im Falle Enron klar aufgezeigt: Arthur Andersen besteht als Unternehmen nicht mehr, weil es das Vertrauen der Öffentlichkeit verloren hat. Nach dem Kenntnisstand der Autoren wurden seitens Arthur Andersen Prüfungsakten mit belastendem Material vernichtet. In so einem Fall, jedoch auch durch kriminelle Aktivitäten verliert ein Wirtschaftsprüfer das Vertrauen seiner Mandanten und in der Konsequenz die Mandanten.

Der Markt hat in diesem Fall klar reagiert und gezeigt, das ein solches Verhalten keineswegs toleriert wird.

Die Citibank[1] hat mit Kunden im Rahmen des Worldcom-Geschäftes Vergleiche geschlossen. Sie hat sowohl Aktien als auch Anleihen des Unternehmens Worldcom ihren Kunden empfohlen, obwohl die Bank schon damals Kenntnis über die wirkliche Situation bei Worldcom hatte. Die Empfehlung hätte aufgrund der bekannten Informationen nicht gegeben werden dürfen. Es handelt sich hier um einen Betrag von mehr als 2 Milliarden US-Dollar.

Obwohl Wirtschaftswissenschaftler der Marktbereinigungskraft eine große Bedeutung beimessen, wollte der Gesetzgeber in den Vereinigten Staaten es nicht dabei belassen. Corporate Governance hat mit dem Sarbanes-Oxley Act eine neue Form erhalten, die insbesondere wieder auf die Verantwortung des Vorstandes (insbesondere des Chief Executive Officers und des Chief Financial Officers) hinweist. Die persönliche Strafe, die in diesem Gesetz angedroht wird, zeigt klar, dass das wirtschaftliche Handeln mittlerweile eine strafrechtliche Komponente erhalten hat.

Der *Sarbanes-Oxley Act* umfasst folgende Bestimungen:
- Festlegung von Organisation und Aufgabenbereichen des Aufsichtsgremiums (Public Company Accounting Boards) über die Rechnungslegung der in den USA gelisteten

---

1 www.forbes.com, 05. 10. 2004.

Unternehmen. Hier handelt es sich insbesondere um spezifische Regularien für Wirtschaftsprüfer und -Kanzleien,

- Unabhängigkeit des Wirtschaftsprüfers,
- Erläuterungen und Erweiterung der Verantwortlichkeiten der einzelnen Unternehmen, siehe Section 302 »Unternehmensverantwortung für Finanzberichte«,
- Festlegung von erweiterten Veröffentlichungspflichten für Finanzinformationen, siehe Section 404,
- Vorschriften zur Verhinderung von Interessenkonflikten bei Finanzanalysten,
- Einzelregelungen bezüglich Finanzierung und Befugnissen der Security Exchange Commission (SEC),
- Festlegung der Themen, zu denen US-Behörden Studien und Berichte zu erstellen haben,
- Regelungen zu Informantenschutz (Fraud) und erweiterten Aufbewahrungspflichten für Dokumente,
- Verschärfung der strafrechtlichen Bestimmungen bei unrichtiger eidesstattlicher Bestätigung – »White-Collar« Kriminalität,
- Festlegung zur Unterzeichnung der Steuererklärung durch den CEO,
- Bestimmungen zur Verantwortlichkeit der Geschäftsleitung im Falle von Unregelmäßigkeiten (Unternehmensbetrug).

Section 302[2] beschreibt folgende Anforderungen:

---

2 SEC. 302. CORPORATE RESPONSIBILITY FOR FINANCIAL REPORTS.(a) REGULATIONS REQUIRED.—The Commission shall, by rule, require, for each company filing periodic reports under section 13(a) or 15(d) of the Securities Exchange Act of 1934 (15 U.S.C. 78m, 78o(d)), that the principal executive officer or officers and the principal financial officer or officers, or persons performing similar functions, certify in each annual or quarterly report filed or submitted under either such section of such Act that— (1) the signing officer has reviewed the report; (2) based on the officer's knowledge, the report does not contain any untrue statement of a material fact or omit to state a material fact necessary in order to make the statements made, in light of the circumstances under which such statements were made, not misleading; (3) based on such officer's knowledge, the financial statements, and other financial information included in the report, fairly present in all material respects the financial condition and results of operations of the issuer as of, and for, the periods presented in the report;(4) the signing officers— (A) are responsible for establishing and maintaining internal controls; (B) have designed such internal controls to ensure that material information relating to the issuer and its consolidated subsidiaries is made known to such officers by others within those entities, particularly during the period in which the periodic reports are being prepared; (C) have evaluated the effectiveness of the issuer's internal controls as of a date within 90 days prior to the report; and (D) have presented in the report their conclusions about the effectiveness of their internal controls based on their evaluation as of that date; (5) the signing officers have disclosed to the issuer's auditors and the audit committee of the board of directors (or persons fulfilling the equivalent function)— (A) all significant deficiencies in the design or operation of internal controls which could adversely affect the issuer's ability to record, process, summarize, and report financial data and have identified for the issuer's auditors any material weaknesses in internal controls; and (B) any fraud, whether or not material, that involves man-

- Der Chief Executive Officer (CEO) und der Chief Financial Officer (CFO) unterschreiben für folgende Tätigkeiten, wenn ein finanzieller Bericht veröffentlicht wird:
  - Sie haben die Berichte geprüft.
  - Nach besten Wissen und Gewissen sind den Unterschreibenden keine unwahren Aussagen oder ein materieller Fehler bekannt oder es fehlen materielle Fakten, die – wenn sie aufgenommen wären – eine Irreführung des Benutzers des Finanzberichtes vermieden hätten.
  - Soweit den Unterschreibenden bekannt, präsentieren die Finanzberichte und die weiteren aufgenommenen finanziellen Informationen in materieller Hinsicht eine getreue Darstellung des finanziellen Zustands (per Berichtsdatum) und der operationellen Ergebnisse der Berichtsperiode des Herausgebers des Finanzberichtes.
  - Die Unterschreibenden sind verantwortlich für die Implementierung und Erhaltung von internen Kontrollen (Internal Controls beinhalten allerdings mehr als die internen Kontrollen).
  - Die Unterschreibenden haben solche interne Kontrollen entworfen, die sicherstellen, dass materielle Informationen bezüglich des Herausgebers und seiner konsolidierten Tochtergesellschaften bei den Unterschreibenden bekannt werden, insbesondere in der Erstellungsperiode der Reports.
  - Die Unterschreibenden haben die Effektivität des Internen Kontrollsystems des Herausgebers per Berichtsdatum bis 90 Tage vor dem Berichtsdatum geprüft.
  - Die Unterschreibenden haben dem Wirtschaftsprüfer und dem Audit-Committee des Herausgebers des Finanzberichtes alle signifikanten Unzulänglichkeiten im Entwurf oder in der Wirkung der internen Kontrollen, die die Fähigkeit des Herausgebers bezüglich der Aufzeichnung, Verarbeitung, Zusammenfassung und das Berichten von finanziellen Daten negativ beeinträchtigen können, berichtet.
  - Ebenfalls berichten die Unterschreibenden jeden Betrugsfall, bei dem das Management oder die Mitarbeiter mit signifikantem Einfluss auf die internen Kontrollen des Herausgebers involviert sind.
  - Die Unterschreibenden berichten in dem Finanzbericht, ob signifikante Änderungen des Internen Kontrollsystems oder der Faktoren, die das Interne Kontrollsystem signifikant beeinflussen können, stattgefunden haben.

---

agement or other employees who have a significant role in the issuer's internal controls; and (6) the signing officers have indicated in the report whether or not there were significant changes in internal controls or in other factors that could significantly affect internal controls subsequent to the date of their evaluation, including any corrective actions with regard to significant deficiencies and material weaknesses. H. R. 3763—34 (b) FOREIGN REINCORPORATIONS HAVE NO EFFECT.—Nothing in this section 302 shall be interpreted or applied in any way to allow any issuer to lessen the legal force of the statement required under this section 302, by an issuer having reincorporated or having engaged in any other transaction that resulted in the transfer of the corporate domicile or offices of the issuer from inside the United States to outside of the United States. (c) DEADLINE.—The rules required by subsection (a) shall be effective not later than 30 days after the date of enactment of this Act.

Korrektive Aktionen bezüglich signifikanter Unzulänglichkeiten oder materieller Schwächen des Internen Kontrollsystems sind zu berichten.

In Rahmen dieses Buches muss vor allem die *Section 404*[3] hervorgehoben werden. Die *Section 404* hat folgenden Inhalt:

- In jedem Jahresabschlussbericht muss ein so genannter »Internal Control Report« enthalten sein, der
  - die Verantwortung des Managements für die Etablierung und Instandhaltung einer adäquaten »Internal Control Structure« und die Prozesse für Financial Reporting beschreibt und
  - eine Bewertung der Effektivität der »Internal Control Structure« und der Prozesse für Financial Reporting per Ende des Steuerjahres umfasst.
- Diese Bewertung ist durch das Management des Unternehmens vorzunehmen.

Nun ist der »Internal Control Report« nicht neu. Bereits im *Cadbury Report* 1992 wurde im Vereinigten Königreich ein solcher Bericht gefordert. Insbesondere die Sanktionen haben jedoch dafür gesorgt, dass der Sarbanes-Oxley Act soviel öffentliche Aufmerksamkeit erhalten hat.

Das Gesetz lässt die Frage der tatsächlichen Erfüllung offen. Bereits im Jahr 2002 hat das Amercian Institute of Certified Public Accountants der Securities and Exchange Commission in einem Brief auf den so genannten COSO-Report (COSO 1992) hingewiesen. Dieser Report beinhaltet eine Beschreibung des Internal Control Frameworks. Wesentliche Bestandteile sind die Beschreibung des Internal Control Frameworks und des Control Environment.

Die Begriffe Internal Control Framework und Control Environment lassen sich nicht eindeutig ins Deutsche übersetzen. Obwohl Internal Control Framework oft als »Internes Kontrollsystem« übersetzt wird, muss hier festgestellt werden, dass diese Übersetzung zu kurz greift.

---

3 SEC. 404 MANAGEMENT ASSESSMENT OF INTERNAL CONTROLS
   (a) RULES REQUIRED. – The Commission shall prescribe rules requiring each annual report required by section 13(a) or 15(d) of the Securities Exchange Act of 1934 (15 U.S.C. 78m or 78o(d)) to contain an internal control report, which shall:
      1. state the responsibility of management for establishing and maintaining an adequate internal control structure and procedures for financial reporting; and
      2. contain an assessment, as of the end of the most recent fiscal year of the issuer, of the effectiveness of the internal control structure and procedures of the issuer for financial reporting.
   (b) INTERNAL CONTROL EVALUATION AND REPORTING. – With respect to the internal control assessment required by subsection (a), each registered public accounting firm that prepares or issues the audit report for the issuer shall attest to, and report on, the assessment made by the management of the issuer. An attestation made under this subsection shall be made in accordance with the standards for attestation engagements issued or adopted by the Board. Any such attestation shall not be subject of a separate engagement.

Internal Control wird in dem COSO-Report[4] wie folgt definiert:

Internal control is broadly defined as a process, effected by an entity's board of directors, management and other personnel, designed to provide reasonable assurance regarding the achievements of objectives in the following categories:
- *Effectiveness and efficiency of operations*
- *Reliability of financial reporting*
- *Compliance with applicable laws and regulations.*

Insbesondere die erste Kategorie ist oft kein Bestandteil des Internen Kontrollsystems, wie es üblicherweise in deutscher Sprache definiert ist. In der ersten Kategorie sind zum Beispiel auch die Leistungsrechnungsziele mit aufgenommen. In Deutschland werden diese typischen Controllingaufgaben nicht zum Internen Kontrollsystem gerechnet.

Internal Control besteht aus folgenden *fünf Komponenten*[5]:
- *Control Environment:* Die Control-Umgebung bestimmt das Control-Bewusstsein in einem Unternehmen. Sie ist die Basis für die anderen Komponenten des Internal Control. Die Komponenten der Control-Umgebung werden noch im Detail besprochen.
- *Risiko-Assessment*: Ein Unternehmen ist einer Fülle von internen und externen Risiken ausgesetzt. Die Ziele eines Unternehmens sind die Basis für das Risiko-Assessment. In diesem Risiko-Assessment wird geprüft, inwiefern Änderungen ein Risiko für die Erreichung der Unternehmensziele bilden.
- *Control-Aktivitäten:* Diese sind Geschäftsanweisungen und Prozesse, die dazu beitragen, dass die Management-Anweisungen umgesetzt werden. Beispielhaft können die funktionale Trennung, Abstimmungen, Leistungsrechnung, Befugnisse und Freigabe im Rahmen des Vieraugenprinzips genannt werden.
- *Information und Kommunikation*: Information soll so identifiziert, erfasst und kommuniziert werden, dass Mitarbeiterinnen und Mitarbeiter in der Lage sind, ihrer Verantwortung gerecht zu werden.
- *Überwachung*: Auch Internal-Control-Systeme müssen überwacht werden. Ihre Effektivität soll sowohl kontinuierlich als auch im Rahmen von separaten Prüfungen festgestellt werden. Unzulänglichkeiten im Internal-Control-System sind dem Management zu berichten, ernsthafte Unzulänglichkeiten sollen dem Vorstand berichtet werden.

Die *Control-Umgebung* gibt den Ton in einem Unternehmen an. Sie umfasst folgende Komponenten:
- Integrität und ethische Werte,
- Verpflichtung zu Kompetenz,
- Vorstand und Audit-Komitee,
- Managementphilosophie und Arbeitsstil,
- Organisationsstruktur,
- Zuweisung von Befugnissen und Verantwortung sowie
- Personalanweisungen.

---

4 COSO-Report, 1992, Seite 1.
5 COSO, 1992, Seite 2.

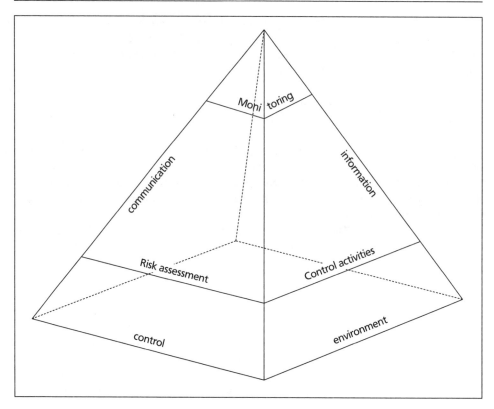

Abb. 5: Internal Control Components
        Quelle: COSO-Report

Diese Zielsetzungen und deren Erreichung beruhen auf Vorzügen, Wertschätzungen und Managementstil. Sie zeigen im Wesentlichen, wie das Management Integrität und ethische Werte in die Unternehmensführung einbezieht.

Gerade in diesem Bereich wird die Effektivität des Internal-Control-Systems bestimmt. Sie kann nicht größer sein als die Integrität und ethischen Werte der Menschen, die das Internal-Control-System entwerfen und überwachen. Eine Voraussetzung für ethisches Verhalten in einem Unternehmen ist die Integrität auf allen Ebenen in der Organisation.

Das ethische Verhalten und die Integrität des Managements werden als Ergebnis der Unternehmenskultur gewertet. Diese Kultur bestimmt wie die ethischen Werte definiert, kommuniziert und immer wieder vermittelt werden. Das Top-Management spielt hier eine wichtige Rolle. Insbesondere der Vorstand muss ein gutes Beispiel abgeben, denn sein Verhalten bestimmt im Wesentlichen das Verhalten der anderen Mitarbeiterinnen und Mitarbeiter.

In diesem Rahmen müssen auch die Entlohnungssysteme und die damit verbundenen Stimuli bewertet werden. Insbesondere ist die Betonung kurzfristiger Erträge gefährlich, weil der Preis für die Zielverfehlungen außerordentlich hoch wird.

Als Beispiele können an dieser Stelle aufgeführt werden:

- unrealistische Budgetvorgaben,
- hohe leistungsabhängige Entlohnungen,
- ineffektive oder nicht bestehende Kontrollen, die ausgenutzt werden können und
- unbedeutende Disziplinarmaßnahmen.

Das Management hat hierbei die Aufgabe, die moralische Führung im Unternehmen zu übernehmen. Es soll für die Mitarbeiterinnen und Mitarbeiter eine Vorbildfunktion einnehmen. Dazu kann es hilfreich sein, wenn das Management Verhaltensregeln definiert. Dabei ist insbesondere an das Verhalten in kritischen Situationen zu denken, wie zum Beispiel bei Interessenkonflikten.

Kompetenz sollte die Kenntnisse und Fähigkeiten, die für eine gute Aufgabenerfüllung notwendig sind, wiedergeben. Das Management ist in der Verantwortung, die notwendigen Kenntnisse und Fähigkeiten für jede Funktion zu definieren. Diese Definition sollte letztendlich adäquate Stellenbeschreibungen und Personalanforderungen beinhalten.

Die Control-Umgebung und der »Tone at the Top« werden wesentlich durch den Aufsichtsrat, den Vorstand und das Audit-Komitee bestimmt. Es handelt sich hier um die Unabhängigkeit des Aufsichtsrats und der Audit-Komitees, die Erfahrung und die Statur der Mitglieder und deren Einbezogenheit und die Analyse der Unternehmensaktivitäten. Einen weiteren wichtigen Baustein des Control Environments bildet die Kommunikation des Audit-Komitees mit der internen Revision und dem Wirtschaftsprüfer.

Die Managementphilosophie und der Arbeitsstil bestimmen, wie das Unternehmen geführt wird. Dabei geht es auch um die Risiken, die das Unternehmen eingeht. Ein anderes Element der Managementphilosophie ist die Haltung bezüglich der Bewertungsgrundsätze im Jahresabschlussbericht. Diese Grundsätze können konservativ und vorsichtig, aber auch aggressiv angewendet werden. Dadurch kann auf das berichtete Ergebnis erheblich Einfluss genommen werden.

Die Organisationsstruktur sollte so gestaltet sein, dass natürliche Gegengewichte implementiert werden. Diese Struktur bestimmt im Wesentlichen, ob eine funktionale Trennung von Aufgaben tatsächlich greift. Eine wesentliche Anforderung in den *Mindestanforderungen an das Betreiben der Handelsgeschäfte (MaH)* und in den *Mindestanforderungen an das Kreditgeschäft (MaK)* ist die funktionale Trennung der risikoeingehenden und der risikoüberwachenden Funktion.

Die Zuweisung von Befugnissen und Verantwortung bestimmen, inwiefern die Mitarbeiterinnen und Mitarbeiter verstehen, dass sie für ihr Handeln verantwortlich gemacht werden. Über Tätigkeiten muss regelmäßig berichtet werden. Die letztendliche Verantwortung für die Unternehmensaktivitäten verbleibt beim Vorstand.

Die Personalanweisungen helfen nicht nur, die Verhaltensregel umzusetzen. Die Anweisungen sollen ebenfalls dafür sorgen, dass die Aus- und Weiterbildung der Mitarbeiterinnen und Mitarbeiter gesichert werden, damit die Aktivitäten immer ordnungsgemäß durchgeführt werden können. Die Personalanweisungen sollten jedoch auch zeigen, dass es dem Unternehmen mit der Einhaltung des gewünschten Verhaltens ernst ist. Hier können die Disziplinarmaßnahmen als Beispiel genannt werden.

Nachdem die Basis für die anderen Komponenten nun gelegt ist, können das Risiko-Assessment und die Control-Aktivitäten effektiv eingesetzt werden.

Das *Risiko-Assessment* bewertet die möglichen Abweichungen von Zielgrößen eines Unternehmens. Es handelt sich hier um alle Risikoarten:

- Kreditrisiko,
- Marktpreisrisiko, operationelles Risiko,
- Liquiditätsrisiko und
- Geschäftsrisiko.

Es kommt darauf an, die Risiken quantitativ zu bewerten und den Impact auf die Zielgrößen zu bestimmen. Es geht dabei sowohl um die Bewertung der Häufigkeit als auch um die Schätzung der Schadenshöhe. Hierbei sind sowohl die externen als auch die internen Risikofaktoren zu analysieren. Das alles resultiert letztendlich in einer Analyse des Handlungsbedarfs und bestimmt somit das Management der Risiken.

Es gibt gewisse Umstände, die die Verletzbarkeit ändern. Insbesondere kann hier an organisatorische Veränderungen, die Einstellung von neuem Personal und die Einführung neuer Produkte, IT-Systeme oder Prozesse gedacht werden.

Die Internal Controls umfassen im Wesentlichen die in dem Toolkit[6] aufgenommen Control-Maßnahmen. Beispielhaft können hier die funktionale Trennung, die Controls in einer IT-Umgebung und die Performance- und Risikoindikatoren genannt werden.

Risiko-Assessment und Internal Controls gehen Hand in Hand. Wenn Risiken aufgedeckt werden, ist es natürlich angebracht, über Handlungsalternativen nachzudenken. Eine der wesentlichen Alternativen ist die Implementierung von Internal Controls. Umgekehrt sollte im Risiko-Assessment auch die Effektivität des internen Control-Systems bewertet werden.

Diese letzte Wahrnehmung ruft den Anfang dieses Abschnitts noch einmal in Erinnerung. Im Rahmen des Sarbanes-Oxley Acts ist die Qualität der internen Kontrollen regelmäßig zu bewerten. Das Monitoring des internen Control-Systems wurde nicht erst in diesem Gesetz gefordert. Im COSO-Report[7] wurden bereits das Self-Assessment und die Revisionsaktivitäten als Möglichkeiten für das Monitoring des internen Control-Systems genannt. An dieser Stelle könnten sicherlich die Risikoindikatoren noch hinzugefügt werden, denn diese Indikatoren können direkt zeigen, ob bestimmte Internal Controls funktionieren.

Als *Fazit* kann Folgendes festgehalten werden: Das American Institute of Certified Public Accountants hat einen wertvollen Hinweis gegeben, dass der COSO-Report eine gute Basis für die Erfüllung der Anforderungen der *Section 404* sein kann. Im zweiten Abschnitt dieses Buches werden die Details näher erörtert.

---

6 Vgl. van den Brink, 2002, Seite 86.
7 Vgl. COSO-Report, 1992, Seite 68.

5 Corporate Governance-Elemente in Basel II

Corporate Governance-Elemente sind bereits in folgenden Dokumenten des Baseler Ausschusses vorhanden:

- Enhancing Corporate Governance for Banking Organisations[1],
- Sound Practices for the Management and Supervision of Operational Risk[2],
- International Convergence, insbesondere Pillar II und Pillar III[3].

Das Dokument »Enhancing Corporate Governance for Banking Organisations« baut im Wesentlichen auf den OECD-Principles auf, die in 2004 aktualisiert wurden. Es zeigt, dass eine solide Corporate Governance sogar eine notwendige Voraussetzung für eine funktionierende Aufsicht ist.

Corporate Governance hat in Banken Einfluss auf:

- die Definition der Unternehmensziele (inklusive der Dividende für die Eigentümer),
- die tagtägliche Geschäftsabwicklung,
- die Berücksichtigung der Interessen der »Stakeholders«.
- die Art und Weise, wie Banken die Geschäftsaktivitäten und -gebaren mit den Erwartungen, dass Banken das Geschäft sicher und solide abwickeln, im Einklang bringen sowie
- den Schutz der Gläubigerinteressen.

Bereits 1999 hat der *Baseler Ausschuss* die verschiedenen Elemente der Corporate Governance benannt. Ein starkes Internal Control-System, ein von den Geschäftssparten unabhängig funktionierendes Risikomanagement, ein explizites Monitoring von Interessenkonflikten (zum Beispiel bei der Kreditvergabe an Mitglieder des Senior Managements) und die Entlohnungskomponenten für das Senior Management sind hier explizit aufgeführt.

Der Baseler Ausschuss definiert vier »*Checks and Balances*«-Elemente die in jeder Bank implementiert sein sollten:

- Aufsicht durch einen Aufsichtsrat oder ein Board of Directors,
- Aufsicht durch Individuen, die nicht direkt in der täglichen Geschäftsabwicklung involviert sind,
- direkte hierarchische Aufsicht der verschiedenen Geschäftssparten sowie
- eine unabhängige Risikomanagement- und Audit-Funktion.

Es sollte sichergestellt werden, dass die Mitarbeiterinnen und Mitarbeiter, die in solchen Schlüsselpositionen arbeiten, über die notwendigen Kenntnisse und Fähigkeiten für die Ausübung ihrer Aufgaben verfügen.

---

1 Basel Committee on Banking Supervision, 1999.
2 Basel Committee on Banking Supervision, 2003.
3 Basel Committee on Banking Supervision, 2004.

Folgende *Sound Corporate Governance Practices* sind in diesem Dokument aufgeführt:

- Die strategischen Ziele und die Unternehmenswerte werden in die gesamte Organisation kommuniziert.
- Die Verantwortlichkeiten werden in der ganzen Organisation klar zugeordnet.
- Die Qualifikation der Aufsichtsratsmitglieder soll sichergestellt werden. Die Aufsichtsratsmitglieder sollen ein klares Verständnis ihrer Rolle haben und nicht unter ungebührlichem Einfluss des Managements oder externem Einfluss stehen.
- Eine adäquate Aufsicht durch das Senior Management soll sichergestellt sein.
- Die Arbeit der internen Revision und des Wirtschaftsprüfers soll in Anbetracht der ausgeübten Kontrollfunktionen eingebunden werden.
- Die Entlohnungsansätze sollen mit den ethischen Werten, mit der Strategie und mit der Control-Umgebung der Bank konsistent sein.
- Corporate Governance soll in einer transparenten Art und Weise umgesetzt werden.

Die Aufsicht hat im Rahmen der Corporate Governance die Überwachungsrolle der Implementierung einer Corporate Governance innerhalb der Finanzinstitute inne.

Im Rahmen der Diskussion über den neuen Kapitalakkord, sind die »Sound Practices for the Management and Supervision of Operational Risk« entstanden. Die Sound Practices sind verbindlich für die Banken, die für die Bestimmung des Risikokapitals für operationelle Risiken einen *Standardansatz* oder einen *Advanced Measurement Approach* implementieren möchten. Die Banken, die einen Basisansatz implementieren möchten, haben keine Implementierungspflicht, die Umsetzung wird jedoch durch die Aufsicht gerne gesehen.

Die Sound Practices umfassen die folgenden 10 Grundsätze[4]:

Sound practices for the Management and Supervision of Operational Risk

1. Der Vorstand sollte von allen wichtigen Aspekten des operationellen Risikos Kenntnis haben. Er sollte das Operational-Risk-Rahmenwerk genehmigen und periodisch prüfen.
2. Der Vorstand muss eine effektive und umfängliche interne Revision des Operational-Risk-Rahmenwerks sicherstellen.
3. Das Senior-Management ist für die Implementierung der Operational-Risk-Strategie verantwortlich.
4. Alle inhärenten operationellen Risiken müssen für materielle (neue) Produkte, usw. identifiziert werden.
5. Die notwendigen Prozesse zur Überwachung der Operational-Risk-Profile und der Gefährdung durch materielle Verluste sollen implementiert werden.
6. Policies für das Controlling und die Abmilderung von operationellen Risiken sollen implementiert werden.
7. Notfallpläne und Business-Continuity-Pläne sollen implementiert werden.

---

4   Die Übersetzung ist nicht offiziell. Es gilt der englische Text.

8. Die Aufsicht wird von den Banken ein effektives Rahmenwerk für das Management operationeller Risiken fordern.
9. Die Aufsicht wird das Operational-Risk-Management der Bank regelmäßig unabhängig evaluieren.
10. Ausreichende Veröffentlichungen sollen gemacht werden.

Grundsatz 1

Board of Directors should be aware of major aspects of operational risk and should approve and periodically review the OR-Framework.

- Der Vorstand soll die Einführung eines bankweiten Rahmenwerkes für Operational-Risk-Management ermöglichen.
- Dieses Rahmenwerk umfasst die Operational-Risk-Definition, die Risikobereitschaft und Toleranz der Bank. Ebenso müssen der Risikotransfer und die Anweisungen für Identifizierung, Bewertung, Überwachung und Controlling des Operational Risk aufgenommen werden.
- Der Vorstand soll klare Verantwortungen für die Implementierung des Rahmenwerks schaffen. Darüber hinaus müssen die funktionalen Trennungen zwischen Operational-Risk-Control-Funktionen und den Markt- und Unterstützungseinheiten gewahrt werden, um Interessenkonflikte zu vermeiden.
- Das Rahmenwerk sollte regelmäßig durch den Vorstand auf Aktualität überprüft werden.

Der Begriff »Board of Directors« ist schwierig zu übersetzen, da nach englischem Recht sowohl Aufsichtsratsmitglieder (Non-Executives) als auch Vorstände (Executives) in diesem Board vertreten sind. In den meisten Fällen muss davon ausgegangen werden, dass hier in erster Linie der Vorstand gemeint ist.

Grundsatz 2

The Board needs to ensure that the OR-Framework is subject to effective and comprehensive internal audit.

- Die Innenrevision soll die Effektivität der Geschäftsanweisungen und Prozeduren prüfen, dazu gehört auch die Prüfung der Implementierung des Operational-Risk-Rahmenwerks.
- Die Innenrevision sollte nicht aktiv in den Rahmen des Operational-Risk-Managements eingebunden werden, um ihre Unabhängigkeit zu wahren.

Grundsatz 3

Senior Management is responsible for implementing the OR-Strategy.

- Das Senior Management ist verantwortlich für die Umsetzung des Rahmenwerks in klaren Prozessen und Verantwortlichkeiten. Das Management ist ebenfalls angehalten, ausreichend Ressourcen vorzuhalten, damit das Operational-Risk-Management effektiv gestaltet wird.

- Das Senior Management muss sicherstellen, dass alle Bankaktivitäten durch qualifiziertes Personal ausgeführt werden. Ebenfalls muss gewährleistet sein, dass die Risikocontroller unabhängig von den überwachten Einheiten operieren können.
- Das Senior Management muss die *Entlohnungspolitik* mit der Risikobereitschaft der Bank in Einklang bringen. Die Aufsicht möchte hiermit erreichen, dass die Entlohnungsinstrumente ein gutes Operational-Risk-Management unterstützen. So sollte verantwortliches Handeln belohnt und dem Erwirtschaften von großen Erträgen durch das Eingehen von großen Operational Risks entgegengewirkt werden.

Grundsatz 4
All inherent operational risks should be identified for material (new) products, etc.
- Die Bank soll in der Lage sein, ihre Verwundbarkeit durch einzelne Operational-Risk-Ereignisse zu bewerten. Dabei können folgende Instrumente eingesetzt werden:
  - *Self-/Risk-Assessment:* Auf Basis einer strukturierten Frageliste werden die neuralgischen Stellen der Bank durch Operational Risk festgestellt.
  - *Risk-Mapping:* Per Risiko-Typ wird die Organisation abgebildet, um so die Schwachstellen zu erkennen.
  - *Risk-Indicators:* Kenngrößen die einen Einblick in die Risikoposition der Bank geben.
  - Quantifizierung des Operational Risk in der Form des Risikokapitals.

Grundsatz 5
Necessary processes for monitoring OR-Profiles and material exposure to losses should be implemented.
- Eine effektive Überwachung ist essenziell für ein adäquates Operational-Risk-Management.
- Die Bank soll geeignete Risikoindikatoren identifizieren, die als Frühwarnsystem für zukünftige Verluste fungieren können.
- Die Überwachungsfrequenz soll passend zur Änderungsfrequenz der Operational-Risk-Umgebung gewählt werden.
- Das Senior Management soll regelmäßig Berichte erhalten, die die Operational-Risk-Issues und die vereinbarten Gegenmaßnahmen enthalten. Das Management soll sich neben der Innenrevision von der Qualität der Rechtzeitigkeit, Richtigkeit und Relevanz der Berichtsysteme und der internen Kontrollen im Allgemeinen überzeugen.

Grundsatz 6
Policies for controlling or mitigating OR should be implemented.
Die Bank soll sich für alle materiellen Operational Risks adäquate Prozesse zulegen, um diese zu beherrschen oder abzumildern oder sie einfach zu tragen.
- Die Anweisungen müssen durch eine starke Kontrollkultur unterstrichen werden, die ein fundiertes Risikomanagement fördert.
- Interessenkonflikte sollen durch die Einhaltung funktionaler Trennungen vermieden werden.

- Die Einführung neuer Produkte oder die Öffnung neuer Märkte sollte adäquat begleitet werden. Hierbei ist ein besonderes Augenmerk auf die Anpassung des internen Kontrollsystems zu legen.
- Risikomilderungsmaßnahmen sind als Komplement zu den internen Kontrollen zu sehen und nicht als Ersatz.
- Auslagerungsaktivitäten sollen gemäß einer Geschäftsanweisung organisiert werden. Der Vorstand bleibt für die ausgelagerten Aktivitäten verantwortlich, und er muss dieser Verantwortung in den Verträgen Rechnung tragen.

Grundsatz 7
Contingency and business continuity plans should be implemented.
Banken müssen die kritischen Geschäftsprozesse identifizieren. Dazu sind auch die Prozesse zu rechnen, in denen eine Abhängigkeit von Dritten besteht.
- Notfall- und *Business-Continuity-Pläne* sind regelmäßig zu überprüfen und periodisch zu testen.
- Dieser Grundsatz hat durch die terroristischen Anschläge in New York seine Form bekommen, da hier deutlich wurde, dass der IT-Fokus, der bis dahin üblich war, nicht ausreicht. Es wurde deutlich, dass auch Personenschäden in einem größeren Ausmaß nicht mehr ausgeschlossen werden können.

Die Grundsätze 8 und 9 beziehen sich auf die Aufsicht. Darum wird von einer weiteren Behandlung abgesehen.

Grundsatz 10
Sufficient public disclosure should be made.
Die Veröffentlichung des Operational-Risk-Management-Frameworks soll so stattfinden, dass Dritte (etwa Investoren oder Kontrahenten) die Effektivität feststellen können.

Der Grundsatz 10 wird im *Pillar III* des neuen Kapitalakkords ebenfalls geregelt.

Die Entscheidung bezüglich der notwendigen Veröffentlichungen sollte auf Basis des Materialitätsprinzips getroffen werden. Wenn ein Entscheider durch das Weglassen oder die falsche Darstellung von Informationen zu anderen Entscheidungen kommt, ist die Information als materiell zu betrachten. Die Veröffentlichung sollte halbjährlich durchgeführt werden. Die allgemeine Darstellung der Risikomanagementziele und -policies, des Reportingsystems und der Definitionen ist nur einmal pro Jahr im einer Veröffentlichung aufzunehmen.

Die Bank sollte eine formale Veröffentlichungs-Policy vom Vorstand verabschieden lassen, die den Inhalt der Veröffentlichungen und die internen Kontrollen im Veröffentlichungsprozess beschreibt. Darüber hinaus sollten Banken einen Prozess zur Bewertung der Eignung der Veröffentlichungen (insbesondere auch deren Validierung) implementieren.
Für alle Risikoarten gelten folgende Veröffentlichungsanforderungen:
- die Risikomanagementziele und -policies,
- die Struktur und Organisation der jeweiligen Risikomanagementfunktionen,
- der Umfang und Fokus des Risikoreportings und/oder der Risikomesssysteme,
- Policies die die Risikomilderungs- und -transfermaßnahmen beschreiben. Prozesse die die Effektivität solcher Maßnahmen sicherstellen.

Für jede einzelne Risikoart sind die spezifischen Veröffentlichungsanforderungen detailliert aufgeführt[5].

Für Operational Risk gelten folgende spezifische Anforderungen:

- Der Ansatz zur Berechnung des Risikokapitals ist darzustellen.
- Wenn ein Advanced Measurement Approach gewählt wird, sollte dieser beschrieben werden. Die relevanten internen und externen Faktoren die in dem Ansatz berücksichtigt werden, sind zu beschreiben.
- Wenn ein *Partial Use* (eine Teilanwendung verschiedener Ansätze in einem Konzern) verwendet wird, ist die Anwendung der verschiedenen Ansätze und die Abdeckung in der Organisation darzustellen.
- Wenn ein Advanced Measurement Approach verwendet wird, ist die Berücksichtigung von Versicherungen als Risikotransfermaßnahme darzustellen.

Im Rahmen von *Pillar II* gibt es drei Bereiche, die besondere Aufmerksamkeit innerhalb des »Supervisory Review Prozesses« erfordern:

- Risiken die im Rahmen des Pillar I nicht vollständig erfasst werden (zum Beispiel das Konzentrationsrisiko für das Kreditrisiko),
- Faktoren die in Pillar I nicht berücksichtigt werden (zum Beispiel das Zinsrisiko im Bankbuch, Business Risk und Strategisches Risiko) sowie
- Faktoren die außerhalb der Bank auftreten (zum Beispiel Geschäftszyklen).

Ein anderer wichtiger Aspekt des Pillar II ist die Bewertung der Einhaltung der Minimumstandards und der Veröffentlichungsanforderungen für das IRB-Framework und den Advanced Measurement Approach.

Im Rahmen des *Supervisory-Review-Prozesses* werden vier Grundsätze hervorgehoben:

Grundsatz 1

Banken sollen einen Prozess für die Bewertung des Gesamt-Risikokapitalansatzes in Anbetracht ihres Risikoprofils implementieren. Darüber hinaus brauchen Banken eine Strategie für die Handhabe der Kapitallevels.

Folgende fünf Elemente stehen hier im Vordergrund:

- Überwachung durch den Vorstand und das Senior Management,
- solide Bewertung des Kapitals,
- umfassende Risikobewertung,
- Überwachung und Reporting sowie
- Internal Control Review.

Grundsatz 2

Aufseher sollen die Bewertung der Risikokapitalansätze und die Strategien der Banken prüfen. Gleichwohl sollen die Aufseher auch die Möglichkeiten der Banken zur Einhaltung regulatorischer Kapitalratios prüfen. Wenn Aufseher mit dem Ergebnis nicht zufrieden sind, sollten sie adäquate aufsichtsrechtliche Maßnahmen einleiten.

---

5 Die Veröffentlichungen befinden sich auf den Seiten 181 ff.

Grundsatz 3

Aufseher sollen von Banken erwarten, dass sie oberhalb der minimalen regulatorischen Kapitalratios operieren und die Aufseher sollen die Möglichkeit haben, von Banken ein Risikokapital oberhalb des Minimumkapitals zu fordern.

Grundsatz 4

Aufseher sollen frühzeitig intervenieren, wenn das verfügbare Kapital unter das Minimumniveau zur Unterstützung der Risikosituation einer spezifischen Bank fällt. Die Aufseher sollen schnelle Verbesserungsmaßnahmen fordern, wenn das Kapitalniveau nicht gehalten oder wieder auf die alte Höhe zurückgeführt wird.

6   Praxisbeispiele

Die Corporate Governance-Aktivitäten werden bereits seit einigen Jahren in den Jahresabschlussberichten der Unternehmen dokumentiert. Des Weiteren stellen Unternehmen auf ihren Internetpräsenzen Informationen zum Thema Corporate Governance zur Verfügung. Momentan gibt es sehr unterschiedliche Darstellungen, da die Unternehmen verschiedene Anforderungen erfüllen müssen. Wenn ein Unternehmen in den USA an einer Börse »gelistet« ist, dann müssen die bereits beschriebenen Anforderungen aus dem Sarbanes-Oxley-Gesetz erfüllt werden. Unternehmen die ausschließlich in Deutschland gelistet sind, unterliegen nur den deutschen Corporate Governance-Anforderungen.

Banken und Versicherungen legen einen anderen Fokus auf das Thema Corporate Governance als Asset-Manager. Asset-Manager berichten zum Beispiel ausführlich über das Abstimmverhalten in Hauptversammlungen von Unternehmen, in die der Asset-Manager investiert hat. Es fällt auf, dass Asset-Manager nicht immer den Vorschlägen des Vorstandes und Aufsichtsrates folgen. Diese werden des Öfteren auch abgelehnt. Asset-Manager nehmen die in manchen Corporate Governance-Codes geforderte Anforderung, die Rolle eines Aktionärs aktiv wahrzunehmen, ernst.

In diesem Abschnitt werden die Corporate Governance-Aktivitäten auf Basis der verfügbaren Informationen im Jahresabschlussbericht und auf der Internetseite der Unternehmen besprochen. Für die Bankenseite werden die Informationen der Deutschen Bank AG[1] und für die Versicherungsseite die Informationen der Münchener Rückversicherungs-Gesellschaft[2] verwendet.

Die *Münchener Rückversicherungs-Gesellschaft* bietet auf ihrer Webseite folgende Bereiche an:
- das Corporate Governance-Verständnis des Unternehmens,
- Informationen über das Risikomanagement,
- die Anzeige nach § 15a WpHG sowie
- die langfristigen Incentive Plans.

Weiterhin ist die Satzung des Unternehmens aufgenommen.

Das Corporate Governance-Verständnis des Unternehmens fängt mit einem Hinweis an: *Corporate Governance reflektiert eine Form einer verantwortlichen Unternehmensführung und eines Controllings, die zu einer langfristigen Wertschöpfung führen.*

Diese Bemerkung drückt das Verständnis einer nachhaltigen Wertschöpfung aus, das manchmal mit der kurzfristigen Vision eines Shareholder Value-Konzeptes kollidiert.

Das Ziel des Corporate Governance wird als eine Steigerung des Vertrauens der Kunden, Aktionäre, Mitarbeiter und der Öffentlichkeit in das Unternehmen und eine Verbesserung der Transparenz für ausländische Investoren definiert.

---

1 Die Informationen sind auf der Webseite www.db.com verfügbar.
2 Die Informationen sind auf der Webseite www.munichre.com verfügbar.

In 2003 hat die Münchener Rückversicherungs-Gesellschaft Änderungen in ihrem Corporate Governance-Rahmenwerk vorgenommen, um den Veränderungen im Corporate Governance Kodex Rechnung zu tragen. Insbesondere wurde ein Prüfungsausschuss durch den Aufsichtsrat implementiert, der Rechnungswesen- und Risikomanagementfragen behandelt und die Unabhängigkeit des Wirtschaftsprüfers überwacht. Die Implementierung eines solchen Ausschusses weist auf die Bedeutung eines gut funktionierenden Risikomanagements in der Finanzindustrie hin. Die Qualität des Risikomanagements ist einer der bestimmenden Faktoren für die Gewinnrealisierung und damit für die Wettbewerbsfähigkeit eines Unternehmens in der Finanzindustrie.

Weiterhin wurden die Anforderungen an das Reporting des Vorstandes an den Aufsichtsrat explizit festgehalten. Eine Formalisierung des Reportings hat verschiedene Vorteile:

- Der Aufsichtsrat erhält einen klaren Überblick über Leistung und Risiko im Unternehmen, wenn dazu periodisch Standardberichte angefertigt werden. Ein Vergleich mit der Vergangenheit wird so möglich und die Aufsichtsratsmitglieder finden leichter Zugang zu den Informationen.
- Die Auseinandersetzung mit einem Report-Package für den Aufsichtsrat veranlasst den Vorstand, noch einmal gründlich über alle Risiken und Leistungsindikatoren nachzudenken. Nur so kann er den Aufsichtsrat umfassend über alle Risiken im Unternehmen informieren.
- Die Reports entwickeln sich zu einer guten Grundlage für die Diskussionen im Aufsichtsrat und mit dem Vorstand, wenn es um Strategiebesprechungen und die Bewertung der Leistungen in der Vergangenheit geht.

Als letzter Punkt wurde die Haftpflichtversicherung für Vorstände und Aufsichtsratsmitglieder (Directors' and Officers' Liability Insurance) mit einem angemessenen Selbstbehalt aufgeführt. In der Vergangenheit gab es bei solchen Versicherungen oft gar keinen Selbstbehalt. Im Rahmen der Verschärfungen in den Corporate Governance-Kodizes wurde diese Vorgehensweise als unerwünscht angesehen, da Vorstände und Aufsichtsratsmitglieder keine direkten negativen Effekte von Fehlentscheidungen spüren würden. Durch einen angemessenen Selbstbehalt konnte die Situation bereinigt werden.

Der Vorstand und der Aufsichtsrat haben am 5. Dezember 2003 eine Erklärung bezüglich der Einhaltung des Corporate Governance Kodexes gegeben. In dem Kodex ist vorgesehen, dass ein Unternehmen im Falle einer Nicht-Einhaltung erklären muss, warum es die Anforderungen nicht erfüllen kann oder möchte.

Folgende Gründe wurden für das Nichteinhalten für das Jahr 2003 aufgelistet:

- Die Gesellschaft ist nicht in der Lage, innerhalb von 90 Tagen die Konzernbilanz zu veröffentlichen. Hinsichtlich des Berichts für das Jahr 2004 wird dies möglich sein.
- Die Gesellschaft wird ab dem zweiten Quartal 2004 zum ersten Mal innerhalb von 45 Tagen die Zwischenberichte veröffentlichen.
- Die Gesellschaft berichtet nicht über die individuellen Vergütungen an Vorstandsmitglieder. Die Summe der Vergütung für die Vorstandsmitglieder ist veröffentlicht.

Der letzte Punkt hat in 2004 anlässlich der Diskussionen über die Management-Vergütungen bei der Übernahme von Mannesmann durch Vodafone an Bedeutung gewonnen.

Auch in anderen Ländern hat die Diskussion über Vorstandsvergütungen eine Rolle gespielt. Nach US-Standards muss die Veröffentlichung stattfinden. In den Niederlanden haben die Aktionäre in der Hauptversammlung des Ahold-Konzerns[3] deutlich gegen das Gehalt des neuen Vorstandsvorsitzenden protestiert. Der Druck war so groß, dass der Aufsichtsrat von Ahold eine Anpassung der Vergütung des Vorstandsvorsitzenden beschlossen hat.

In Deutschland hat die Bundesjustizministerin[4] erklärt, dass beim Ausbleiben einer freiwilligen Ausweisung der Vorstandsvergütungen in den Jahresabschlussberichten über eine Gesetzesinitiative zur Erfüllung dieser Anforderung nachgedacht wird.

Abschließend weist die Gesellschaft darauf hin, dass Corporate Governance im Unternehmen nicht als eine formale Erfüllung der Regeln, sondern als eine in der Praxis gelebte Form der Unternehmenssteuerung gesehen wird.

Das *Risikomanagement* in der Gesellschaft wird ausführlich beschrieben. Das Ziel des Risikomanagements ist die regelmäßige Prüfung der Risikotragfähigkeit und Risikoneigung, um die *Akzeptanz-Policies* (es handelt sich hier um die Grundsätze für die Akzeptanz der zu versichernden Risiken) und die Retrozession dementsprechend anzupassen. Anhand vordefinierter Szenarien werden die Effekte der seltenen Ereignisse auf die Liquiditätsplanung bestimmt, damit sie dementsprechend berücksichtigt werden können.

Experten analysieren die Risikosituation mit Fokus auf die Eintrittswahrscheinlichkeit und Schadenshöhe. Mit Hilfe von **Stress-Tests und Szenario-Analysen** wird die Notwendigkeit für Maßnahmen zur Begrenzung oder Vermeidung von unakzeptablen Risiken bestimmt.

Das Risikomanagement ist im ganzen Konzern einheitlich organisiert. Das Risikomanagement-Rahmenwerk wird zentral organisiert und dezentral implementiert. Die zentrale Einheit definiert Standards, entwickelt und wartet Systeme und koordiniert die Risikomanagementaktivitäten.

Dezentral treffen Risikomanager Entscheidungen, wenn vor Ort eine Risikosituation entsteht. Sie überwachen die Risiken in ihren Einheiten fortlaufend und stellen dabei fest, ob die Risikomanagementaktionen ausreichend sind, um das Risikopotenzial zu reduzieren.

Die interne Revision verantwortet die unabhängige Prüfung des Entwurfs und der Implementierung und Einhaltung des Risikomanagementsystems.

Die folgenden Risiken werden unterschieden:

- Underwriting Risks,
- Ausfallrisiken bezüglich Beträgen resultierend aus Underwriting Business,
- Anlagerisiken (Marktpreisrisiken, Kreditrisiken und Liquiditätsrisiken) sowie
- operationelle Risiken.

Der *Verpflichtung aus §15a WpHG* wird ebenfalls auf der Internetseite der Gesellschaft Rechnung getragen. Es handelt sich um Aktiengeschäfte, die durch Mitglieder des

---

3 www.ahold.nl, 17.09.2004.
4 www.bundesregierung.de/Reden-Interviews, 18.08.2004.

Vorstandes oder des Aufsichtsrates oder deren Verwandten ersten Grades getätigt werden und einen Geldwert von 25.000 € überschreiten.

Die langfristigen Incentive Pläne zur Entlohnung des Vorstandes werden erklärt.

Die Gesellschaft ermöglicht den Aktionären, an der Hauptversammlung über das Internet teilzunehmen. Die Abstimmung verläuft nach wie vor über einen Bevollmächtigten. Der Aktionär kann seine Anweisungen zur Stimmabgabe während der Debatte ändern.

Der Beitrag der Münchener Rückversicherungs-Gesellschaft ist positiv zu würdigen. Der Einsatz eines Audit-Kommittees ist hervorzuheben. Eine Prüfung der Erfüllung der detaillierten Anforderungen ist auf Basis der Angaben jedoch nicht möglich.

Die Deutsche Bank hat für das Jahr 2003 einen umfangreichen Corporate Governance-Bericht erstellt. Dieser Bericht beinhaltet Informationen über:
* den Vorstand,
* die unterschiedlichen Kommissionen,
* den Aufsichtsrat,
* die Vergütung der Vorstands- und der Aufsichtratsmitglieder,
* den Aktienbesitz und die Aktiengeschäfte der Vorstands- und Aufsichtratsmitglieder und anderer meldepflichtigen Personen,
* die Geschäfte mit nahe stehenden Unternehmen,
* die Wirtschaftsprüfung und das Controlling sowie
* die Einhaltung des Deutschen Corporate Governance Kodex.

Die Corporate Governance des Unternehmens stellt eine verantwortungsbewusste, auf Wertschöpfung ausgerichtete Leitung und Kontrolle der Deutschen Bank sicher. Vier Elemente sind dafür kennzeichnend:
* gute Beziehungen zu den Aktionären,
* eine effektive Zusammenarbeit von Vorstand und Aufsichtsrat,
* ein erfolgsorientiertes Vergütungssystem sowie
* eine transparente Rechnungslegung und frühzeitige Berichterstattung.

Der Vorstand leitet das Unternehmen. Zusammen mit dem Group Executive Committee bereitet er die Entscheidungen, die im Vorstand getroffen werden, vor. Die einzelnen Vorstandsmitglieder werden kurz vorgestellt. Die Geschäftordnung des Vorstandes ist auf der Webseite des Unternehmens veröffentlicht.

Das Group Executive Committee ist ein nicht auf dem Aktiengesetz basierendes Gremium, das als Instrument zur Koordination der Arbeit der Konzernbereiche und des Vorstands dient. Im Group Executive Committee sind die Vorstandsmitglieder und die Global Business Heads der Konzernbereiche der Deutschen Bank vertreten. Mit der Schaffung des Group Executive Committee werden die Global Business Heads eng in die Steuerung des Konzerns eingebunden. Gleichzeitig erfolgt mit der spezifischen Zuordnung funktionaler Verantwortlichkeiten eine klare Trennung in die strategische Steuerung auf der einen und in das operative Management auf der anderen Seite.

Die Aufgaben (Verantwortlichkeiten) des Group Executive Committee sind:
* die fortlaufende Unterrichtung des Vorstands über Geschäftsentwicklungen und spezifische Transaktionen,

- die regelmäßige Überprüfung der Geschäftssegmente der Bank,
- die Erörterung strategischer Fragen mit dem Vorstand sowie Beratung desselben,
- die Vorbereitung von Vorstandsvorlagen.

Die Aufgaben und Verantwortlichkeiten der Aufsichtsratsmitglieder werden beschrieben. Der Aufsichtsrat hat folgende Ausschüsse gebildet:

- den Präsidialausschuss,
- den Prüfungssauschuss,
- den Ausschuss für Kredit- und Marktpreisrisiken sowie
- den Vermittlungsausschuss (für die Berufung und Abberufung der Vorstandsmitglieder).

Die Vergütung der Vorstands- und Aufsichtsratsmitglieder ist detailliert aufgelistet. Die individuellen Vergütungen der einzelnen Mitglieder sind in diesen Bericht aufgenommen. Diese Informationen sind in den Berichten deutscher Unternehmen kaum zu finden und damit unterscheidet sich der Corporate Governance-Bericht der Deutschen Bank positiv.

Die Aktiengeschäfte und der Aktienbesitz der Vorstands- und Aufsichtsratmitglieder sind ebenfalls individuell aufgeführt. Über die Geschäfte mit nahe stehenden Dritten wird ebenfalls gesondert berichtet.

Der Prüfungsausschuss hat im Rahmen des Sarbanes-Oxley-Gesetzes Mitglieder als Finanzexperten definiert.

Die Prüfungshonorare und die Beratungshonorare des Wirtschaftsprüfers sind gesondert aufgelistet, damit ein Dritter sich ein Bild über die Unabhängigkeit des Wirtschaftsprüfers machen kann.

Die Entsprechungserklärung mit dem Deutschen Corporate Governance Kodex weist nur eine wesentliche Abweichung auf: die Directors' and Officers' Liability-Versicherung weist keinen Selbstbehalt auf.

Die beiden Beispiele zeigen, dass im Rahmen der Corporate Governance-Aktivitäten in Deutschland Fortschritte gemacht worden sind. Gleichwohl haben sich die Anforderungen in anderen Ländern weiterentwickelt und es ist damit zu rechnen, dass die Corporate Governance-Anforderungen in Europa verschärft werden.

II Corporate Governance und Risikomanagement

1 Risikomanagement in Banken und Versicherungsunternehmen

1.1 Definition und Abgrenzung des Risikobegriffs

Risiken sind das Kerngeschäft der Banken und der Versicherungswirtschaft. Versicherungsunternehmen übernehmen Risiko gegen eine fixe und somit planbare Versicherungsprämie an. Das Versicherungsgeschäft kann durch drei Teilfunktionen gekennzeichnet werden. Im Rahmen des Risikogeschäfts übernimmt das Versicherungsunternehmen eine Wahrscheinlichkeitsverteilung von Schäden durch *Risikotransfer*. Im Portefeuille erfolgt ein *Risikoausgleich*, der durch einen Ausgleich in der Zeit ergänzt wird. Insbesondere in der kapitalbildenden Lebensversicherung und der Unfallversicherung mit Prämienrückgewähr erfolgt ein planmäßiger Spar- und Entsparprozess. Ergänzend erbringt der Versicherer bestimmte Beratungs- und Abwicklungsleistungen.

Die Hauptaufgabe der Banken besteht demgegenüber in der Erbringung von Transformationsleistungen. Hierbei geht es vor allem um die *Fristentransformation*, die *Losgrößentransformation* sowie die *Risikotransformation*. Banken vergeben langfristige Kredite oft auf Basis kurzfristig überlassener Einlagen, d. h. sie erbringen in zeitlicher Hinsicht den Ausgleich der unterschiedlichen Fristigkeiten von Einlagen und Krediten (Fristentransformation). Hieraus kann für Banken insbesondere ein *Liquiditätsrisiko* entstehen. Die Losgrößentransformation resultiert aus der Umwandlung von unterschiedlich hohen Einlagen und anderen Geldern in die von den Kreditnachfragern gewünschte Höhe von Krediten. Durch die Risikotransformation führen Banken bei ihren Geld- und Kapitalanlagefazilitäten unter Ausnutzung des Gesetzes der großen Zahlen eine relative Abnahme des Risikos herbei.

In diesem Zusammenhang ist es jedoch wichtig, dass Risiken nicht grundsätzlich Synonyme für negative Ereignisse sind. Die Zahl verschiedenartiger Risikodefinitionen ist umfangreich und konzentriert sich umgangssprachlich zumeist auf die negative Komponente der Nichterreichung eines erwarteten Zielzustandes.[1] »Seit dem 16. Jahrhundert hat sich das Wort ›Risiko‹ für alle Arten von Gefährdungen eingebürgert. Der Bedeutungsumkreis des Risikobegriffs ist sehr weit geworden: Man spricht von wirtschaftlichen Risiken wie von gesundheitlichen, von Misserfolgsrisiken wie vom Unfallrisiko.«[2] Ethymologisch lässt sich der Risikobegriff tatsächlich auf diese negative Ausrichtung zurückverfolgen, indem in den Begriffen riza (griechisch = Wurzel, über die man stolpern kann) wie auch ris(i)co (italienisch, die Klippe, die es zu umschiffen gilt)[3] die negativen

---

1 Vgl. Romeike, F.: Zur Risikoverarbeitung in Banken und Versicherungsunternehmen (Teil 1 bis 3), in: Zeitschrift für Versicherungswesen, 46. Jahrgang, Januar bis Februar 1995, Heft 1 bis 3.

2 Vgl. Karten, W.: Existenzrisiken der Gesellschaft – Herausforderungen für die Assekuranz, in: ZVersWiss 3/1988, S. 347.

3 Vgl. Romeike, F.: IT Risiken und proaktives Risk Management, in: DuD Datenschutz und Datensicherheit, 27. Jahrgang, 4/2003, S. 193–199 sowie: Erben, R.; Romeike, F.: Allein auf stürmischer See – Risikomanagement für Einsteiger, Wiley-VCH, Weinheim 2003.

Aspekte des Risikobegriffs erscheinen. Dabei existieren ebenso ethymologische Wurzeln des Risikobegriffs, die neben einer negativen auch eine positive Komponente betonen, indem im chinesischen Schriftzeichen für Risiko ›Wei-ji‹ die beiden Zeichenbestandteile für Chance und Gefahr enthalten sind[4], womit auch die positive Abweichung eines erwarteten Zielzustandes unter den Risikobegriff fällt. Analog bezeichnet auch der entscheidungstheoretische Risikobegriff durch das Konstrukt der *Standardabweichung* die positiven wie auch negativen Zielabweichungen von einem Erwartungswert. Dieser entscheidungsorientierte Risikobegriff berücksichtigt zudem, dass alle menschlichen Tätigkeiten auf Entscheidungen beruhen, die oft unter unvollkommener Information (= Ungewissheit oder Unsicherheit im engeren Sinne) über die Auswirkungen in der Zukunft getroffen werden, womit Informationsdefizite das Risiko vergrößern und zu ungünstigen Abweichungen zwischen Plan und Realisierung führen können.[5]

Eine derartige Entscheidungssituation kann in einer *Entscheidungsmatrix* übersichtlich und allgemein gültig dargestellt werden. Unterstellen wir bestehende Eintrittswahrscheinlichkeiten für die Umweltzustände, so handelt es sich um eine Risikosituation.[6]

		w_1	w_2	...	w_j	Wahrscheinlichkeit
		z_1	z_2	...	z_j	Umweltzustände B
	H_1	e_{11}	e_{12}	...	e_{1j}	
	H_2	e_{21}	e_{22}	...	e_{2j}	
Handlungs-optionen A	H_3	e_{31}	e_{32}	...	e_{3j}	
	:	:	:	:	:	
	:	:	:	:	:	
	h_i	e_{i1}	e_{i2}	...	e_{ij}	

Abb. 6: Entscheidungsmatrix
Quelle: Romeike, Frank: Zur Risikoverarbeitung in Banken und Versicherungsunternehmen (Teil 1), in: Zeitschrift für Versicherungswesen, 46. Jahrgang, 1. Januar 1995, Heft 1, S. 18.

In der jeweiligen Entscheidungssituation repräsentieren $h_1 \ldots h_i$ die Handlungsoptionen (Aktionen, Alternativen) innerhalb des Aktionsraums A. Diese Optionen umfassen alle Handlungsmöglichkeiten und Unterlassungen des Entscheidungsträgers (absatzpolitische,

---

4 Vgl. Bayerische Rück: Gesellschaft und Unsicherheit, München 1987, S. 7.
5 Vgl. Romeike, F.: Zur Risikoverarbeitung in Banken und Versicherungsunternehmen (Teil 1), in: Zeitschrift für Versicherungswesen, 46. Jahrgang, 1. Januar 1995, Heft 1.
6 Vgl. Romeike, F.: Zur Risikoverarbeitung in Banken und Versicherungsunternehmen (Teil 1), in: Zeitschrift für Versicherungswesen, 46. Jahrgang, 1. Januar 1995, Heft 1, S. 18.

risikopolitische Instrumente et cetera). Die unterschiedlichen Umweltzustände $z_1 \ldots z_j$ sind exogen vorgegeben und können von den Entscheidungsträgern nicht direkt beeinflusst werden. Die Umweltzustände, beispielsweise die Nachfrageelastizität oder Vorgaben des Gesetzgebers, beschreiben den Umweltraum bzw. Ereignisraum B. Die verschiedenen Eintrittswahrscheinlichkeiten, die den jeweiligen Umweltzuständen zugeordnet werden, sind in der Matrix durch $w_1 \ldots w_j$ definiert. Bei einer Wahrscheinlichkeit $w < 1$ wird unter Risiko (als Ausdruck eines Informationsdefizits) entschieden, bei einer Wahrscheinlichkeit von 1 wird eine Entscheidung unter Sicherheit getroffen. Hat man keinerlei Kenntnisse über die Wahrscheinlichkeiten, so spricht man von einer Entscheidung unter Unsicherheit im engeren Sinne respektive von einer Entscheidung unter Ungewissheit.

Durch eine spezifische Handlung h_j und einen Umweltzustand z_j wird ein Ergebnis e_{ij} innerhalb des Ergebnisraumes E (unschraffierte Fläche) determiniert. Diese möglichen Ergebnisse werden durch stochastische Größen, durch bestimmte Wahrscheinlichkeiten, quantifiziert. Beispielsweise sind Schäden, Prämien oder auch Gewinne (e_{ij}) funktional abhängig von bestimmten Aktionen h_j und exogenen Umweltzuständen z_j.

Allgemein kann man sagen, dass ein Entscheidungsträger grundsätzlich zwischen verschiedenen Handlungsoptionen wählen kann, die durch individuelle *Wahrscheinlichkeitsverteilungen* spezifiziert sind. Neben dem probabilistischen Risikobegriff kann man auch einen possibilistischen definieren.[7] Der possibilistische Risikobegriff setzt die Unvermeidbarkeit von Risiken voraus, d. h. er akzeptiert, dass mit Risiken operiert (inverted risk[8]), wer eine Entscheidung trifft, als auch wer keine Entscheidung trifft. Risiko kann demnach als eine der zu unternehmenden Handlung immanente Erscheinung aufgefasst werden.

Für die mathematische Betrachtung des Banken- und Versicherungsrisikos sind einzig die entscheidungstheoretischen Abweichungen eines erwarteten Zielzustandes Ausschlag gebend. Das Risiko einer Handlung wird stets durch eine Wahrscheinlichkeitsverteilung der möglichen Ausprägungen ausgedrückt (siehe Abbildung 7). In der Abbildung ist der *Value-at-Risk* (VaR) bei normalverteilten Risikowerten dargestellt. Der Value-at-Risk (was wörtlich mit »Wert auf dem Spiel« zu übersetzen wäre) wird seit einigen Jahren als Methode des Risikomanagements, insbesondere im Finanzdienstleistungsbereich, zur Überwachung und Messung von Markt- und Zinsrisiken eingesetzt. Dabei geht man von einem Portfolio aus, das über einen bestimmten Zeitraum gehalten wird. Durch die sich verändernden Marktverhältnisse wird man einen bestimmten Gewinn bzw. Verlust messen können. Der VaR stellt dabei die in Geldeinheiten berechnete negative Veränderung eines Wertes dar, die mit einer bestimmten Wahrscheinlichkeit (auch als Konfidenzniveau bezeichnet) innerhalb eines festgelegten Zeitraumes nicht überschritten wird.

Im Risikomanagement und in der ökonomischen Theorie der Bank- und Versicherungsbetriebslehre basiert die Definition des Risikobegriffs mindestens auf zwei Parametern, nämlich der Eintrittswahrscheinlichkeit und dem Schadensausmaß.

---

7 Vgl. Romeike, F.: Zur Risikoverarbeitung in Banken und Versicherungsunternehmen (Teil 1), in: Zeitschrift für Versicherungswesen, 46. Jahrgang, 1. Januar 1995, Heft 1, S. 18.
8 Vgl. Renscher, N.: Risk: Philosophical Introduction to the Theory of Risk Evaluation and Management, New York 1983, S. 10.

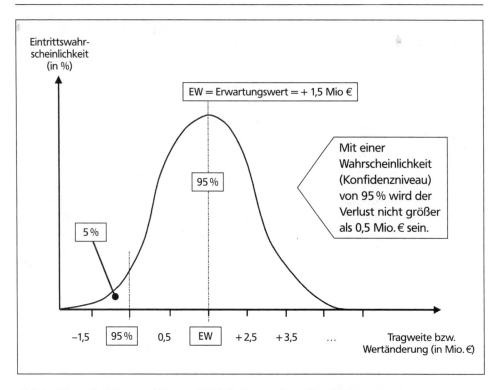

Abb. 7: Dichtefunktion und Value-at-Risk bei normalverteilten Risikowerten
Quelle: Romeike, F.: Bewertung und Aggregation von Risiken, in: Romeike, Frank; Finke, Robert (Hg.): Erfolgsfaktor Risikomanagement: Chance für Industrie und Handel, Lessons learned, Methoden, Checklisten und Implementierung, Gabler Verlag, Wiesbaden 2003, S. 188.

Einen Überblick über die Vielfalt der unterschiedlichen Definitionen des Risikobegriffs gibt die folgende, resümierende Zusammenstellung:[9]

- Risiken bezeichnen Ereignisse, die wir uns hier und jetzt vergegenwärtigen müssen, ohne sie jetzt bereits wirklich kennen zu können. Risiken lauern bösartiger Weise in den Seitengängen einer Zukunft, die uns den »Blick um die Ecke« verweigert. (Vorwort von Theodor M. Bardmann, in: Kleinfellfonder, Birgit: Der Risikodiskurs, Zur gesellschaftlichen Inszenierung von Risiko, Opladen 1996.).
- Die Besonderheit des Risikos könnte in seiner konstitutiv paradoxen Implikation liegen, dass man es zugleich haben und loswerden, steigern und minimieren möchte. (Vorwort von Theodor M. Bardmann, in: Kleinfellfonder, Birgit: Der Risikodiskurs, Zur gesellschaftlichen Inszenierung von Risiko, Opladen 1996.).

---

9 Vgl. Erben, R.; Romeike, F.: Allein auf stürmischer See – Risikomanagement für Einsteiger, Wiley-VCH, Weinheim 2003.

- Das Risiko ist der verborgene Gott der modernen Gesellschaft: Man sucht es, man meidet es, man fürchtet es und weiß nie, wer wann zum Sünder wird. (Dirk Baecker).
- Risiko ist ein Konstrukt. Das Material, aus dem Risiken konstruiert werden, liefern uns die Sinne. (Bayerische Rück).
- Risk is the sugar and salt of life. (Professor Gordon C. A. Dickson).
- Das größte Risiko auf Erden laufen die Menschen, die nie das kleinste Risiko eingehen wollen. (Bertrand Russell).
- Risiko [it] das; -s –s u. ...ken (österr. auch Risken): Wagnis; Gefahr, Verlustmöglichkeit bei einer unsicheren Unternehmung (DUDEN, Das Fremdwörterbuch).
- Risiko [italien.] das, I) allg.: Wagnis, Gefahr. 2) Wirtschaft: Bez. für Verlustgefahren, Unsicherheits- und Zufälligkeitsfaktoren, die mit jeder wirtschaftlichen Tätigkeit verbunden sind. Unterschieden werden natürliche Risiken (z. B. Sturmschäden), techn. Risiken (z. B. Produktmängel), soziale Risiken (z. B. Fluktuation), politische Risiken (z. B. Verstaatlichung) und bes. Marktrisiken (z. B. Konjunktureinbruch, Branchenkrise) (Der Brockhaus in fünfzehn Bänden, Bd. 11).
- risk/risk/n (instance of) possibility or chance of meeting danger, suffering loss, injury, etc. (Oxford Advanced Learner's Dictionary of Current English).
- Risiko ist die Abweichung eines Ergebnisses von seinem erwarteten Wert. Für die Einstufung eines bestimmten Ereignisses als »Risiko« kommt es also nicht darauf an, dass es ein »negatives«, »unerfreuliches« Ereignis ist, sondern dass es nicht »erwartet« wurde (http://www.moneyfruits.at/).
- Risiko wird ... als das Informationsdefizit über die finale Bestimmtheit, d. h. die Ungewissheit über das Erreichen der gesteckten (geplanten) Ziele definiert. (E. Helten).
- Risiko ist nichts weiter als der Gegensatz zwischen Realität und Möglichkeit. (J. Markowitz).
- Risiko ist die vornehmste Quelle der Inspiration. (Hans Magnus Enzensberger).
- Risk is defined as the product: Risk = (Value) x (Vulnerability) x (Hazard), UNESCO 1972.
- Risiko ist die bedingte Wahrscheinlichkeit, dass eine zu einem bestimmten Zeitpunkt von einer bestimmten Krankheit nicht befallener Person danach innerhalb einer definierten Zeitspanne an ihr erkrankt. (Dr. J. Weitkamp, gefunden unter http://www.zm-online.de).
- In der Psychologie wird das Wort Risiko beispielsweise verwendet für Fälle, in denen die Verfehlung der Lösung einer Aufgabe für den betreffenden Menschen keinen anderen Nachteil mit sich bringt als Folgen für seine Selbstbewertung (Emotionen und erlebte Kompetenz) (U. Undeutsch).

1.2   Risikowahrnehmung als subjektives Phänomen

Risiken werden in ihrer Dimension und Materialität oder Immaterialität durch unsere Sinnesorgane wahrgenommen. Die Organe der Sinneswahrnehmung (Gesichts-, Gehör-, Tast-, Geschmacks- und Geruchssinn) erlauben uns die physische sowie neuro-physiologische Risikowahrnehmung. Unsere Wahrnehmung wird dabei aber auch von Moden,

Meinungen, Moralvorstellungen und zahllosen anderen Einflussfaktoren geprägt. Diese Rahmenbedingungen der Risikowahrnehmung führen in Verbindung mit unseren genetisch bedingten, anerzogenen und erlernten Einstellungs- und Verhaltensmustern zur psychischen Risikowahrnehmung, die aufgrund psycho-sozialer Unterschiede bei jedem Entscheider differenziert ausfallen kann. Was für den einen aufgrund seiner Risikoaversion ein Unsicherheit stiftendes Risiko ist, braucht für den anderen aufgrund dessen Risikofreude noch lange keine Unsicherheit zu provozieren. Risikobewertung hängt somit von unserer Risikoeinstellung und der von dieser induzierten psychischen Risikowahrnehmung ab.[10] Auch wenn das gleiche Risikoobjekt betrachtet wird, sehen unterschiedliche Entscheider verschiedene Risikosituationen.

Der Ursprung unterschiedlicher Risikowahrnehmung liegt somit in der psychologischen, sozialen, kulturellen und kommunikationspsychologischen Basis und Parametrisierung eines jeden Entscheiders.[11] Für die *Risikowahrnehmung* sind eine ganze Reihe von Faktoren Ausschlag gebend:

- Bildungshintergrund des Beurteilenden (Experte, Laie),
- Erfahrungshorizont in Bezug auf das zu bewertende Risiko,
- Soziodemographische Milieuzugehörigkeit (konservativ, hedonistisch etc.),
- Zugehörigkeit zu einem bestimmten Kulturkreis,
- Religion,
- Aberglaube,
- Mentalität sowie
- Wertemuster.

Ein wichtiger Baustein für die Risikowahrnehmung sind die in den Menschen und der Gesellschaft verankerten Deutungsmuster für Gefahren. Hierdurch können Risiken erst veranschaulicht werden und somit auch das künftige Denken und Handeln steuern.

Dies kann an einem Beispiel sehr schön verdeutlicht werden: Untersuchungen haben ergeben, dass das Schadensausmaß stärker beeindruckt als das tatsächliche Risiko unter Berücksichtigung der Schadeneintrittswahrscheinlichkeit. Während einzelne Verkehrsunfälle an einem Tag mit mehreren Toten von der Öffentlichkeit kaum notiert werden, ist ein Unfall mit einem Reisebus mit der gleichen Anzahl Toter medienwirksam und von allgemeinem Interesse. Dieses Interesse korreliert stark mit dem Faktum, dass ein Risiko stets als höher eingeschätzt wird, wenn gleichzeitig eine große Menschengruppe umkommt, als wenn die gleiche Anzahl an Personen einzeln Opfer eines gleichartigen Unglücks werden.

Des Weiteren ist für die Wahrnehmung von Risiken der fachliche Hintergrund maßgeblich. Laien nehmen Bedrohungen anders wahr als Experten. Untersuchungen haben ergeben, dass Experten dazu neigen, Ereignisse mit weniger schwerwiegenden Folgen und einer

---

10 Vgl. Müller-Reichart, M.: Empirische und theoretische Fundierung eines innovativen Risiko-Beratungskonzeptes der Versicherungswirtschaft, Verlag Versicherungswirtschaft, Karlsruhe 1994, S. 44 ff.

11 Vgl. Müller-Reichart, M./Kurtz, H.J.: Psychologische Hintergründe der individuellen Risikobereitschaft im Lichte des Versicherungsentscheidungsproblems, Versicherungswirtschaft 4/1990, 45. Jahrgang, S. 221.

hohen Eintrittswahrscheinlichkeit zu unterschätzen, hingegen Laien Ereignisse mit schwerwiegenden Folgen und einer geringen Eintrittswahrscheinlichkeit gern überbewerten.[12]

Für die unterschiedliche Wahrnehmung von Risiken und Eintrittswahrscheinlichkeiten gibt es mehrere Gründe:

- Die Einschätzung von Risiken und Wahrscheinlichkeiten basiert auf einem bestimmten Erfahrungshintergrund. So werden in der Regel sehr kleine Wahrscheinlichkeiten, d. h. seltene Ereignisse, oft überschätzt und hohe Wahrscheinlichkeiten, d. h. häufig eintretende Ereignisse, unterschätzt. Dies lässt sich auch auf neue Technologien bzw. neue Risiken übertragen. Neue und unvertraute Risiken werden oft überschätzt und vice versa.
- Die Wahrnehmung von Risiken hängt sehr stark von den vorhandenen Informationen ab. Die moderne und globale Informationsgesellschaft transportiert Informationen innerhalb von Sekunden quer über den Globus. Daher tragen die Medien erheblich zur Risikowahrnehmung bei. Besonders bei der Darstellung komplexer fachspezifischer Risiken und Bedrohungsszenarien agieren die Medien als »Informationstransformator« zwischen der Fachsprache der Wissenschaftler und Experten und dem Allgemeinverständnis des Laien. Die politische Verflechtung von Medien mit Interessengruppen und Lobbyisten kann daher frappierende Auswirkungen auf die Meinungslandschaft, die Sensibilität gegenüber potenziellen Gefährdungen, sowie auf die Risikowahrnehmung und die Risikobereitschaft ausüben. Würde man ein Ranking nach risikobedingten Todesfolgen und ein *Ranking* der wahrgenommenen Risiken in der Öffentlichkeit durchführen, würden die beiden Analysen deutlich voneinander differieren. Dies macht deutlich, dass es eine Diskrepanz zwischen tatsächlichen und wahrgenommenen Risiken gibt.
- Des Weiteren ist die Risikowahrnehmung und -einschätzung stark davon abhängig, ob der Entscheider Risiken beeinflussen kann oder nicht. Hierbei ist auch wichtig, ob man sich freiwillig in eine Gefahr begibt, oder ob man dazu gezwungen wird. Der Grad der Selbstbestimmung ist ein wichtiger Filter, wenn es um die Erkennung von Risiken geht. Obwohl jeder die Folgen des Rauchens kennt, setzen sich täglich Tausende einer Vielzahl von Risiken aus, die der Nikotinkonsum mit sich bringt. Die gleichen Menschen sind womöglich aber nicht bereit, in ihrer Nähe Mobilfunkanlagen, Hochspannungsleitungen, Müllverbrennungsanlagen und Kraftwerke zu tolerieren, da sie hierdurch gesundheitliche Schäden befürchten. Man geht vielleicht im Urlaub Extremsportarten nach, auf die Gefahr hin, bleibende Schäden zu erleiden. Oder die Sorge um chemische Lebensmittelzusätze ängstigt die Verbraucher, wobei jährlich weitaus mehr Menschen an einer selbstverschuldeten ungesunden Ernährung sterben.[13] Aus dieser Diskrepanz wird deutlich, dass man glaubt, die Risiken selbst zu steuern und zu kontrollieren. Daher ist man auch bereit, höhere Risiken einzugehen.

---

12 Vgl. Kemp, R.: Risikowahrnehmung: Die Bewertung von Risiken durch Experten und Laien – ein zweckmäßiger Vergleich? in: Bayrische Rück (Hrsg.): Risiko ist ein Konstrukt; München 1993, S. 113.
13 Vgl. Jungermann, H.; Slovic, P.: Charakteristika individueller Risikowahrnehmung in: Bayrische Rück (Hrsg.): Risiko ist ein Konstrukt; München 1993, S. 90.

- Daneben spielen aber auch kulturelle, soziale und politische Faktoren eine wesentliche Rolle bei der Risikowahrnehmung. Dies beginnt bereits bei der Definition des Risikobegriffs. So berücksichtigt die chinesische wie auch die englische Kultur in ihren Begriffen ›Wei-ji‹ und ›risk‹ auch den Chancenaspekt in der Risikobetrachtung.

1.3   Die Risikolandschaft in Banken und Versicherungsunternehmen

Das *Risikoprofil* einer Bank bzw. eines Versicherungsunternehmens kann in einer so genannten Risikolandkarte abgebildet werden.[14] Die Risikolandkarte wird häufig auch als Risk Landscape, Risk Map oder *Risikomatrix* bezeichnet.

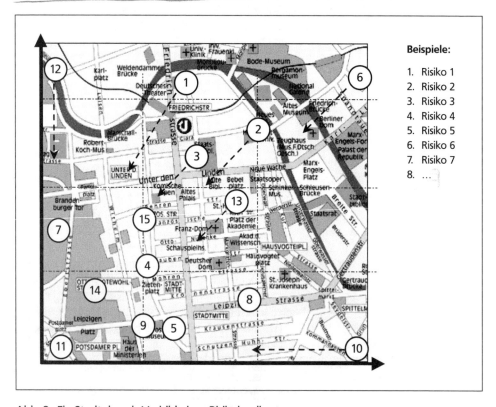

Abb. 8: Ein Stadtplan als Vorbild einer Risikolandkarte
Quelle: Romeike, F.: Bewertung und Aggregation von Risiken, in: Romeike, F.; Finke, R. (Hrsg.): Erfolgsfaktor Risikomanagement: Chance für Industrie und Handel, Lessons learned, Methoden, Checklisten und Implementierung, Gabler Verlag, Wiesbaden 2003, S. 183–198.

---

14 Vgl. Romeike, F.: Lexikon Risiko-Management, Wiley-VCH, Weinheim 2004.

Der Begriff Risikolandkarte basiert auf einer Analogie aus der Kartographie (siehe Abbildung 8). Wenn man sich beispielsweise den Stadtplan von Berlin vorstellt, so sieht man zunächst einmal viele Straßen, die man mit den Prozessen in einem Unternehmen vergleichen kann. Jede Straße trägt Risiken (Fußgänger, Autos, Verkehrsführung etc.) in sich.

Daher wird man von Zeit zu Zeit auch an bestimmten Stellen Unfälle (Schäden bzw. Verluste) beobachten. Analog zu einer in einem *Risikohandbuch* (Risk Policy) definierten Risikopolitik und den gesetzlichen Rahmenbedingungen (KonTraG, Solvency II, Deutscher Corporate Governance Kodex, KWG, VAG, VVG etc.) gelten auch für den Straßenverkehr eine ganze Reihe von gesetzlichen Regularien (beispielsweise die Straßenverkehrsordnung). Parallel zu den Frühwarnsystemen eines Unternehmens findet man auch in einer Stadt entsprechende Frühwarnindikatoren. So werden bestimmte, stark frequentierte Kreuzungen oder Straßen, regelmäßig mit Kameras oder durch die Polizei überwacht. Die Verkehrsüberwachung liefert etwa über das Radio regelmäßige Informationen über die aktuelle Verkehrslage und mögliche *Risikoindikatoren*.

Setzt man nun diese Risikolandschaft in eine Risikolandkarte einer Bank bzw. eines Versicherungsunternehmens um, so werden die identifizierten Risiken in ihre entscheidungs-

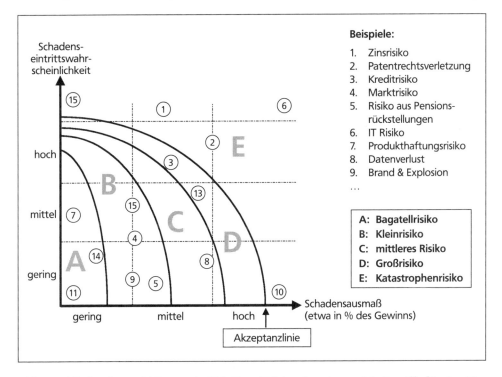

Abb. 9: Risikolandkarte, Risikomatrix, Risk Map, Risk Landscaping – viele Begriffe für eine Methodik
Quelle: Romeike, F.: Bewertung und Aggregation von Risiken, in: Romeike, F.; Finke, R. (Hrsg.): Erfolgsfaktor Risikomanagement: Chance für Industrie und Handel, Lessons learned, Methoden, Checklisten und Implementierung, Gabler Verlag, Wiesbaden 2003, S. 193.

theoretischen Komponenten Eintrittswahrscheinlichkeit und Schadensausmaß differenziert. Mittels dieser Risikoanalyse erhält man nach erfolgter Risikoidentifikation somit die aussagekräftigere Risikolandkarte. In Abbildung 9 erkennt man eine derartige Risikolandkarte, die mittels erfolgter Risikoanalyse den erkannten Risiken quantitative Werte zuordnet.

Traditionell erfolgt eine Quantifizierung der Risiken hinsichtlich des Erwartungswertes. Der Erwartungswert bestimmt sich zweidimensional aus der Multiplikation der *Eintrittswahrscheinlichkeit* mit dem *Schadensausmaß* (Risikodimension, Risikopotenzial, Tragweite).

In den vergangenen Jahren – insbesondere vor dem Hintergrund der Umsetzung des Gesetzes zur Kontrolle und Transparenz im Unternehmensbereich (KonTraG) – beschränkten sich viele Unternehmen auf ein einfaches System einer Risk Map, indem die Eintrittswahrscheinlichkeit und das Schadensausmaß mit Hilfe weniger Stufen klassifiziert wurden:[15]

Eintrittswahrscheinlichkeit (Beispiel)	
1 = Hohe Eintrittswahrscheinlichkeit (häufig)	Eintritt innerhalb eines Jahres ist zu erwarten; bzw. Eintritt empirisch in den vergangenen 3 Jahren
2 = Mittlere Eintrittswahrscheinlichkeit (möglich)	Eintritt innerhalb von 3 Jahren ist zu erwarten; bzw. Eintritt empirisch in den vergangenen 8 Jahren
3 = Niedrige Eintrittswahrscheinlichkeit (selten)	Eintritt innerhalb von 8 Jahren ist zu erwarten; bzw. Eintritt empirisch in den vergangenen 15 Jahren
4 = Unwahrscheinlich	Risiko ist bisher, auch bei vergleichbaren Unternehmen, noch nicht eingetreten. Risiko kann aber auch nicht ausgeschlossen werden

Schadens- bzw. Risikoausmaß	
1 = Katastrophenrisiko	Die Existenz des Unternehmens wird gefährdet
2 = Großrisiko	Der Eintritt des Risikos zwingt zur kurzfristigen Änderung der Unternehmensziele
3 = Mittleres Risiko	Der Eintritt des Risikos zwingt zur mittelfristigen Änderung der Unternehmensziele
4 = Kleinrisiko	Der Eintritt des Risikos zwingt zur Änderung von Mitteln und Wegen
5 = Bagatellrisiko	Der Eintritt des Risikos hat keine Auswirkungen auf den Unternehmenswert

---

15 Vgl. Romeike, F.: Bewertung und Aggregation von Risiken, in: Romeike, F.; Finke, R. (Hrsg.): Erfolgsfaktor Risikomanagement: Chance für Industrie und Handel, Lessons learned, Methoden, Checklisten und Implementierung, Gabler Verlag, Wiesbaden 2003, S. 183–198.

Eine Klassifizierung der Risiken hinsichtlich Risikoausmaß und Eintrittswahrscheinlichkeit muss unternehmensindividuell vorgenommen werden. Inwieweit ein Schaden für ein Unternehmen Existenz bedrohend ist, hängt in jedem Fall von der wirtschaftlichen Stärke des Unternehmens ab.

Neben den Einzelrisiken bzw. den aggregierten Risiken kann in einer Risikolandkarte auch die individuelle Akzeptanzlinie abgebildet werden. Diese zeigt an, ab welchem Schwellenwert ein Handlungsbedarf ausgelöst wird. In der Praxis wird die Risikolandkarte recht häufig in zwei (Unterer und oberer Toleranzbereich) oder drei (Unterer, mittlerer und oberer Toleranzbereich) Risiko-Toleranzbereiche aufgeteilt. Den verschiedenen Risiko-Toleranzbereichen können unterschiedliche Dringlichkeiten für die Risikosteuerung zugeordnet werden.

In einer Risikolandkarte kann abgelesen werden, mit welcher Priorität die Risiken angegangen werden sollten. Man beginnt mit der Zone der nicht-tragbaren Risiken (katastrophales Schadensausmaß). Bei gleichem Schadensausmaß haben grundsätzlich die Risiken mit der höheren Schadeneintrittswahrscheinlichkeit Priorität. Häufig wird dem Ist-Zustand auch der Soll-Zustand gegenübergestellt, sodass die Entscheidungsträger genau erkennen können, an welcher Stelle sie aktiv werden müssen.

1.4   Der Risikomanagementprozess als Regelkreis

Bevor eine quantitative Messung oder qualitative Bewertung der Risiken durchgeführt werden kann, müssen die relevanten Risikokategorien stringent abgegrenzt werden.

So können eine ganze *Vielzahl von dichotomischen Begriffspaaren* gegenübergestellt werden: Einzelrisiken und Portfoliorisiken, Geschäftsrisiken und Finanzrisiken, interne und externe Risiken, strategische und operative Risiken, Erfolgsrisiken und Liquiditätsrisiken, produktimmanente und nicht-produktimmanente Risiken, versicherungstechnische und nicht-versicherungstechnische Risiken, versicherbare und nicht versicherbare Risiken etc. Einen Überblick über die Vielzahl der Bestimmungsgrößen des Risikos liefert Abbildung 10.

Grundsätzlich lassen sich für alle Unternehmen die Risiken in drei Hauptkategorien unterteilen (siehe Abbildung 11).[16] Zu den Risiken des *leistungswirtschaftlichen Bereichs* werden alle Beschaffungs-, Produktions-, Absatz- und Technologierisiken gezählt. Die Risiken des *finanzwirtschaftlichen Bereichs* können weiter in Liquiditätsrisiken, Marktpreisrisiken, politische Risiken, Ausfallrisiken und Kapitalstrukturrisiken gegliedert werden. Die Risiken aus Corporate Governance und des Managements umfassen alle Risiken, die mit dem Ziel einer guten, verantwortungsvollen und auf langfristige Wertschöpfung ausgerichteten Unternehmensführung und Kontrolle verknüpft sind.

Des Weiteren können Risiken durch *externe oder interne Ereignisse und Störungen* verursacht werden. So kann etwa ein Beschaffungsrisiko auf Schwierigkeiten im Beschaffungsprozess oder ebenso auf die Ursache zurückgeführt werden, dass durch ein externes

---

16 Vgl. Romeike, F.: Risikoidentifikation und Risikokategorien, in: Romeike, F.; Finke, R. (Hrsg.): Erfolgsfaktor Risikomanagement: Chance für Industrie und Handel, Lessons learned, Methoden, Checklisten und Implementierung, Gabler Verlag, Wiesbaden 2003, S. 165–180.

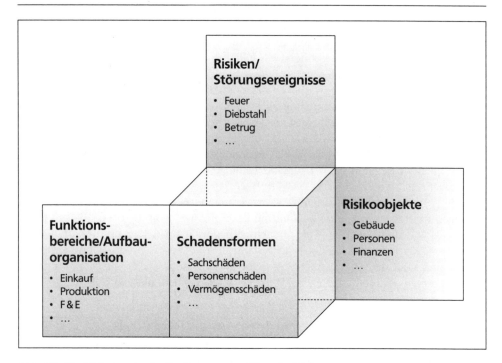

Abb. 10: Die Dichotomie der Bestimmungsgrößen des Risikos
Quelle: Romeike, F.: Risikoidentifikation und Risikokategorien, in: Romeike, F.; Finke, R. (Hrsg.): Erfolgsfaktor Risikomanagement: Chance für Industrie und Handel, Lessons learned, Methoden, Checklisten und Implementierung, Gabler Verlag, Wiesbaden 2003, S. 167.

Schadensereignis (Erdbeben, Überschwemmung etc.) bestimmte Produkte auf dem Weltmarkt nicht mehr oder nur zu höheren Preisen verfügbar sind. Die Abgrenzung zwischen den einzelnen Risikokategorien ist auf Grund der Vielschichtigkeit und Komplexität häufig nicht unproblematisch.

Für Banken und Versicherungsunternehmen existieren verschiedene Ansätze, die unterschiedlichen Risiken zu kategorisieren. Ein Grund für die differierenden Ansätze zur Risikokategorisierung liegt zum einen in den unterschiedlichen Perspektiven begründet. Ein weiterer Grund ist in der Tatsache zu sehen, dass Risiken in der realen Welt hochgradig miteinander verknüpft sind. Eine Einteilung in verschiedene »Risikosilos« (operationelle Risiken, Marktrisiken, versicherungstechnische Risiken etc.) ist für die effiziente Steuerung und das Verständnis (basierend auf einer Reduktion der Komplexität) sicherlich sinnvoll, spiegelt allerdings die (Unternehmens-)Realität nur sehr begrenzt wieder. So zeigen Analysen von Unternehmenszusammenbrüchen sehr gut, dass die Ursachen sehr häufig in einem Geflecht von Risikofaktoren zu finden sind.[17](Beinahe-)Zusammen-

---

17 Vgl. Romeike, F.: Milchsumpf: Der Zusammenbruch des italienischen Konzerns Parmalat, in: RISKNEWS – Das Fachmagazin für Risikomanagement, Heft 02/2004, S. 52–56, sowie:

Unternehmensrisiken		
Risiken des leistungswirtschaftlichen Bereichs	**Risiken des finanzwirtschaftlichen Bereichs**	**Corporate Governance, Management etc.**
• Beschaffungsrisiken • Produktionsrisiken • Absatzrisiken • F & E-Risiken • Technologierisiken • …	• Ausfallrisiken • Liquiditätsrisiken • Marktpreisrisiken • politische Risiken • Kapitalstrukturrisiken • …	Risiken bzgl. • Corporate Governance • Management • Organisation • Führungsstil • Unternehmenskultur • Markenführung • Personal …

externe Risiken	**interne Risiken**
• gesetzliche Vorschriften • Technologie • Naturgewalten • politische Verhältnisse • …	• Risiken resultierend aus fehlerhafter Beschaffungspolitik, nicht adäquatem • Führungsstil, fehlerhafter Strategie im F & E-Bereich • etc.

Abb. 11: Beispiel zur allgemeinen Risikokategorisierung
Quelle: Romeike, F.: Risikoidentifikation und Risikokategorien, in: Romeike, F.; Finke, R. (Hrsg.): Erfolgsfaktor Risikomanagement: Chance für Industrie und Handel, Lessons learned, Methoden, Checklisten und Implementierung, Gabler Verlag, Wiesbaden 2003, S. 168.

brüche in der Bankenwelt und der Versicherungswirtschaft dokumentieren auch, dass die Ursachen sehr häufig sowohl im Bereich der operationellen Risiken als auch im Bereich der strategischen und versicherungstechnischen Risiken liegen. So kam der im Dezember 2002 veröffentlichte *Sharma-Report* zu dem Ergebnis, dass Risikoereignisse nur selten auf singuläre Ursachenkategorien zurückzuführen sind. Die Studie führte auch zu dem Ergebnis, dass eine Mehrzahl der Ereignisse auf »inappropriate technical risk decisions« zurückgeführt werden konnten. Diese Risikokategorie basiert jedoch wieder auf anderen Ursachen, etwa im Bereich der operationellen Risiken. Nur selten führen singuläre

---

Erben, R.: Analyse ausgewählter Unternehmenskrisen: Swissair, Enron und KirchGruppe, in: Romeike, F.; Finke, R. (Hrsg.): Erfolgsfaktor Risikomanagement: Chance für Industrie und Handel, Lessons learned, Methoden, Checklisten und Implementierung, Gabler Verlag, Wiesbaden 2003.

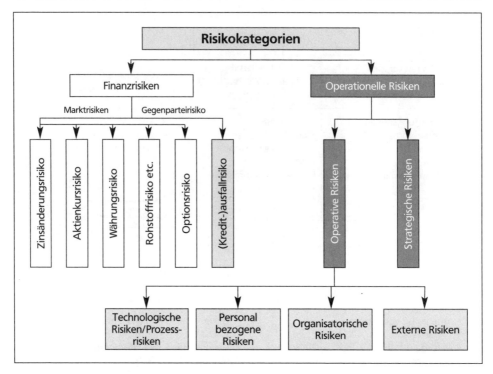

Abb. 12: Risikokategorisierung bei Banken
Quelle: Romeike, Frank: Integration des Managements der operationellen Risiken in die Gesamtrisikosteuerung, in: Banking and Information Technology – A Strategic Report for Top Management, Band 5, Heft 3/2004, S. 41–54.

Risikoklassen zu größeren Schäden bzw. Unternehmenszusammenbrüchen. Daher sollten einzelne Risiken nicht isoliert betrachtet werden. Dies ist wichtig, wenn eine Bank oder ein Versicherungsunternehmen seine Risiken integriert steuern möchte und Risikomanagement als Technik bzw. Methodik versteht, sämtliche Risiken eines offenen Systems bzw. einer Organisation zu analysieren und zu steuern. Diese Überlappungen werden insbesondere bei operationellen Risiken deutlich.

Sehr häufig sind operationelle Risiken in einer Kausalkette mit strategischen Risiken bzw. dem Strategischen Management verbunden. *Operationelle Risiken* können allgemein unterteilt werden in:
- operative und
- strategische Risiken.

Technische Risiken, Katastrophen- und Verhaltensrisiken können zu den operativen Risiken gezählt werden, während die strategischen Risiken im Wesentlichen Investitions- und Ereignisrisiken umfassen.

Im Rahmen der Diskussionen um die neue Eigenmittelunterlegung für Banken (Stichwort: *Basel II*) und Versicherungsunternehmen (Stichwort: *Solvency II*) wurden unter-

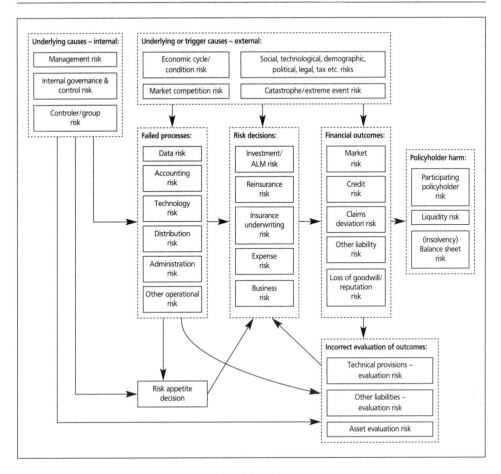

Abb. 13: Risikokategorisierung basierend auf dem Sharma-Report

schiedliche Risikokategorisierungen identifiziert und vorgeschlagen. Ohne eine detaillierte Risikokategorisierung ist es nicht möglich, eine adäquate Eigenmittelunterlegung zu berechnen oder die identifizierten Risiken zu steuern. Der *Sharma-Report*[18] beispielsweise unterteilt die Risiken zunächst in interne und externe Risikoursachen und untergliedert die internen Risikoursachen dann weiter (siehe Abbildung 13).

Im Anhang B des Sharma-Report werden weitere mögliche Risikokategorisierungen aufgeführt, wobei der Risikobaum sich auf drei »Level« beschränkt. In einem ersten

---

18 Vgl. Conference of the Insurance Supervisory Services of the Member States of the European Union: Report – Prudential Supervision of Insurance Undertakings, December 2002, S. 22. (Der Report wird auch nach dem Vorsitzenden Paul Sharma, Head of the Prudential Risks Department of the UK's Financial Services Authority, »Sharma-Report« genannt.)

Beispiel werden die Risiken in »Technical risks« und »Investment risks« untergliedert. In einem weiteren Beispiel erfolgt die Gliederung nach der folgenden Struktur:

- *Global risks*: globalisation, deregulation and liberalisation of insurance markets, standardisation of accounting, general trend in claims, legal and political changes, demographic changes etc.
- *Strategic risks*: visions and strategies, strategies of individual undertakings of a group, risks arising from business relations with banks, strategic risks, ties between individual companies and groups, corporate culture etc.
- *Operative risks*: risks inherent in the internal organisation, marketing, public relations, directing distribution activities, branches and field service having differing sets of objectives and values, risks associated with distribution, use of external parties/outsourcing Risks, use of electronic data processing, personnel risks, project risks, risks arising from incorrect accounting etc.
- *Risks arising from the liabilities side of the balance sheet*: product development, rating (tariffs), underwriting, selection of clients/risks, portfolio development, settlement of claims and controlling, information and control, outward reinsurance, control of reinsurance etc.
- *Risks arising from the assets side of the balance sheet*: strategic and tactical asset allocation/planning and forecast-related risks, asset-liability management, mismatching risk, market risks, information and control systems (investments), liquidation risks, risks associated with credit standing, credits, counterparty risks etc.

Der von der Europäischen Kommission in Auftrag gegebene »KPMG-Report« schlägt eine etwas andere Klassifizierung vor und unterteilt die Risiken zunächst in:[19]

- Risks arising at the *entity level*,
- Risks faced by the *insurance industry* (systematic risks),
- Risks faced by the *economy* (systemic risks). Ein systemisches Risiko ist die Gefahr, dass ein Ereignis zu einem Verlust an ökonomischen Werten und/oder an Vertrauen in das Finanzsystem führt und schwer wiegende realwirtschaftliche Auswirkungen nach sich zieht. So könnte es etwa durch den Ausfall oder das Nichtvorhandensein von Rückversicherungsdeckung zu einer Beeinträchtigung der wirtschaftlichen Tätigkeit bis hin zum Kollaps von Erstversicherungsunternehmen und deren Kunden kommen. Dies kann wiederum zu schwerwiegenden Schäden in der Realwirtschaft führen.

Basierend auf der Studie existieren auf der Unternehmensebene insbesondere die folgenden Risikokategorien:

- *Pure underwriting risk:* Hier werden vor allem Teile des versicherungstechnischen Risikos subsumiert.
- *Underwriting management risk*: Basierend auf einem »schlechten« Underwriting, einer unangemessenen Produktlandschaft oder einer nicht adäquaten Prämienkalkulation.

---

19 Vgl. European Commission: Study into the methodologies to assess the overall financial position of an insurance undertaking from the perspective of prudential supervision, Brussels 2002, Seite 19 ff.

- *Credit risk:* Hierunter werden vor allem das Ausfallrisiko des Rückversicherers, eines Investors oder der Ausfall von Prämienforderungen subsumiert.
- *Reinsurance risk:* Nur ein adäquater *Rückversicherungsschutz* unterstützt das Risikomanagement. Ein nicht angemessener Rückversicherungsschutz kann bei unerwarteten Schäden oder Extremereignissen zu Schwierigkeiten beim Erstversicherer führen.
- *Operational risk:* Risiko von Verlusten infolge der Unangemessenheit oder des Versagens von internen Verfahren, Menschen und Systemen oder von externen Ereignissen.
- *Investment risk:* Risiko resultierend aus einem nicht angemessenen Kapitalanlagen-Mix bzw. einer nicht ausreichenden Mischung und Streuung. Dies bedeutet generell eine begrenzte Konzentration der Kapitalanlagen auf einzelne Vermögensarten, auf einzelne Schuldner sowie in regionaler Hinsicht.
- *Liquidity risk:* Das Risiko, unerwarteten Zahlungsverpflichtungen nicht zu jedem Zeitpunkt in Geldform nachzukommen. Tritt dieses Risiko ein, so tritt Konkurs wegen Illiquidität ein.
- *Matching risk:* Insbesondere beim Lebensversicherer sollte die integrierte Steuerung der Kapitalanlagen (Assets) und Verbindlichkeiten (Liabilities) im Fokus stehen. Besteht hier hinsichtlich Zeit, Cashflow und Währung keine Übereinstimmung so besteht das Risiko des »Asset Liability Mismatching«.
- *Expense risk:* Hierunter wird das Risiko verstanden, dass insbesondere bei länger laufenden Verträgen die tatsächlichen nicht mit den kalkulierten Kosten übereinstimmen.
- *Lapses risk:* Gerade in der Anfangsphase eines Lebensversicherungsvertrags übersteigen häufig die Kosten die Erträge. Eine evtl. gezahlte Provision oder Courtage kann möglicherweise nicht amortisiert werden.
- *Provisioning:* Eine nicht adäquate Risikovorsorge führt möglicherweise zu einem nicht angemessenen Underwriting oder weiteren nicht angemessenen Managemententscheidungen.

Für den Bereich der »Systematic risks« unterscheidet die Studie zwischen:
- *Jurisdictional and legal risks:* Insbesondere im Haftpflichtbereich können Änderungen des Rechtssystems oder richterliche Entscheidungen zu gravierenden Implikationen führen (punitive damages etc.).
- *Market changes:* Auch Änderungen des Nachfrageverhaltens bzw. des Wettbewerbsverhaltens können gravierende Auswirkungen auf die Risikolandschaft eines Versicherungsunternehmens haben.

Weitere Risiken für ein Versicherungsunternehmen resultieren aus der lokalen oder globalen Wirtschaft sowie weiteren »sozialen« Faktoren. In der Regel kann ein Versicherungsunternehmen diese Risiken nicht beeinflussen, kann sie jedoch steuern. Diese »Systemic risks« sind beispielsweise:
- *Market value fluctuation of investments:* Veränderungen auf den Kapitalmärkten, wie beispielsweise in den vergangenen Jahren, können gravierende Auswirkungen auf die adäquate Kapitalausstattung und die angemessene und integrierte Steuerung der Kapitalanlagen (Assets) und Verbindlichkeiten (Liabilities) haben.
- *Environmental changes:* Naturkatastrophen (Erdbeben, Flut, Sturm etc.) können gravierende Auswirkungen auf die Schadensituation in der Lebens- und Nicht-Lebensversicherung haben.

- *Social/political changes*: Veränderte soziale Umstände (resultierend in einer höheren Kriminalitätsrate) oder neue Krankheiten (etwa AIDS) können gravierende Auswirkungen auf die Risikosituation der Versicherungsunternehmen haben.
- *Economic cycle*: Die allgemeine wirtschaftliche Situation wird möglicherweise dazu führen, dass während einer Wachstumsschwäche weniger Versicherungen gekauft werden. Eine höhere Arbeitslosenquote führt ggf. zu steigenden sozialen Konflikten und einer höheren Kriminalitätsrate. Gleichzeitig hat die wirtschaftliche Situation auch Auswirkungen auf die Kapitalanlagen des Versicherungsunternehmens (»double trigger«).
- *Inflation rate*: Die Inflationsrate hat direkte Auswirkungen auf die Höhe der Schadenzahlungen. So bewirkt beispielsweise eine höhere Inflationsrate auch höhere Kosten im Gesundheitswesen, was einen direkten Einfluss auf die Schadenzahlungen etwa in der Krankenversicherung hat. Im Bereich der Sach- und Haftpflichtversicherung kann eine hohe Inflation insbesondere gravierende Auswirkungen auf »long-tail«-Schäden haben.
- *Interest rate*: Veränderungen des Zinssatzes haben insbesondere gravierende Auswirkungen auf die Kapitalanlageerträge in der Lebensversicherung.
- *Exchange rate*: Währungsrisiken sind dann zu berücksichtigen, wenn Verbindlichkeiten in fremder Währung auszugleichen sind oder Kapitalanlagen in fremder Währung gehalten werden. Ein besonderes Risiko besteht insbesondere dann, wenn potenzielle Schäden nicht durch Fremdwährungsinvestments gedeckt sind.
- *Technological changes*: Neue Technologien (etwa im Bereich der Informations- und Kommunikationstechnologie) führen möglicherweise zu steigenden Risiken im Versicherungsportfolio.

Die skizzierten »Risikolandkarten« verdeutlichen die Vielfalt der potenziellen Wege, die Risiken in einer Bank oder in einem Versicherungsunternehmen zu kategorisieren. Die individuelle Risikolandschaft eines Unternehmens basiert in jedem Fall auf den spezifischen Geschäftsprozessen und der Unternehmensumwelt und führt auch zu unterschiedlichen finanziellen Auswirkungen. Eine Risikokategorisierung die für Versicherer A sinnvoll ist, muss nicht auch für Versicherer B Sinn ergeben. Daher ist es auch nicht sinnvoll, eine allgemeingültige Definition der verschiedenen Risikokategorien vorzustellen, die quasi wie eine Schablone für alle Banken bzw. Versicherer Gültigkeit besitzt.

Ein erfolgreiches Risikomanagement ist nur bei einem zielorientierten Unternehmen möglich. Dabei kann das Risikomanagement nicht losgelöst von den Unternehmenszielen betrachtet werden.

Die primären *Ziele des Risikomanagements* sind dabei:

- die nachhaltige Erhöhung des Unternehmenswertes (eine wertorientierte Unternehmenssteuerung und das Risikomanagement sind die beiden Seiten ein und derselben Medaille),
- die Sicherung der Unternehmensziele (leistungswirtschaftliche, finanzielle Ziele etc.).
- Sicherung des künftigen Erfolgs des Unternehmens,
- die Optimierung der *Risikokosten*,
- Soziale Ziele aus der gesellschaftlichen Verantwortung der Bank bzw. des Versicherungsunternehmens.

Werden eines oder mehrere dieser Ziele verfehlt[20], so ist ein Unternehmen in seiner Existenz gefährdet. Bei der Festlegung der Risikomanagement-Ziele ist die Geschäftsleitung bzw. der Vorstand die höchste Entscheidungsinstanz. Neben der Zieldefinition erfolgt im Rahmen des strategischen Risikomanagements die organisatorische Einbettung in ein Unternehmen sowie die Kommunikation der risikopolitischen Grundsatzentscheidungen.

Die Risikomanagement-Organisation definiert den aufbau- und ablauforganisatorischen Rahmen. Für die praktische Implementierung in die betrieblichen Prozesse ist es wichtig, dass Risikomanagement gelebt wird und einen Teil der Unternehmenskultur darstellt.

Die Risikopolitik muss in die Unternehmensstrategie, in der die langfristige Ausrichtung der Bank bzw. des Versicherungsunternehmens festgelegt ist, integriert werden.

Die Organisation des Risikomanagements sowie der Risikomanagement-Prozess sollten in einem *Risikohandbuch* oder einer »Risk Management Policy« definiert werden. Eine gute Dokumentation ist von zentraler Bedeutung für eine dauerhafte (auch personenunabhängige) Funktionsfähigkeit des Risikomanagements. Im Übrigen ist solch eine Dokumentation auch gesetzlich über das KonTraG vorgeschrieben. So verlangt etwa das KonTraG und empfiehlt der Deutsche Corporate Governance Kodex eine angemessene Dokumentation aller Schritte und Maßnahmen. Gemäß den Empfehlungen des *IDW-Prüfungsstandards 340* (Prüfungsstandard des Instituts der Wirtschaftsprüfer) sollten in einer Dokumentation alle organisatorischen Maßnahmen und Regelungen des Früherkennungssystems erfasst werden.

Bestandteile eines Risikomanagementhandbuches sind u. a.:[21]
* Vision und Ziele des Risikomanagementsystems,
* Risikopolitische Grundsätze: Einstellung zum Risiko, Risikotragfähigkeit etc.,
* Grundsätze für Risikoerkennung und Risikoanalyse sowie Risikokommunikation,
* Begriffsdefinitionen (Risiko, Risikokategorien etc.),
* Risikostruktur sowie Risikofaktoren und -kategorien,
* Definition der Aufbauorganisation, beispielsweise eines institutionalisierten Bereiches Risikomanagement,
* Dokumentation von Risikoverantwortlichen und Maßnahmen,
* Definition der Methoden und Instrumente,
* Zusammenstellung der wesentlichen integrierten Kontrollen sowie der Aufgaben der internen Revision,
* Geltungsbereich, Inkraftsetzung.

Das operative Risk Management (vgl. Abbildung 14) beinhaltet den Prozess der systematischen und laufenden Risikoanalyse der Geschäftsabläufe. Ziel der Risikoidentifikation

---

20 Ein Verfehlen der Ziele »Erhöhung des Unternehmenswertes« oder »Gesellschaftliche Verantwortung« muss nicht zur Existenzgefährdung des Unternehmens führen.
21 Vgl. Romeike, F.: Der Prozess des strategischen und operativen Risikomanagements, in: Romeike, F.; Finke, R. (Hrsg.): Erfolgsfaktor Risikomanagement: Chance für Industrie und Handel, Lessons learned, Methoden, Checklisten und Implementierung, Gabler Verlag, Wiesbaden 2003.

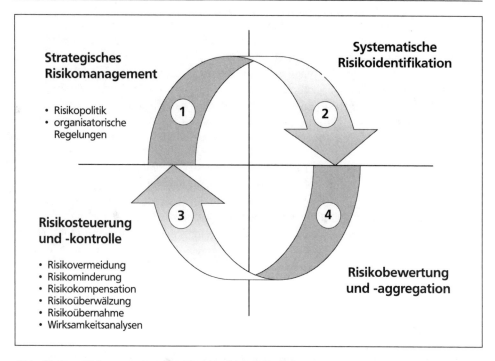

Abb. 14: Der Risikomanagement-Prozess als Regelkreis
Quelle: Romeike, F.: Der Prozess des strategischen und operativen Risikomanagements, in: Romeike, F.; Finke, R. (Hrsg.): Erfolgsfaktor Risikomanagement: Chance für Industrie und Handel, Lessons learned, Methoden, Checklisten und Implementierung, Gabler Verlag, Wiesbaden 2000, S. 153.

ist die frühzeitige Erkennung von »den Fortbestand der Gesellschaft gefährdende Entwicklungen«, d. h. die möglichst vollständige Erfassung aller Risikoquellen, Schadensursachen und Störpotenziale. Für einen effizienten Risikomanagement-Prozess kommt es darauf an, dass Risikomanagement als kontinuierlicher Prozess – im Sinne eines Regelkreises – in die Unternehmensprozesse integriert wird.

Die Informationsbeschaffung ist die schwierigste Phase im gesamten Risk Management-Prozess und eine Schlüsselfunktion des Risikomanagements, da dieser Prozessschritt die Informationsbasis für die nachgelagerten Phasen liefert – schließlich können nur Risiken bewertet und gesteuert werden, die auch erkannt wurden. Hierbei ist es jedoch nur in den seltensten Fällen möglich, alle Risiken lückenlos zu erfassen. Heute nicht identifizierte Risiken können sich durch die Entwicklung der Gesellschaft oder der Technik bzw. durch eine veränderte Risikowahrnehmung erst im Laufe der Zeit ergeben (Problem sog. Strukturbrüche[22]) und sind daher bei der *Risikoidentifikation* objektiv nicht

---

22 Vgl. Müller-Reichart, M.: Dynamische Verfeinerung linearer Hypothesen, in: Versicherungswirtschaft, 5/2003, 58. Jahrgang, S. 320.

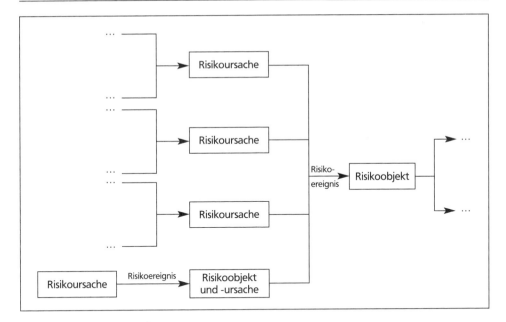

Abb. 15: Risikoereignisketten
Quelle: Romeike, F.: Der Prozess des strategischen und operativen Risikomanagements, in: Romeike, F.; Finke, R. (Hrsg.): Erfolgsfaktor Risikomanagement: Chance für Industrie und Handel, Lessons learned, Methoden, Checklisten und Implementierung, Gabler Verlag, Wiesbaden 2003.

erkennbar. Eine weitere Ursache ist darin zu sehen, dass der Mensch im Prozess der Risikoidentifikation auch objektiv vorhandene Risiken schlichtweg nicht erkennt, weil er möglicherweise die unterschiedlichen Methoden der Risikoidentifikation nicht beherrscht.

Um die Ziele des Risikomanagements zu erreichen, ist eine systematische, prozessorientierte Vorgehensweise erforderlich. Die Identifikation kann je nach Unternehmen aus verschiedenen Perspektiven erfolgen; beispielsweise auf der Ebene der Risikoarten (leistungswirtschaftliche, finanzwirtschaftliche, externe Risiken etc.), der Ebene der Prozesse (Projekte, Kern- und Unterstützungsprozesse etc.) sowie auf der Ebene der Geschäftsfelder.

Die Betrachtung von Risiken erfordert die Analyse der Zusammenhänge ihrer Entstehung. Auswirkungen von Risikoereignissen stellen oft die Ursachen für andere Ereignisse dar. Operationelle und andere Risikoereignisse und -ursachen bilden so in der Regel mehrgliedrige Wirkungsketten (siehe Abbildung 15).

Die Wahl der Methodik zur Risikoidentifikation hängt stark von den spezifischen Risikoprofilen des Unternehmens und der Branche ab. In der betrieblichen Praxis werden die einzelnen Identifikationsmethoden häufig kombiniert. Abbildung 16 gibt einen Überblick über die verschiedenen Methoden.

Sind die Risiken erkannt, so erfolgt in der nächsten Phase eine Quantifizierung der Risiken hinsichtlich ihres Erwartungswerts und möglicher weiterer Risikomaße. Die Ausgangsbasis der Risikobewertung bilden einerseits die identifizierten Risiken und andherer-

Kollektions-methoden	Suchmethoden	
	Analytische Methoden	**Kreativitätsmethoden**
• Checkliste • SWOT-Analyse/Self-Assessment • Risiko-Identifikations-Matrix (RIM) • Interview, Befragung	• Fragenkatalog • morphologische Verfahren • Fehlermöglichkeits- und Einflussanalyse • Baumanalyse	• Brainstorming • Brainwriting • Delphi-Methode • Synektik

Vorwiegend geeignet zur Identifikation bestehender und offensichtlicher Risiken	Vorwiegend geeignet zur Identifikation zukünftiger und bisher unbekannter Risikopotenziale (proaktives Risikomanagement)

Abb. 16: Identifikationsmethoden
Quelle: Romeike, F.: Der Prozess des strategischen und operativen Risikomanagements, in: Romeike, F.; Finke, R. (Hrsg.): Erfolgsfaktor Risikomanagement: Chance für Industrie und Handel, Lessons learned, Methoden, Checklisten und Implementierung, Gabler Verlag, Wiesbaden 2003.

seits das bei der Risikoidentifikation gesammelte Datenmaterial. Die Risikobewertung zielt darauf ab, die Risiken hinsichtlich ihres Gefährdungspotenzials in eine Rangordnung zu bringen sowie ein unternehmensindividuelles *Risikoportfolio* (siehe Abbildung 9) abzubilden.

Als Bewertungsmethodik bietet sich entweder ein Top-down- oder ein Bottom-up-Ansatz an (siehe Abbildung 17). Erfolgt die Bewertung nach einer Top-down-Methode, so stehen für das Unternehmen die bekannten Folgen der Risiken im Vordergrund. Hierbei werden Daten der Gewinn- und Verlustrechnung, wie etwa Erträge, Kosten oder das Betriebsergebnis im Hinblick auf deren Volatilitäten hin untersucht. Der Top-down-Ansatz bietet den Vorteil einer relativ schnellen Erfassung der Hauptrisiken aus strategischer Sicht. Diese »Makroperspektive« kann jedoch auch dazu führen, dass bestimmte Risiken nicht erfasst werden oder Korrelationen zwischen Einzelrisiken nicht korrekt bewertet werden.

Demgegenüber stehen beim Bottom-up-Ansatz die Ursachen der verschiedenen Risikokategorien im Fokus. Es wird versucht, die möglichen Folgen eines Risikoeintritts für das Unternehmen herzuleiten und zu bewerten. Hierbei ist eine eingehende Analyse der Prozesse sowie deren Korrelationen erforderlich. Die Bottom-up-Ansätze bieten den Vorteil, dass sämtliche Geschäftsbereiche und Prozesse erfasst und analysiert werden können.

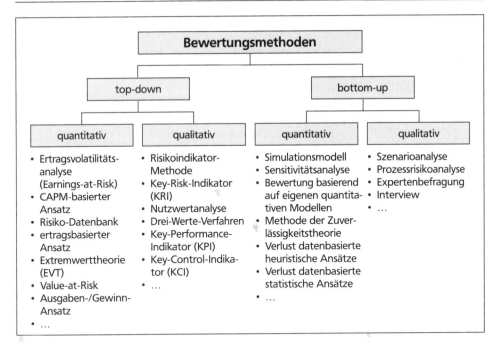

Abb. 17: Quantifizierungsmethoden aus der Praxis

Allerdings ist der Bottom-up-Ansatz auch um ein Vielfaches aufwendiger. In der Praxis bietet sich eine Kombination beider Methoden an.

Bei der Bewertung bedient man sich diverser Analysemethoden, wie beispielsweise Equity-Risk-Contour-Methode, Fehlerbaumanalysen, Störfallablaufanalysen, Value-at-Risk, ABC-Analysen, Scoringmodelle, Szenariotechnik, Sensitivitätsanalysen, Monte-Carlo-Simulationen etc. Mit Hilfe von Stresssimulationen können »low-frequency/high-severity« Risiken analysiert werden. Insbesondere für Finanzrisiken wurden in den vergangenen Jahren diverse mathematisch-statistische Modelle entwickelt.

Ist eine objektive Quantifizierung nicht möglich (beispielsweise für das Risiko »Imageverlust«), so wird das Risiko subjektiv bewertet (Existenz bedrohend, schwerwiegend, mittel, gering, unbedeutend). Eine Bewertung mit Hilfe von mathematisch-statistischen Modellen ist insbesondere auch bei operationellen Risiken problematisch, da häufig keine sinnvolle Datenbasis vorliegt.

Insbesondere so genannte Phantomrisiken entziehen sich einer objektiven Risikobewertung. Ein *Phantomrisiko* ist hierbei als »vielleicht reale Möglichkeit« einzustufen. Ob etwa elektrische Strahlen Gehirntumore verursachen, bleibt ein Verdacht. Entscheidend ist daher, wie die Gesellschaft derartige Vermutungen künftig bewertet: Stufen wir die tägliche Nutzung von Handys als Gesundheitsrisiko ein, könnten deren Hersteller und Betreiber möglicherweise erfolgreich verklagt werden.

Bei Phantomrisiken stoßen insbesondere die Versicherer an ihre Grenzen, da diese weder kalkulierbar, noch ihre Ausmaße abzuschätzen sind. Im Jahr 1993 definierten Kenneth R. Foster, David E. Bernstein und Peter W. Huber Phantomrisiken wie folgt:

»By phantom risk we mean cause-and-effect relationships whose very existence is unproven and perhaps unprovable.«

Im Jahr 1996 wies die SwissRe mit der Publikation »Elektrosmog – ein Phantomrisiko« darauf hin, dass gesellschaftliche Ängste auch ohne Kausalbeweis langwierige und kostspielige Prozesse auslösen und zu veränderten gesellschaftlichen Werten führen könnten.[23]

Um die einzelnen Risikokategorien quantitativ vergleichen und aggregieren zu können, sollte ein einheitlicher Bewertungsmaßstab angewendet werden (etwa der Value-at-Risk). Zur Berechnung des VaR bieten sich sowohl analytische Ansätze (Delta-Normal- und Delta-Gamma-Methode) als auch Simulationsansätze (Historische und Monte-Carlo-Simulation) an.

Um die Gesamtrisikoposition (Risk Exposure) des Unternehmens oder einzelner Unternehmensbereiche zu berechnen, müssen die positiven und negativen Rückkoppelungen sowie eine eventuelle Kumulierung der Risiken berücksichtigt werden. Daneben ist es auch möglich, die relative Bedeutung von Einzelrisiken zu ermitteln (Sensitivitätsanalyse). Eine Methode zur Aggregation der Einzelrisiken ist etwa die Monte-Carlo-Simulation. In diversen Risikosimulationen werden bestimmte Risikoparameter simuliert. Basierend auf einer Risikomodellierung werden mit Hilfe eines Zufallszahlengenerators beispielsweise mehrere Geschäftsjahre durchgespielt und die Auswirkungen auf die Bilanz berechnet.

Die *Risikosteuerung* (siehe Abbildung 18) umfasst alle Maßnahmen, die zu einer Reduzierung des Gesamt-Exposures führen. Ziel der proaktiven Risikosteuerung und -kontrolle ist es, die Risikolage des Unternehmens positiv zu verändern bzw. ein ausgewogenes Verhältnis zwischen Ertrag (Chance) und Verlustgefahr (Risiko) zu erreichen. Die Risikosteuerung und -kontrolle umfasst alle Mechanismen und Maßnahmen zur Beeinflussung der Risikosituation, entweder durch eine Verringerung der Eintrittswahrscheinlichkeit und/oder des Schadensausmaßes. Grundsätzlich unterscheidet man zwischen aktiven und passiven Maßnahmen der Risikosteuerung.

Aktive Maßnahmen gestalten und beeinflussen die Risikostrukturen und -verhältnisse positiv, mit dem Ziel, das Risiko tatsächlich zu reduzieren. Synonym wird auch der Begriff »ursachenbezogene Maßnahmen« verwendet.

Passive Risikobewältigungsmaßnahmen lassen demgegenüber die Risikostrukturen und -verhältnisse unverändert und beeinflussen daher die Eintrittswahrscheinlichkeit und das Schadensausmaß nicht. Allerdings werden jedoch die finanziellen Auswirkungen auf das Unternehmen nach einem Risikoeintritt, etwa durch eine vertragliche Haftungsverlagerung auf einen Vertragspartner oder einen Risikotransfer auf eine Versicherung, reduziert. Synonym wird auch der Begriff der »wirkungsbezogenen Maßnahmen« verwendet.

Hinsichtlich des *Reportings* findet man in der Praxis häufig entweder

- eine *Ampel-Darstellung*: Grüne, gelbe oder rote Signale ergänzen beispielsweise die Balanced Scorecard als Frühwarnsystem oder

---

23 Vgl. Brauner, Ch.: Elektrosmog – ein Phantomrisiko, Schweiz. Rückversicherungs-Gesellschaft, Zürich 1996.

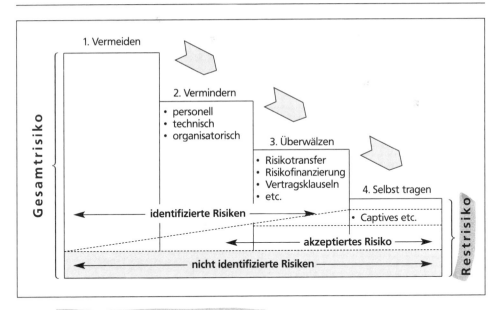

Abb. 18: Die Prozessstufen der Risikosteuerung

Quelle: Romeike, F.: Risiko-Management als Grundlage einer wertorientierten Unternehmenssteuerung (Titelbeitrag), in: RATING aktuell, Juli/August 2002, Heft 2, S. 12–17.

- eine *Cockpit-Darstellung*: Analog des Cockpits eines modernen Flugzeuges konzentriert sich der Unternehmenslenker auf ein großes Zentralinstrument und wenige Detailinstrumente zur Zielerreichung (vgl. Abbildung 19).

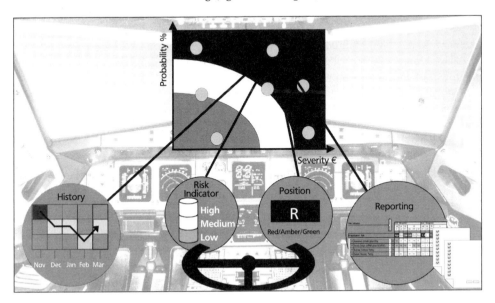

Abb. 19: Management-Cockpit

Die Ampel- bzw. Cockpit-Darstellung bietet folgende *Vorteile* für das Berichtswesen:

- Eindämmung der Datenflut durch Fokussierung auf die wichtigsten, steuerungsrelevanten Informationen. Diese Informationen werden – je nach Organisationseinheit – in einer aggregierten Form kommuniziert.
- Klare Fokussierung des Managements auf kritische Erfolgsindikatoren.
- Integrierte Betrachtung der Berichte und Kennzahlen, die bei Bedarf auch auf untergeordnete Organisationseinheiten heruntergebrochen werden können.

Mit Hilfe einer proaktiven Risikosteuerung wird die Streuung der zukünftigen Erträge und Cashflows eines Unternehmens reduziert, wenn man unter Risiko im unternehmerischen Sinne die Möglichkeit negativer Abweichungen vom Ertragsziel versteht. Ziel ist die Steigerung des Unternehmenswertes.

1.5   Risikomanagement benötigt interdisziplinäres Wissen

Sowohl der Aufbau eines ganzheitlichen Chancen- und Risikomanagements als auch die Etablierung einer offenen Risikokommunikation und Risikokultur kann nur gelingen, wenn möglichst alle Mitarbeiter eines Unternehmens in diesen Prozess eingebunden werden.

Um sich aktiv an dieser Aufgabe zu beteiligen, benötigen die Mitarbeiter das entsprechende Know-how sowie eine fundierte Informationsbasis. Neben adäquaten Trainings-Bausteinen im Rahmen der systematischen Mitarbeiter-Entwicklung spielt daher die interne Versorgung mit risikorelevanten Informationen eine überragende Rolle. In fast allen Unternehmen stehen die hierfür erforderlichen Kommunikationskanäle bzw. eine geeignete Infrastruktur bereits zur Verfügung (beispielsweise Mitarbeiterzeitungen oder entsprechende Info-Seiten bzw. vielleicht sogar ein Risikomanagement-Portal im Intranet).

Ein sehr wirkungsvoller und vielfach bewährter Ansatz, das Risikomanagement auf eine möglichst breite Basis zu stellen und parallel in vielen unterschiedlichen Abteilungen Risikobewusstsein zu schaffen, ist die Einrichtung eines so genannten »Risikomanagement-Kommitees« (häufig auch als »Risikomanagement-Zirkel«, »Risikomanagement-Task-Force« oder »Risikomanagement-Ausschuss« bezeichnet). In diesen Gesprächsrunden treffen sich in gleichmäßigen Abständen – wobei sich abhängig von der jeweiligen Hierarchieebene ein monatlicher, quartalsweiser oder (halb-)jährlicher Zyklus bewährt hat – die Risikomanagement-Beauftragten und/oder Fachspezialisten aus unterschiedlichen Unternehmensbereichen. Diese *Risikomanagement-Kommitees* haben sich in der Praxis insbesondere aus mehreren Gründen gut bewährt.

Zunächst einmal ermöglichen sie eine Diskussion der Chancen und Risiken aus interdisziplinären Perspektiven. Allein schon die Gespräche und der Informationsaustausch an sich führen in aller Regel zu gewissen »Aha-Effekten« bei den Beteiligten und leisten damit einen wesentlichen Beitrag zu einer ganzheitlichen und möglichst vollständigen Risiko-Identifikation und -Bewertung. So mag beispielsweise ein vergleichsweise geringfügiges Problem aus Sicht eines Prozess-Owners noch vernachlässigbar sein, wohingegen der Syndikus des Unternehmens hierin unter Umständen bereits enorme Produkthaftungsrisiken auf das Unternehmen zukommen sieht. Oder der Leiter der IT-Abteilung ist bestrebt, einen möglichst umfassenden und lückenlosen Schutz des Unternehmens gegen Hackerangriffe und Viren zu implementieren, während der Personalchef in diesem Zusammenhang aufgrund der hiermit verbundenen Überwachung der Mitarbeiter arbeitsrechtliche Komplikationen zu bedenken gibt. Infolge der Tatsache, dass in einem Risikomanagement-Komitee Spezialisten aus den unterschiedlichsten Fachbereichen vertreten sein sollten, dürfte auch die Beurteilung eventueller Schäden, die ein eventueller Risikoeintritt zur Folge hat, wesentlich fundierter und vollständiger zu leisten sein als bei der Schätzung durch einen einzelnen Mitarbeiter. Der in der Praxis häufig zu beobachtende Fehler, dass die Mitarbeiter die Auswirkungen eines Risikos auf ihren eigenen Arbeitsbereich in der Regel überbewerten, während die Folgewirkungen auf andere Unternehmensfunktionen unterschätzt bzw. überhaupt nicht wahrgenommen werden, kann auf diese Art und Weise relativ einfach reduziert oder gar vollständig eliminiert werden.

Neben den vielfältigen Impulsen, die von einem solchen Risikomanagement-Komitee im Hinblick auf eine Optimierung der Risiko-Identifikation und -Bewertung ausgehen, weist es außerdem den Vorteil auf, dass das Thema Risikomanagement insgesamt wesentlich stärker innerhalb des Unternehmens verbreitet und verankert wird. In aller Regel fungieren die Mitglieder dieser Zirkel nämlich als wertvolle Multiplikatoren, die durch ihre Vorbildfunktion auch weitere Mitarbeiter in ihren Abteilungen zur Auseinandersetzung mit Risiken motivieren und so substanziell zu einer Verbesserung des Risikobewusstseins beitragen können.

Schließlich haben regelmäßige Treffen im Rahmen eines Risikomanagement-Komitees auch den Vorteil, dass die Koordination der unterschiedlichen Einzelinitiativen in den jeweiligen Unternehmensbereichen wesentlich vereinfacht und effizienter gemacht werden kann. So wird durch eine engere Kommunikation und Abstimmung beispielsweise erreicht, unnötige Doppelarbeiten zu vermeiden und eine konsistente und widerspruchsfreie Risikomanagement-Strategie zu verwirklichen. Risikomanagement-Kommitees können also insgesamt einen entscheidenden Beitrag leisten, um das hehre Ziel »ein einziges unternehmensweites Gesamtoptimum statt einer Vielzahl von abteilungsbezogenen Suboptima« besser und schneller zu verwirklichen.

1.6 Risiko ist die Bugwelle des Erfolgs

Wie gut Risikomanagement funktioniert, hängt insbesondere auch von der Risikokultur im Unternehmen ab. Der Aufbau, die Verankerung und die Stärkung der Risikokultur sind permanente Prozesse, die wohl niemals abgeschlossen sein werden. Dementsprechend reicht es bei weitem nicht aus, die Ziele und Grundlagen eines ganzheitlichen Chancen- und Risikomanagements einmalig gegenüber den Mitarbeitern zu kommunizieren. Vielmehr müssen diese Prinzipien wieder und wieder betont werden, um auch tatsächlich eine nachhaltige Wirkung entfalten zu können.

Im Gegensatz zum Wunschdenken vieler Unternehmen, dass sich die so genannte »Risk Awareness« im Laufe der Zeit quasi automatisch herausbildet und im Denken und Handeln der Mitarbeiter verankert wird, zeigt die Erfahrung, dass in der Praxis ganz konkrete Prozesse und Handlungsanweisungen erforderlich sind, um dieses Ziel zu erreichen. Die Umsetzung (oder Ignoranz) dieser Prozesse und Handlungsanweisungen sollte konsequenterweise auch in die Leistungsbeurteilung des jeweiligen Mitarbeiters mit einfließen.

Eine wesentliche Komponente hierbei sind natürlich adäquate Ausbildungs- und Trainingsprogramme. Diese sollten allerdings nicht nur »hartes« Risikomanagement-Knowhow wie beispielsweise die wirkungsvolle Einrichtung einer Firewall zur Abwehr von Computerviren, die Anwendung statistischer und finanzmathematischer Methoden zur Prognose des Kreditausfallrisikos oder ähnliches Faktenwissen beinhalten. Mindestens ebenso große Aufmerksamkeit sollte vielmehr darauf gelegt werden, die Fähigkeiten der Mitarbeiter zum ganzheitlichen, interdisziplinären Denken und Handeln zu fördern. Schließlich werden sie erst durch den berühmten »Blick über den Tellerrand« in die Lage versetzt, Risiken nicht nur in ihrem eigenen Bereich zu suchen (und hoffentlich auch zu finden), sondern können gleichzeitig auch einschätzen, ob bzw. inwieweit diese auch Auswirkungen in anderen Abteilungen und Unternehmensfunktionen entfalten.

Um am Markt überleben zu können, müssen Unternehmen Chancen und Risiken in ihrer Unternehmenssteuerung zeitnah berücksichtigen und ihr Risiko-Chancen-Profil optimieren, um den Unternehmenswert zu maximieren. Bereits heute fordern insbesondere die Finanzmärkte ein effizientes Risikomanagement und eine Transparenz der Wert- und Risikotreiber in einem Unternehmen. Um proaktiv agieren zu können, sind Risikofrühwarnsysteme von entscheidender Bedeutung für eine wertorientierte Unternehmenssteuerung. Zur bedarfsgerechten Bereitstellung der Informationen bietet sich beispielsweise die um Risikofaktoren ergänzte Balanced Scorecard an.

Zukünftig gilt umso mehr, dass die Rendite für das eingesetzte Kapital höher sein muss als die Kosten für das risikoadjustierte Kapital. Der Wert eines Unternehmens kann auf drei primäre Werttreiber reduziert werden: Umsatzwachstum, Rentabilität und Risiko. Zusätzlich beeinflussen qualitative Werttreiber (Kundenzufriedenheit, Unternehmenskultur etc.) indirekt den Erfolg eines Unternehmens. Risikomanagement sollte daher integraler Bestandteil einer wertorientierten Unternehmenssteuerung sein.

Unternehmen heißt riskieren. Erfolgreich unternehmen heißt kalkuliert riskieren.

2 Risikomanagement im Kontext einer wertorientierten Unternehmenssteuerung

2.1 Einführung

Es ist noch nicht so lange her, dass Risikomanagement in einem Unternehmen ausschließlich zur Erfüllung der gesetzlichen Anforderungen diente. Später kam erst die Einsicht, dass Risikomanagement entscheidend den Erfolg oder Misserfolg eines Unternehmens mitbestimmen kann. Es ist insbesondere für die Finanzdienstleistungsbranche zutreffend, da hier Risiken übernommen und abgewälzt werden. Eine der Transformationsfunktionen ist die Risikotransferfunktion. Das Risikomanagement sollte dazu beitragen, dass die Prozesse und das Umfeld des Unternehmens transparenter werden, damit böse Überraschungen so weit wie nur möglich eliminiert werden.

Unternehmen haben sich als Ziel gesetzt, Werte zu schaffen und diese Werte dem Kunden zu verkaufen und somit in frei fungible Werte umzusetzen. Damit kann das Unternehmen – im Rahmen der internen Finanzierung – wieder neue Investitionen tätigen. Allerdings muss man sich hier bewusst sein, dass es ein theoretischer Idealzustand wäre, wenn sich die Wertschöpfung in der Realität so umsetzen ließe. Das Risiko spielt hier seine »spielverderbende« Rolle und sorgt dafür, dass der Planwert nicht erreicht wird. Es ist darum wichtig die Risiken im Voraus zu kennen und sich über deren Auswirkungen ein Bild zu machen. Das Risiko stellt nicht nur die Abweichung vom Planwert im negativen Sinne dar: Es kann durchaus auch positive Abweichungen geben. Die Wertschöpfung wird sogar erst möglich, wenn das Finanzinstitut bereit ist, gewisse Risiken einzugehen. Diese positiven Abweichungen werden in der Praxis gerne hingenommen, stehen aber im Rahmen des Risikomanagements etwas im Hintergrund. Im Rahmen dieses Buches liegt der Fokus auf der Realisierung der Planwerte. Der Zusammenhang ist in der Abbildung 20 dargestellt.

Beispielhaft kann hier das Marktpreisrisiko betrachtet werden. Angenommen die Bank gibt einen Kredit mit einer Festzinsperiode von fünf Jahren und refinanziert dieses Geschäft mit Tagesgeld. Am Anfang kann diese Fristentransformation sehr lukrativ sein. Wenn die Zinsen jedoch ansteigen, wird die Zinsspanne zwischen Kredit und Refinanzierung immer kleiner. Dadurch wird der erzielte Netto-Ertrag kleiner sein, als am Anfang erwartet und kalkuliert wurde.

Leider ist das Risiko nicht immer so deutlich feststellbar. Insbesondere die Folgen von operationellen Risiken sind nur sehr rudimentär und unvollständig festzustellen. Ein Operationelles Risiko ist das Risiko von Verlusten die aus Fehlern oder Unzulänglichkeiten in Prozessen, durch Menschen oder Systeme oder externe Faktoren resultieren. In der Praxis ist es wichtig, die relevanten Verlustkomponenten zu ermitteln. Es handelt sich hier um:

- direkte Verluste wie zum Beispiel Geldbußen oder Verluste von Aktiva,
- indirekte Verluste wie zum Beispiel die Kosten für Wiederinstandsetzung des EDV-Betriebes sowie
- Opportunitätskosten wie zum Beispiel Kundenabgänge, die durch Fehler des Finanzinstitutes verursacht werden.

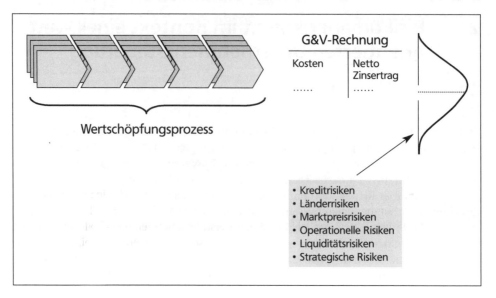

Abb. 20: Risikomanagement als Werttreiber

Die Risikoabbildung wird statistisch durch die Standardabweichung dargestellt. Sie zeigt die Streuung um den Erwartungswert. Das Risiko in einem Portfolio wird jedoch nicht nur durch die Standardabweichung der einzelnen Komponenten, sondern auch durch die Abhängigkeiten zwischen den einzelnen Komponenten bestimmt. Statistisch gesehen, werden die Abhängigkeiten als Kovarianz oder als Korrelationskoeffizient abgebildet.

Der Risikomanager wird sich während seiner Arbeit auf zwei Variablen konzentrieren:
- die Standardabweichung und
- den Korrelationskoeffizienten.

Sein Erfolg wird somit auch die Zielgenauigkeit der Planung und somit die Wertschöpfung eines Unternehmens bestimmen.

2.2   Der Risikomanagementprozess

Der Risikomanagementprozess wird in diesem Abschnitt wie folgt behandelt:
- Beschreibung der Risikoarten und des dazu gehörenden Risikomanagements,
- die Rolle des Managements operationeller Risiken in Zusammenhang mit dem Management anderer Risikoarten,
- der Prozess des Managements operationeller Risiken sowie
- die Bestimmung der Risikoneigung und des Risikoappetits der Unternehmensführung.

2.2.1 Beschreibung der Risikoarten und des dazugehörenden Risikomanagements

Kreditrisiko

Das *Kreditrisiko* ist das Risiko auf einen Verlust, verursacht durch den Ausfall eines Schuldners. Wenn ein Schuldner seine Schulden nicht mehr bedienen kann, verliert das Finanzinstitut nicht nur die Summe des Instrumentes (wie beispielsweise die Darlehenssumme), sondern auch die mit dem Geschäft verbundenen Erträge, insofern diese noch nicht eingegangen sind. Es kann sich dabei um Zinsen, Provisionen und noch nicht realisierte Handelsgewinne handeln.

Der Maximalverlust aus einem Kreditrisiko wird naturgemäß durch die Summe der oben beschriebenen Komponenten begrenzt. Es besteht jedoch auch bei dieser Risikoart die Gefahr eines Portfolioeffektes, der bei Finanzdienstleistungsunternehmen als »Klumpeneffekt« bzw. Kumulrisiko bezeichnet wird. Wenn eine Bank seine Darlehen zum Beispiel nur einer Branche zur Verfügung stellt, dann setzt sie sich damit gleich einem branchenspezifischen Risiko aus. Wenn die finanziellen Schwierigkeiten eines Kunden durch branchenspezifische Gründe verursacht werden (wenn etwa die Absatzmöglichkeiten in der Branche durch externe Umstände zusammenbrechen), werden andere Kunden in der gleichen Branche mit betroffen sein. Dadurch kann die Bank auf einmal mit einem großen Verlust konfrontiert werden. Die Bank kann durch diesen Verlust sogar selbst in Schwierigkeiten geraten. Die Vernachlässigung der Risikostreuung kann auch mit dem englischsprachigen Ausdruck »you should never put your eggs in one basket« beschrieben werden.

Das Kreditrisiko wird nicht nur durch die Finanzierung einzelner Kunden bestimmt, sondern auch durch ein Risiko zweiter Ordnung: das *Emittentenrisiko*. Wenn Banken zum Beispiel in Wertpapieren handeln und selbst Positionen einnehmen, würde ein Ausfall des Emittenten zu einem Verlust führen. Aus diesem Grund ist das Emittentenrisiko ebenfalls als Kreditrisiko zu erfassen.

Das Management des Kreditrisikos erfolgt im Wesentlichen durch interne Prozesse. Hierbei handelt es sich sowohl um die Erstbeurteilung eines Kreditnehmers als auch um die Kreditüberwachung während der Kreditlaufzeit. So wird etwa die Bonität des Kreditnehmers regelmäßig mit Hilfe eines Ratings überprüft. Ein Rating ist die Bewertung des Staates oder eines Unternehmens nach seiner Bonität (Kreditwürdigkeit) auf Basis standardisierter qualitativer und quantitativer Kriterien. Dabei verdichtet es zahlreiche Informationen zu einer einzigen Aussage. Die Klassifizierung reicht von AAA (allerbeste Bonität) bis D (schlechteste Bonität). Das Ergebnis des Rating-Prozesses ist Grundlage zur Feststellung der Ausfallwahrscheinlichkeit, die wiederum in die Berechnung des Eigenmittelerfordernisses für das Kreditrisiko einfließt. Dabei erfolgt das interne Rating durch die Bank selbst, ein externes Rating demgegenüber erfolgt durch eine Ratingagentur (etwa Standard & Poor's, Fitch Ratings oder Moody's Investors Service), bei Staaten auch durch die Exportkreditversicherungsagenturen der OECD.

Falls erforderlich wird hierbei auch das Rating des Kreditnehmers angepasst. Wenn das Rating sich erheblich verschlechtert, sollte eine engere Kreditüberwachung einsetzen.

Ein besonderes Interesse verdient der *Sicherheitenverwaltungsprozess*. Die Sicherheiten werden nur ihren Wert erhalten, wenn sie regelmäßig überprüft werden. Die Eintragung im Grundbuch muss nur einmal geprüft werden. Wenn Forderungen abgetreten werden, dann müssen die Forderungslisten zu jedem Stichtag neu eingefordert werden. Der Sicherheitsinspektion beim Kunden vor Ort sollte ebenfalls ein hoher Stellenwert beigemessen werden, denn nur so kann tatsächlich geprüft werden, ob die Sicherheiten in der erforderlichen Höhe vorhanden sind.

Die regelmäßige Überprüfung der Bonität eines Kunden und die Bewertungen des Portfolios spielen eine herausragende Rolle im Kreditrisikomanagementprozess. Diese Aktivitäten sind nur dann erfolgreich, wenn die Datenqualität der Basisdaten stimmt. Es handelt sich dabei nicht nur um die richtige Branchenverschlüsselung, sondern auch um das richtige Rating und die richtigen Basisdaten, die zu einem Rating führen.

Die Datenqualität bestimmt schlussendlich auch die Möglichkeit des Risikomanagements des Kreditrisikos: Wenn die Portofoliostruktur nicht adäquat abgebildet werden kann, ist der Einsatz von Kreditderivaten zur Abwälzung des Kreditrisikos auch nur sehr eingeschränkt möglich, da die Risiken intransparent sind.

Das Kreditrisikomanagement ist nicht nur im Fokus bei der Geschäftsführung von Finanzdienstleistern, sondern auch bei der Finanzdienstleistungsaufsicht. So hat die BaFin[1] im Jahr 2002 die so genannten Mindestanforderungen an das Kreditgeschäft (MaK) herausgegeben. Diese Mindestanforderungen decken viele der oben genannten Punkte ab.

Länderrisiken

Das *Länderrisiko* wird oft definiert als das Risiko eines Verlustes aufgrund von wirtschaftlicher oder politischer Instabilität in einem Land. Beispielhaft können hier die wirtschaftlichen Krisensituationen in Süd-Amerika und die politischen Krisen im Nahen Osten bis hin zum Irakkrieg genannt werden. In solchen Fällen kann ein Schuldner in einem dieser Länder nach wie vor solvent sein, aber durch externe Umstände nicht mehr in der Lage sein, seinen Verpflichtungen nachzukommen.

Wenn auch hier mehrere Kunden oder Kontrahenten des Finanzdienstleisters mit betroffen sind, entsteht das gleiche Problem wie beim Kreditrisiko: Risiken werden im Portfolio konzentriert, und viele kleine Verluste beim einzelnen Kunden oder Kontrahenten summieren sich zu einem Verlust, der eine Bank in ernsthafte Schwierigkeiten bringen kann.

Das Länderrisiko besteht auch in diesem Fall in abgeleiteter Form: Wenn der Finanzdienstleister einen Kredit der Niederlassung einer Bank mit Hauptsitz in einem gefährdeten Land gewährt, dann sieht es – oberflächlich betrachtet – nicht nach einem Länderrisiko aus. Wenn aber der Hauptsitz nicht mehr agieren kann und sogar insolvent wird, dann sind die Niederlassungen im Ausland automatisch mit betroffen: sie können ihre normale Geschäftstätigkeit ebenfalls nicht mehr ausüben.

Das Management des Länderrisikos beginnt mit einer Analyse der Lage im Land, die meistens durch die volkswirtschaftlichen Abteilungen einer Bank angefertigt wird. In dieser Studie werden die volkswirtschaftliche Lage eines Landes und dessen Zahlungsverkehrssystem beurteilt. Die Vermischung der Politik und der Wirtschaft ist in der Studie ebenfalls ein Thema, insbesondere wenn es um die Möglichkeiten des Staates

---

1 BaFin, 2002.

geht, direkt in das wirtschaftliche System einzugreifen. Die Unabhängigkeit der Zentralbank und der Bankenaufsicht spielt hier eine entscheidende Rolle.

Aufgrund der Studie werden durch das Management des Finanzinstitutes Länderlimite festgelegt, die das Engagement in den Ländern begrenzen soll. Basis für diese Limitierung ist die Risikoneigung und die Risikotoleranz des Managements der Bank.

Die Überwachung des Risikos erfolgt, anhand von Einzelgenehmigungen der Geschäfte, die unter diesem Limit getätigt werden sollten. Die Geschäfte werden in den Datenhaushalten ordnungsgemäß verschlüsselt und auf Basis dieser Verschlüsselung werden regelmäßig Reports bezüglich der Ausnutzung der Limite erstellt.

Das Management des Länderisikos endet nicht mit der Überwachung der Limitausnutzung. Es kann passieren, dass Limite weitgehend erschöpft sind, aber neue Geschäftsmöglichkeiten sich ergeben, die bei einer einfachen Anschauung deswegen nicht getätigt werden können. Es gibt jedoch auch die Möglichkeit, die Länderrisiken dadurch zu reduzieren, dass ein Teil des Portfolios verkauft wird. Dadurch entsteht wieder Freiraum unter einem Länderlimit und es können andere Geschäfte getätigt werden.

Marktpreisrisiken

Marktpreisrisiken sind die Risiken von Verlusten durch ungünstige Bewegungen von Marktpreisen nach dem Eingehen bestimmter Positionen.

Das Eingehen von Positionen ist geradezu das tagtägliche Geschäft des Eigenhändlers. Die Positionen können zum Beispiel in Aktien, Derivaten, Fremdwährungsgeschäften und festverzinsten Papieren eingenommen werden. Neben dem Eigenhandel können auch durch Kommissionshandelstätigkeiten vorübergehend Positionen eingenommen werden.

Solche Positionen können bei ungünstigen Marktpreisbewegungen aber auch zu Verlusten führen. Es ist daher wichtig, dass solche Risiken überwacht und gemanagt werden.

Die Überwachung erfolgt meistens auf Basis statistischer Verfahren, in dem beispielsweise mit Hilfe eines internen Modells der so genannte Value-at-Risk berechnet wird. Der *Value-at-Risk* ist statistisch gesehen das Quantil der Ergebnisverteilung, das mit einer definierten Wahrscheinlichkeit überschritten werden kann. Wenn das Quantil bei 99 % festgesetzt wird, dann wird dieser Wert – statistisch gesehen – etwa dreimal im Jahr überschritten.

Diese Value-at-Risk-Werte werden mindestens einmal pro Tag gemessen und dem Händler zur Verfügung gestellt. Diese Werte sind gegen die Handelslimite zu stellen.

Der Händler kann jederzeit seine Positionen ändern, wenn er in liquiden Märkten operiert. Der Händler wird versuchen, innerhalb dieses Rahmens den bestmöglichen Gewinn zu erzielen.

Die Überwachungsfunktion ist im Rahmen der Marktpreisrisiken sehr wichtig, da eine Überschreitung des Limits anders nicht festgestellt werden kann. Diese Wichtigkeit wurde in den »Mindestanforderungen an das Betreiben von Handelsgeschäften« der BaFin[2] festgehalten. Die funktionale Trennung zwischen der Handels- und der Überwachungsfunktion ist sogar bis auf Vorstandsebene umzusetzen.

---

2 BaFin, 1995.

Eine andere Risikoquelle tut sich hier ebenfalls auf: Das interne Modell kann fehlerhaft sein oder nicht alle bestehenden Positionen fließen in das Modell ein. In solchen Fällen werden dem Händler die falschen Informationen gegeben und in der Folge können die potenziellen Verluste höher ausfallen, als die berechneten Value-at-Risk-Werte prognostiziert haben.

Operationelle Risiken

Operationelle Risiken wurden bereits definiert und beispielhaft erwähnt. Sie können sich überall dort ereignen, wo Menschen mit Hilfe von Systemen in Prozessen unter Einfluss von externen Faktoren arbeiten. Es ist wichtig, nicht nur die Prozesse als Abläufe einer Organisation zu verstehen, sondern vielmehr auch die Projekte. Das operationelle Risiko umfasst viele verschiedene Risikoursachen: die Bandbreite reicht vom normalen menschlichen Fehler bis zum internen oder externen Betrug.

Dieses Risiko ist darum überall präsent, auch dort wo andere Risikoarten überwacht und gemanagt werden. Das ist der Grund, dass gerade die operationellen Risiken eine solch wichtige Rolle im Rahmen der Corporate Governance einnehmen. Die Qualität der Risikoüberwachung und des Risikomanagements bestimmen im Wesentlichen die Substanz der Bilanz- und GuV-Positionen.

In einem separaten Teil dieses Kapitels wird das Risikomanagement in der Praxis vorgestellt. Dort wird dann auch auf das Management operationeller Risiken im Detail eingegangen.

Liquiditätsrisiken

Das *Liquiditätsrisiko* ist das Risiko, dass das Finanzinstitut seine Verpflichtungen nicht mehr erfüllen kann. Dieses Risiko ist für Banken kritisch, da ein solches Ereignis gleich zu einer erheblichen Beeinträchtigung des Bankgeschäftes führen würde. Der Geldhandel kann dann nicht mehr adäquat ausgeführt werden. Das kann zur Folge haben, dass die Bank ihre Verpflichtungen im Rahmen des Clearings (Zahlungsverkehr) nicht erfüllen kann. Im Extremfall kommt das Clearing gar nicht zustande und alle Clearing-Teilnehmer werden mit dem Problem der Abschlagszahlungen konfrontiert.

Ein Liquiditätsengpass kann jedoch auch durch andere Risiken verursacht werden. Wenn sich ein gravierendes operationelles Risiko ereignet, werden andere Banken vorsichtig und limitieren die Geldmarktlinien. Ab diesem Moment entsteht bei der betroffenen Bank ein Liquiditätsengpass. Als die Barings Bank in 1995 durch »Rogue Trading« getroffen wurde, haben die Banken die Limite sofort eingefroren und diese Aktion war mit ursächlich für die Insolvenz der Barings Bank.

Strategisches Risiko

Das *strategische Risiko* ist das Risiko eines Verlustes, das durch eine strategische Fehlentscheidung oder durch Veränderungen im Marktumfeld verursacht wird. Das Unternehmen muss naturgemäß immer wieder Entscheidungen bezüglich der unternehmerischen Ausrichtung und der dazugehörenden Strategie treffen. Diese Entscheidungen sind immer mit einem gewissen Risiko behaftet, da viele Entscheidungen auf Basis einer Prognose stattfinden müssen. Die Risikoquellen sind dabei vielfältig:

- Die Prognose ist von mangelhafter Qualität und dadurch wird eine falsche Entscheidung getroffen.
- Die Informationsbasis ist richtig, es wird jedoch aus irgendeinem Grund anders entschieden.
- Die Informationsbasis ist richtig und die Entscheidung ist entsprechend. Nun tritt die Prognose jedoch später nicht ein, da sich Marktveränderungen ergeben haben. Die Marge kann zum Beispiel nicht mehr verdient werden oder staatliche Zuschüsse werden nicht mehr gewährt. In dem letzten Fall entfallen Kalkulationsgrundlagen und verkehren Gewinn bringende Geschäfte in Verlust tragende Problemfälle, die ein Unternehmen meistens nicht leicht abstoßen kann.

Das Management strategischer Risiken ist Aufgabe des Senior Managements. Die Organisation kann hier nur teilweise Abhilfe schaffen, nämlich durch gute Analyse und Informationsaufbereitung der Entscheidungsvorlagen.

Trotzdem muss man feststellen, dass strategische Risiken hohe Verluste nach sich ziehen können. Wenn in ein falsches Marktsegment investiert wird, sind meistens nicht nur die Investitionen verloren, vielmehr kann dies auch negative Erträge zur Folge haben. Der Handel mit einem neuen Produkt kann unter Umständen Verluste nach sich ziehen, wenn die Eindeckungsmöglichkeiten im Markt nicht wie geplant vorhanden sind.

Folgendes Fazit kann daher gezogen werden: Die Risikoarten alleine bestimmen das Risikomaß nicht. Immer gibt es – in mehr oder weniger ausgeprägter Weise – die Möglichkeit, mit Hilfe von prozessualen oder systemtechnischen Aktivitäten das Risiko zu verkleinern. Hier ist an alles zu denken, was im Rahmen eines Internal Control-Systems implementiert werden kann, um die beschriebenen Risiken zu überwachen und so klein wie möglich zu halten. Diese Aktivitäten können dem Bereich der operationellen Risiken zugewiesen werden. Deshalb behandelt der folgende Abschnitt das Management der operationellen Risiken.

2.2.2 Das Management operationeller Risiken im Zusammenhang mit dem Management anderer Risikoarten

Zum besseren Verständnis des Managements operationeller Risiken wird angenommen, dass das Finanzinstitut neugegründet wird und die neuen Aktivitäten bezüglich des operationellen Risikos geprüft werden. Die Schritte sind in der Abbildung 21 dargestellt.

Aus der Abbildung geht hervor, dass die *Risikoinventur* ein wichtiger Startpunkt für die Entwicklung von Prozessen ist. Diese Erkenntnis wurde zunächst im Bereich Investment-Banking gemacht, da hier die mit der Komplexität der Produkte verbundenen Risiken im Vordergrund standen. Sie entscheiden über den Erfolg oder Misserfolg eines Produktes. Im Retail-Banking stand diese Sichtweise lange nicht im Vordergrund. Nun gibt es für den Retailkunden inzwischen auch viele Produkte, die das gleiche Risiko wie im Investment-Banking-Bereich aufweisen. Beispielhaft kann hier an den Zertifikatebereich gedacht werden, der in den letzten Jahren an Bedeutung gewonnen hat.

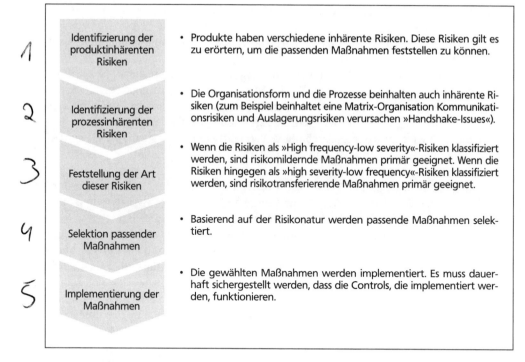

1
2
3
4
5

Abb. 21: Operational Risk-Management-Prozess

Statt eine lange theoretische Abhandlung über die Bankorganisationslehre abzuhalten, wird im folgenden Beispiel ein Interest Rate Swap als Basis unterstellt.

Ein Interest Rate Swap ist ein Zinstauschgeschäft, in dem Festzinsbeträge und variable Zinsbeträge zwischen den Kontrahenten ausgetauscht werden. Das Geschäft ist beispielhaft in der Abbildung 22 dargestellt.

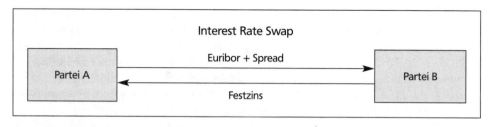

Abb. 22: Interest Rate Swap

Es wird unterstellt, dass ein Finanzdienstleister die Interest Rate Swaps erstmalig anbieten möchte, und für die Abwicklung dieses Produktes einen Prozess implementieren möchte. Die Schritte aus Abbildung 21 werden durchlaufen.

Schritt 1: **Identifizierung der produktinhärenten Risiken**

Interest Rate Swaps sind Direktgeschäfte, das heißt, sie werden nicht über eine geregelte Börse, sondern direkt zwischen den Kontrahenten getätigt. Geschäfte an der Börse werden bestätigt. Dadurch wird das Finanzinstitut zeitnah über den Abschluss informiert. Beim Direktgeschäft findet eine solche Bestätigung nicht automatisch statt. Geschäfte an der Börse sind nach den Regeln der Börse standardisiert. Direktgeschäfte können ganz auf die Wünsche der Kontrahenten zugeschnitten werden. Es wurde jedoch erkannt, dass die Vielfalt der Möglichkeiten den Handel negativ beeinträchtigen könnte und darum wurde der ISDA-Vertrag durch die International Swap Dealers Association entwickelt. In Deutschland kam der so genannte deutsche Rahmenvertrag zustande. Standardisierte Verträge vereinfachen den Handel, da die Verträge nunmehr keiner juristischen Prüfung mehr bedürfen.

Auffällig ist sicherlich auch, dass beim Geschäftsabschluss keine Liquiditätsströme fließen. Ein Liquiditätsstrom ist die (Gegen-)Leistung und somit die eindeutige Bestätigung, dass das Geschäft tatsächlich getätigt wurde. Diese Möglichkeit entfällt beim Interest Rate Swap.

Da dieses Geschäft im Handelsbereich getätigt wird, sind die »Mindestanforderungen an das Betreiben von Handelsgeschäften« einzuhalten. Die funktionale Trennung zwischen der Handels- und Abwicklungsfunktion ist hier wichtig, da die Marktgerechtigkeit der Geschäftskonditionen nicht automatisch durch den Markt (wie bei den Börsengeschäften üblich) gegeben ist.

Fazit: Interest Rate Swaps geben durch ihre Charakterisierung als Direktgeschäft dem Händler eine Menge Freiheit. Es ist zunächst schwierig, festzustellen, ob das Geschäft überhaupt und wenn ja zu welchen Bedingungen getätigt wurde.

Schritt 2: **Identifizierung der prozessinhärenten Risiken**

Eine allgemeine Charakterisierung des Prozesses für die Abwicklung des Interest Rate Swap (wobei in diesem Fall nur der Initialisierungsprozess auf einer höheren Ebene abgebildet ist) zeigt die Abbildung 23.

Auffällig ist, dass keine Zahlungen in die Prozessbeschreibung aufgenommen wurden. Dieses rührt direkt aus den Produkteigenschaften, da die Zahlung der Zinsströme erst zu einem späteren Zeitpunkt erfolgt. Aus diesem Grund ist die Bestätigungsprozedur mit dem Kontrahenten hier so wichtig, da der Kontrahent als einziger unabhängig bestätigen kann, dass dieses Geschäft auch tatsächlich zu den angegebenen Konditionen getätigt wurde.

Die prozessualen Risiken liegen im Wesentlichen in der noch immer dominanten Position des Händlers. Der Händler kann sich entscheiden, ein Geschäft einzugeben, das er gar nicht getätigt hat, aber die Risikoposition in seinem Sinne beeinflusst. Dadurch kann er vermeiden, dass es zu einer Limitüberschreitung kommt. Es kann natürlich auch sein, dass eine bestimmte Performance erreicht werden muss, bevor ein Bonus gezahlt wird.

Schritt 3: **Feststellung der Risikoarten**

Die beschriebenen Risiken gehören zum überwiegenden Teil eher zu den »high frequency-low severity«-Verlusten. Wenn es sich jedoch um Betrug handelt, ist eher von den »low frequency-high severity«-Verlusten die Rede. Betrug kann allerdings nur teilweise transferiert werden. Wenn sich das Finanzinstitut für einen traditionellen Risiko-

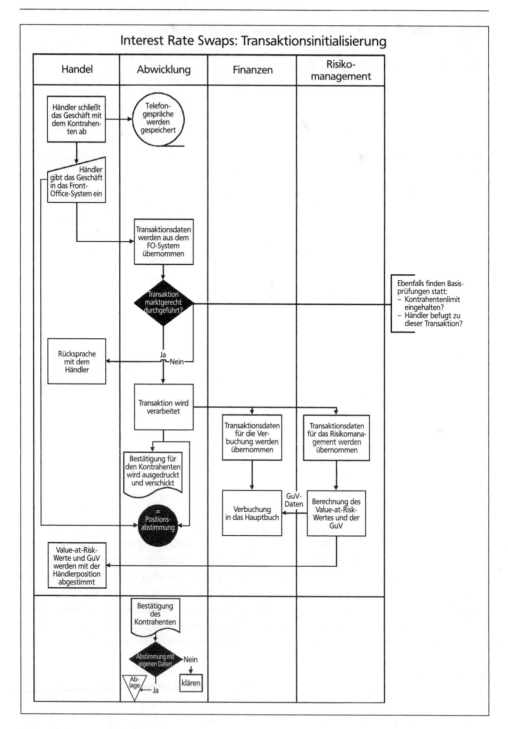

Abb. 23: Prozessablauf Interest Rate Swap

transfer entscheidet, ist es durch den Versicherer gehalten, eine adäquate Organisation vorzuhalten. Es besteht also keine Möglichkeit, das Risiko einfach zu transferieren, ohne die eigene Organisation auf Vordermann zu bringen.

Schritt 4: Selektion der passenden Maßnahmen
Wie die Abbildung 24 zeigt, können je nach Schadenshöhe und Frequenz verschiedene Maßnahmen ergriffen werden.

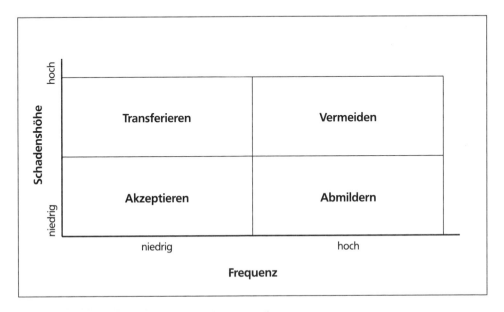

Abb. 24: Zuordnung der Maßnahmenkategorien

Wenn Maßnahmen zur Optimierung des *Risikoprofils* überlegt werden, würden die Risikoarten dem Feld »Abmildern« zugeordnet werden. In diesem Fall sind die unterschiedlichen internen Kontrollmaßnahmen gefragt. Es wurde schon vorher klar, dass die Bestätigung, die die Bank an den Kontrahenten schickt, eine wichtige Rolle einnimmt. In der Organisationslehre nennt man das auch »Kontrolle durch Dritte«. Dort wo die funktionale Trennung intern, aufgrund unterschiedlicher Interessen nicht erfolgreich ist, wird ein Dritter – in diesem Fall der Kontrahent – in den Kontrollprozess eingebunden. Der Kontrahent hat ein berechtigtes Interesse an einer richtigen Abbildung des Geschäftes beim Kunden, denn eine falsche Abbildung kann zu verspäteten oder ausbleibenden Zahlungen führen. Dies kann sogar einen Schaden für den Kontrahenten bedeuten.

Es wurde klar, dass ohne solche Kontrollen ein Händler in der Lage wäre, nicht getätigte Geschäfte aufzunehmen. Dieses Handeln löst gleichzeitig eine falsche Bilanz und unter Umständen auch eine falsche Gewinn- und Verlustrechnung aus (im Falle der Bilanzierung nach IAS, die auch die Verbuchung von unrealisierten Gewinnen vorschreiben). Wenn solche Fehler die Größe eines materiellen Fehlers erreichen, werden sie im

Rahmen von Corporate Governance relevant. So könnte ein Fehler eines Einzelnen zu einem Problem für den Vorstand werden.

Die Bestätigung ist ein Hilfsmittel um die Vollständigkeit und die Richtigkeit der Position festzustellen. Es ist damit noch nicht gesagt, dass die Positionen in der Gewinn- und Verlustrechnung ebenfalls richtig sind. Der Gewinn oder der Verlust wird neben der Position auch noch durch das Bewertungsmodell bestimmt. Sowohl das Modell als auch dessen Berechnung liegen in der Verantwortung des Risikocontrollings. Die Qualität des Modells und die eingehenden Basisdaten bestimmen also ebenfalls die Vollständigkeit und Richtigkeit des Gewinns oder Verlustes.

Andere interne Kontrollmaßnahmen sind die Transaktionsprüfungen auf Marktgerechtigkeit der Konditionen und die Einhaltung sämtlicher Limite sowie die Abstimmung der Front-Office- und Back-Office-Positionen.

Schritt 5: Implementierung der internen Kontrollmaßnahmen
Die in dem Prozess bereits aufgenommenen internen Kontrollmaßnahmen sollen implementiert und dauerhaft auf ihre Wirksamkeit geprüft werden. Diese Maßnahmen sorgen zunächst dafür, dass die Streuung in der Gewinn- und Verlustrechnung reduziert wird, da die Vollständigkeit und Richtigkeit der Positionen viel wahrscheinlicher werden.

Es ist im Interesse der Geschäftsleitung, dass die Wirkung solcher Kontrollen regelmäßig geprüft wird. Darum werden die nicht bestätigten Geschäfte dem Senior Management vorgelegt und wenn die Erinnerungsschreiben erfolglos bleiben, wird das Senior Management entscheiden, ob mit diesem Kontrahenten noch weiter gehandelt wird.

Aus diesem Beispiel kann folgendes Fazit gezogen werden:

- die Identifizierung der prozess- und produktinhärenten Risiken spielt eine Schlüsselrolle bei der Entscheidung über die internen Kontrollmaßnahmen, die im Prozess aufgenommen werden.
- Risiken können bei der Ausübung nicht vermieden, sondern nur abgemildert werden. Aus diesem Grund ist es wichtig, dass die Banken die Wirkung der internen Kontrollmaßnahmen immer feststellen.

Diese beiden Punkte gehören in den Bereich des Managements operationeller Risiken.

2.2.3   Der Prozess des Managements operationeller Risiken

Das Management operationeller Risiken ist durch die aufsichtsrechtliche Entwicklung ganz wesentlich geprägt worden. Die Kreditinstitute sind mit den »Sound Practices for the Management and Supervision of Operational Risk[3]« und mit dem neuen Akkord zur Eigenkapitalunterlegung des Baseler Komitees[4] konfrontiert worden. Erstere beinhalten Grundsätze qualitativer Art während sich Letztere mit den Kapitalanforderungen,

---

3 Basel Committee on Banking Supervision, 2003.
4 Basel Committee on Banking Supervision, 2004.

der Beschreibung des »Supervisory Review Processes« und den Veröffentlichungsanforderungen befasst. Die Umsetzung dieser Anforderungen zeigt sowohl große gemeinschaftliche Ansätze als auch unterschiedliche Vorgehensweisen. In diesem Abschnitt wird von der Umsetzung eines »Advanced Measurement Approaches« ausgegangen.

Das Ziel der Aufsicht ist die Verbesserung des Managements operationeller Risiken. Es handelt sich hier in erster Linie um eine Sicherstellung des Managementprozesses. Wenn der Prozess fehlt oder nicht optimal funktioniert, kommt es durch die Kapitalanforderungen für operationelle Risiken zu Nachteilen für die Bank. Wenn hingegen die Bank ein gutes Management der operationellen Risiken aufweisen kann, wird weniger Kapital gebunden. Dieses Kapital kann dann zur Unterlegung anderer Risikoarten verwendet werden.

Folgende Instrumente werden im Rahmen des Managements operationeller Risiken eingesetzt:
- die Bestimmung der Risikoneigung und Risikotoleranz der Unternehmensführung,
- eine Prozessaufnahme,
- ein Verlustsammelprozess und eine Verlustdatenbank,
- eine Risikobewertung in der Form eines Self-Assessments,
- Risikoindikatoren sowie
- ein internes Modell zur Berechnung des Risikokapitals.

Diese einzelnen Instrumente werden kurz dargestellt und deren Rolle im Rahmen des Corporate Governance-Prozesses beschrieben. Es handelt sich hier insbesondere um die Feststellung der Qualität der internen Kontrollen in den Prozessen.

Die *Risikoneigung* und *Risikotoleranz* bestimmen die Herangehensweise der Geschäftsleitung, wenn es sich um das Thema Corporate Governance handelt. Bei der Ermittlung der Risikoneigung und der Risikotoleranz spielt zunächst die Risikoneigung des Entscheiders eine Rolle: Wenn der Entscheidungsträger risikoavers veranlagt ist, kann man damit rechnen, dass er mehrere Kontrollen und Überwachungsprozesse implementieren möchte als ein Entscheider, der eher als »risikofreudig« einzustufen ist. Im Rahmen der Corporate Governance ist davon auszugehen, das die Unternehmen, die eher risikoavers geführt werden, mit weniger unerwarteten Abweichungen in der Gewinn- und Verlustrechnung und Bilanz konfrontiert werden als die risikofreudig geführten Unternehmen.

Die Risikotoleranz der Aufseher spielt ebenfalls eine Rolle für die Risikoneigung und -toleranz des Vorstandes. Wenn die Aufsicht einen sehr konservativen Ansatz verfolgt, dann wird das Management eines Kreditinstitutes ebenfalls zu einer solchen Vorgehensweise angehalten. Eine Aufsicht, die wenig Risiko toleriert, wird zu einem besseren Corporate-Governance-Klima führen.

Die Verfügbarkeit des Risikokapitals bestimmt ebenfalls die Risikoneigung und -toleranz. Wenn wenig Risikokapital vorhanden ist, dann muss die Risikotoleranz dementsprechend enger gestellt werden, um so das Fortbestehen des Kreditinstitutes zu sichern.

Die Risikotoleranz der Ratinginstitute hat einen direkten Einfluss auch auf die Risikotoleranz des Vorstandes eines Kreditinstituts. Das Rating des Kreditinstitutes bestimmt letztendlich den Preis der aufgenommenen Gelder und damit auch die Marge. Die Ratinginstitute tragen durch die Veröffentlichungen der Ratings zur Markttransparenz bei. Es wird dadurch deutlich, welches Kreditinstitut das Management operationeller Risiken

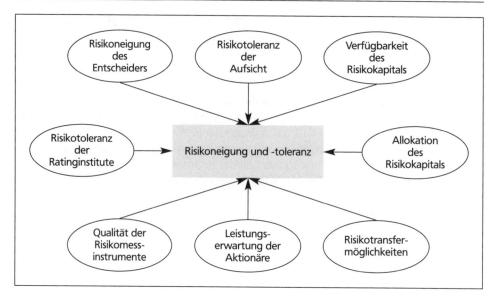

Abb. 25: Elemente die Risikoneigung und -toleranz bestimmen

ernst nimmt und welches mit diesem Risiko toleranter umgeht. Dadurch wird das Corporate-Governance-Umfeld positiv mitbestimmt: Je mehr Augenmerk die Ratinginstitute auf das Management operationellen Risiken legen, umso mehr wird ein Kreditinstitut auch intern das Risikomanagement beachten.

Die Allokation des Risikokapitals beeinflusst das Risikomanagement mittelbar. Wenn zum Beispiel entschieden wird, dass das Risikokapital nur den Profit-Centern zugeschlagen wird, dann wird der Anreiz zum besseren Management operationeller Risiken für Manager der Stabsfunktionen geringer sein. Der Manager sieht die Folge (die höhere Risikokapitalbelastung) seines Handelns nicht und die Profit-Center werden die Risikokapitalallokation als nicht beeinflussbar entgegennehmen. Hierbei kann auch eine Parallele zur Allokation der indirekten Kosten vorgenommen werden. Dadurch können natürlich wesentliche Teile der Bank von der Steuerungswirkung des Risikokapitals ausgeschlossen werden. Die Risikoneigung und -toleranz der Manager, die die Folgen ihres Handelns nicht sehen, wird wahrscheinlich anders sein als die der Manager, die zeitnah mit einer Veränderung des Risikokapitals konfrontiert werden.

Die Qualität der Risikomessinstrumente bestimmt ebenfalls die Risikoneigung und -toleranz des Managements. Je genauer gemessen werden kann, desto ernster nimmt das Management das Risikokapital im Rahmen der Entscheidungsfindung. Der Manager kann in diesem Fall nicht einfach mit der schlechten Qualität der Messung argumentieren (etwa mit der Aussage, dass die Messung ungenau sei und dadurch zu viel Risikokapital zugeteilt wird).

Wenn die Messung hingegen viel zu optimistisch ist, wird das Management geradezu ermutigt, zuviel Risiko in Kauf zu nehmen. Ein böses Erwachen kann die Folge sein.

Die Leistungserwartung der Aktionäre beeinflusst die Risikoneigung und -toleranz des Vorstandes ebenfalls. Gerade in einer Zeit, in der Shareholder Value groß geschrieben wird, nimmt der Druck stetig zu, glänzende Ergebnisse vorzulegen. Das Management wird in diesem Zug mit eingebunden, da es häufig an den Unternehmensgewinnen beteiligt ist. Es ist nicht verwunderlich, dass der Fokus des Managements durch den Shareholder-Value-Geist eher kurzfristig ausgerichtet wird. Dadurch werden Risiken, die auf lange Sicht entstehen, eher vernachlässigt. Wenn die Ergebnisse nicht den Wünschen entsprechen, dann ist die Verführung groß, einmal in die Trickkiste zu greifen. Die Tricks variieren von dem Verkauf von Aktiva, mit dem Ziel stille Reserven zu realisieren, bis zu den bekannt gewordenen Bilanzskandalen, die das Ergebnis verbessern sollten.

Als letzter Punkt ist die Möglichkeit des traditionellen Risikotransfers zu besprechen. Wenn bestimmte Risiken versichert sind, gehen Menschen privat auch manchmal etwas risikofreudiger mit dem versicherten Objekt um (moral hazard). Es ist nicht auszuschließen, dass das Management ebenfalls einen anderen Fokus auf versicherte Risiken legt. Das kann zu einem schwächeren internen Kontrollumfeld führen, das die Ursache für mehr operationelle Risikoereignisse ist.

Die *Prozessaufnahme* unter den Operational-Risk-Risikoexperten ist sicherlich nicht unbestritten. Dafür gibt es mehrere Gründe:

* Es gibt viele Prozessaufnahmeprojekte, die in der Vergangenheit nicht zu dem gewünschten Ergebnis geführt haben.
* Eine Prozessaufnahme führt meistens nicht zur Begeisterung bei den Prozessverantwortlichen, da eine solche Aufnahme für sie keinen Zusatzwert hat. Sie kennen die Prozesse und die feinen Kniffe und brauchen dazu keine Prozessdokumentation. Außerdem wird durch eine Prozessaufnahme Wissen verallgemeinert, so dass in der Folge die Machtsbasis der Prozessverantwortlichen geschmälert wird.
* Wenn eine Prozessaufnahme zu dem gewünschten Ergebnis geführt hat, so ist sie dennoch schnell veraltet, da niemand Interesse an einer aktuellen Fassung der Prozessdokumentation hat.

Die *Prozessaufnahme* ist jedoch unumgänglich. Der Prozess ist der Ort und die Stelle, an dem operationelle Risiken entstehen. Um die operationellen Risiken adäquat analysieren zu können, braucht man Informationen über das nähere Umfeld, wo sie sich ereignet haben. Nur dann kann auch eine hinreichende Ursachenanalyse betrieben werden, die zu Lösungsansätzen führen kann.

Im Rahmen der Bewertung der internen Kontrollen, wie sie zum Beispiel im Sarbanes-Oxley Act gefordert werden, ist es ebenfalls notwendig die wesentlichen Prozesse und die darin eingebetteten internen Kontrollen zu dokumentieren. Nur so kann festgestellt werden, ob die notwendigen internen Kontrollen auch alle vorhanden sind. Weiterhin kann so festgestellt werden, ob die Gesamtheit der internen Kontrollen adäquat ist und nirgendwo Lücken in dem internen Kontrollsystem vorhanden sind. Die Inventarisierung der internen Kontrollen ist ebenfalls hilfreich für die Bewertung des Funktionierens der internen Kontrollen. Nur wenn eine Übersicht vorhanden ist, kann eine systematische Überprüfung der internen Kontrollen vorgenommen werden (Vgl. Abbildung 26).

Die Datensammlung im Rahmen des Managements operationeller Risiken braucht eine Prozessaufnahme als Basis für die Zuordnung. So ist es wichtig zu wissen, in welcher Organisationseinheit, in welchem Prozess, in welchem Standort und in welchem Produktfluss sich der Verlust ereignet hat. Genau das Gleiche gilt auch für Risiko-Assessments und die Definition von Risikoindikatoren.

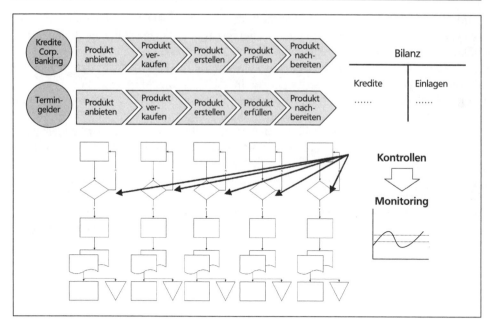

Abb. 26: Bedeutung der internen Kontrollen und Corporate Gorvernance

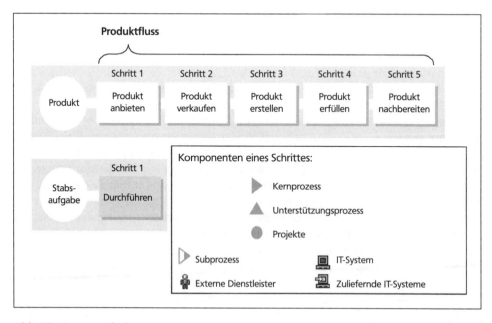

Abb. 27: Prozessaufnahme

Die Prozessaufnahme findet entlang der *Wertschöpfungskette* statt. Hierbei wird versucht, die Prozesse mit ihren Attributen einem Produktfluss zuzuordnen. Die Attribute sind zum Beispiel die verwendeten Systeme, die in den Prozess eingebundenen externen Dienstleister und die zuliefernden Systeme. Weiterhin werden etwaige Projekte dem Prozess zugeordnet, da sie im Rahmen des Managements operationeller Risiken besonderer Aufmerksamkeit bedürfen. Die Prozessaufnahme[5] kann wie in Abbildung 27 dargestellt, schematisiert werden.

In der Prozessaufnahme wird zwischen den produkterzeugenden Prozessen und den Stabsaufgaben unterschieden. Die Finanzfunktion und das Controlling, die interne Revision, die Abteilung Volkswirtschaft werden zum Beispiel den Stabsaufgaben zugeordnet. Diese Zuordnung findet statt, da diese Aufgaben im Prinzip alle produkterzeugenden Prozesse unterstützen, jedoch selbst keine Produkte erzeugen. Eine Zuordnung würde zu einer großen Zahl von Verbindungen führen, die jedoch keine Zusatzinformation erzeugen. So wird beispielsweise jedes Produkt in der Buchhaltung und im Controlling der Bank reflektiert.

Es gibt auch *Unterstützungsprozesse*, die selbst kein Produkt erzeugen, aber nur einzelnen Produktprozessen zuzuordnen sind. Beispielhaft kann hier die Abteilung »Nostro-Kontenabstimmung« genannt werden. Diese Abteilung unterstützt eindeutig die Zahlungsverkehrsprozesse und kann darum exakt zugeordnet werden.

Die Zuordnung der Projekte zu den Prozessen ist für das Management operationeller Risiken hilfreich. Projekte bedeuten Veränderungen im Prozess oder in den im Prozess eingesetzten IT-Systemen. Veränderungen – auch die Veränderungen die zu einer Risikoreduzierung führen – haben erst einmal eine Risiko erhöhende Wirkung. Der neue Prozess muss zunächst geübt werden und die Mitarbeiter müssen sich an ein neues IT-System gewöhnen. Es ist darum notwendig, während der Implementierungszeit nicht nur gut vorbereitet zu sein, sondern auch mit verschärften internen Kontrollen den Ablauf zu überwachen. Es gibt öffentlich bekannte Fälle[6], die Fehler mit einer gravierenden Auswirkung auf die Finanzberichte verzeichnen.

Die Rolle der externen Dienstleister hat durch die Auslagerung von wichtigen Aktivitäten an Bedeutung gewonnen. Die Banken haben mittlerweile wesentliche Teile der Geschäftsabwicklung auf Drittunternehmen verlagert. Beispielhaft ist hier nur die Auslagerung der Zahlungsverkehrsaktivitäten der Deutschen und Dresdner Bank auf die Postbank erwähnt. Das Risiko macht vor Unternehmensgrenzen keinen Halt. Deshalb ist es aufsichtsrechtlich festgelegt[7], dass der Vorstand der auslagernden Bank für das interne Kontrollsystem beim Auslagerungsunternehmen der Bankenaufsicht gegenüber verantwortlich bleibt. Ebenso ist davon auszugehen, dass eine auslagernde Bank im Rahmen der Corporate Governance für die Fehler des Auslagerungsunternehmens verantwortlich bleibt, wenn deswegen Fehler in ihren Finanzberichten entstehen. Der ausgelagerte Teil eines Prozesses sollte darum auch im Rahmen des Risikomanagements

---

5 Vgl. van den Brink, 2003, Seite 122.
6 DZ-Bank, Bewertung der Derivate durch einen Modellfehler um mehr als hundert Millionen falsch (RISKNEWS, 04. 02. 2002 durch Christopher Jeffery).
7 BaFin, Rundschreiben 11/2001, Seite 7.

betrachtet werden. Wenn Schwächen im internen Kontrollsystem entdeckt werden, sollte das auslagernde Unternehmen darauf drängen – oder im Ernstfall sogar anweisen –, dass Verbesserungen implementiert werden.

Die Zuordnung der IT-Systeme und der zuliefernden IT-Systeme ist insbesondere vor dem Hintergrund wichtig, um festzustellen, welche Systeme eine Rolle im Prozess spielen. Umgekehrt kann auch festgestellt werden, welche Prozesse durch ein System unterstützt werden. Manche Systeme werden durch viele Kollegen benutzt. Die einzelne Tätigkeit kann durchaus eine kleine Tätigkeit im Gesamtprozess sein, die nicht direkt als kritisch eingestuft wird. Wenn die Kollegen für die eigene Tätigkeit keine Risikoeinschätzung vornehmen, so kann es jedoch aus Gesamtbanksicht notwendig sein, das Risiko zu bewerten, da viele Prozesse im Falle der Nicht-Verfügbarkeit betroffen sind.

Die Prozessaufnahme wird ein ständiger Begleiter in diesem Kapitel sein, denn die anderen Instrumente greifen immer wieder auf diese Basis zurück.

Ein *Prozess der Verlustdatensammlung* und eine Verlustdatenbank sind eine direkte Anforderung resultierend aus Basel II[8]. Die Banken, die einen Standardansatz oder einen »Advanced Measurement Approach« implementieren, müssen die Verlustdaten in einem geordneten Prozess sammeln und auswerten. Das Ziel der Verlustdatensammlung ist zweierlei:
- die Unterstützung des Managements operationeller Risiken sowie
- die Basis für die Risikokapitalberechnung.

Außerdem ist es interessant festzustellen, ob die Verluste eine wiederkehrende Ursache haben. In dem Fall ist die Rede von einem strukturellen Problem, dass gelöst werden kann. Das Management ist mit Hilfe einer strukturellen Analyse in der Lage solche Ursachen aufzuspüren und zu beheben oder besser zu überwachen. Letzteres ist notwendig, wenn die Schwachstelle inhärent ist und nicht behoben werden kann.

Nach Basel II müssen die Banken Kapital für operationelle Risiken bereithalten. Dieses regulatorische Kapital kann auf unterschiedliche Art und Weise bestimmt werden. In den einfachen Verfahren (Basic Indicator Approach, Standardised Approach), wird der Bruttoertrag (Durchschnitt über drei Jahre) als Basis genommen und mit einem durch die Aufsicht festgelegten Prozentsatz multipliziert. Der Basisindikatoransatz und der Standardansatz unterscheiden sich lediglich darin, dass beim Standardansatz der Bruttoertrag auf acht Standard Business Lines (Geschäftssparten, die durch die Aufsicht definiert sind) aufgeteilt wird, und diese Werte mit unterschiedlichen Prozentsätzen multipliziert werden. Somit wurde den unterschiedlichen Risikosituationen in den einzelnen Geschäftssparten einigermaßen Rechnung getragen.

Diese beiden Ansätze haben Nachteile, die nicht zu übersehen sind. Zunächst wird ein Größenindikator zur Abbildung des Risikos definiert: der Brutto-Ertrag bestimmt die Höhe des Risikokapitals. Dadurch entstehen unerwünschte Effekte: wenn der Brutto-Ertrag sinkt, reduziert sich auch das Risikokapital für Operational Risk. Das operationelle Risiko muss jedoch nicht verändert sein. Die gleiche Argumentation gilt sicherlich auch für eine Steigerung des Brutto-Ertrages.

---

8 Basel Committee on Banking Supervision, 2004, Seite 145.

In den »Advanced Measurement Approaches« ist eine risikosensitive Herangehensweise vorgesehen. Die Banken entwickeln ein eigenes internes Risikomodell, welches das notwendige Risikokapital beispielsweise mit Verlustdaten berechnet. Die Verlustdaten werden verwendet, um die Parameter eines Verlustmodells zu bestimmen.

Bei der Verlustdatensammlung geht es vor allem um die folgenden Punkte:

* Wie wird der Prozess der Verlustdatensammlung aufgesetzt, damit die Vollständigkeit und Richtigkeit der Datensammlung erreicht wird?
* Wie werden die Mitarbeiterinnen und Mitarbeiter motiviert, die Verluste zu melden?
* Wie wird die richtige Kategorisierung der Daten sichergestellt?

Hierbei handelt es sich nicht in erster Linie um den Aufbau eines IT-Systems, das die Datensammlung unterstützt sondern vielmehr um einen adäquaten Prozess, der von allen Mitarbeitern gelebt wird. Ein IT-System ist so gut wie der Prozess, in den es eingebunden ist.

Die Vollständigkeit der Verlustdatensammlung kann nur erreicht werden, wenn der Begriff »Verlust« definiert ist. Ein Verlust umfasst folgende Elemente:

* direkte Belastungen in der Gewinn- und Verlustrechnung: hier ist etwa an die Bußgelder die gezahlt werden oder an Reparaturkosten zu denken,
* Entschädigungszahlungen an Kunden und Kontrahenten, wie zum Beispiel Verzugszinsen wegen verspäteter Ausführung von Zahlungsaufträgen,
* Wiederherstellungskosten, wie zum Beispiel die Kosten der Mehrarbeit für die Wiederinstandsetzung eines IT-Systems,
* Opportunitätskosten, wie zum Beispiel Kundenabgänge als Folge von materialisierten operationellen Risiken.

Darüber hinaus muss der Fokus auf die Habenseite des Hauptbuches ausgeweitet werden. Wenn ein Kundenbetreuer die Konditionen für einen Kunden anpasst, um so aufgetretene Fehler wieder gutzumachen, dann werden der Bank in der Zukunft Erträge fehlen. Diese fehlenden Erträge sind ebenfalls als Verlust zu kategorisieren und zu erfassen.

Es gibt Fälle, die sich zwar ereignet, jedoch keinen Verlust verursacht haben. Es handelt sich hier um die so genannten *Beinaheverluste*. Die Reaktionszeit war ausreichend und so konnte der Effekt – also der Verlust – vermieden werden. Es ist eine berechtigte Frage, ob solche Ereignisse erfasst werden müssen. Die erste Frage ist, ob mit diesen Daten weitere Erkenntnisse gewonnen werden können. Diese Daten sind sogar wesentlich für das Operational-Risk-Management, denn sie erlauben, das Problem zu beheben, ohne das es dem Unternehmen wirklich geschadet hat. In der tagtäglichen Praxis verhält man sich doch genauso: Wenn man merkt, dass das Auto wegen Glätte rutscht, dann passt man das Fahrverhalten sofort der Witterung an, um weitere gefährliche Situationen zu vermeiden. Nun ist es ja klar, dass diese Ereignisse ohne Ergebnis bleiben: Sie hinterlassen also keine Spuren. Das könnte die Mitarbeiterin oder den Mitarbeiter in Versuchung führen, den Fall zu verschweigen. Dies ist insbesondere der Fall, wenn sie negative Folgen befürchten müssen.

Die zweite Frage beschäftigt sich mit der Vollständigkeit der Datensammlung. Die Abbildung 28 zeigt unterschiedliche Verhaltensmuster.

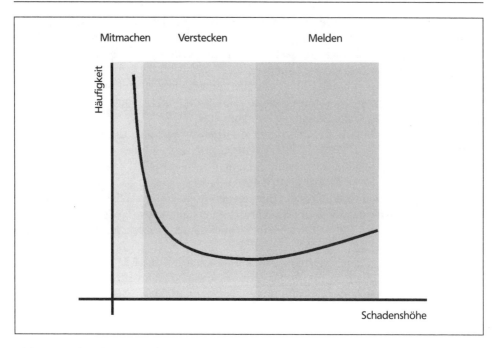

Abb. 28: Verlustdatensammlung und menschliches Verhalten

Die Tendenzen kann jeder an sich selber nachvollziehen: Wenn die Verluste eine überschaubare Höhe haben, dann werden sie gemeldet. Der Mitarbeiter weckt damit den Eindruck, dass er der »Operational Risk Policy« Folge leistet. Der Anstieg bei höheren Schäden rührt daher, dass es in diesem Bereich nicht mehr möglich ist, solche Schäden unbemerkt zu behandeln. Sie sind so groß, dass Kollegen und Kolleginnen davon Kenntnis haben können. In dem Fall wird der Mitarbeiter die Verluste melden, da die erwarteten persönlichen Schäden (z. B. Disziplinarmaßnahmen) höher sind als die »Schäden«, die er durch freiwilliges Melden selber erleidet. Der mittlere Bereich der Abbildung stellt gleichzeitig den schwierigsten Bereich dar. Wenn der Betroffene meldet, dann hat das unangenehme Konsequenzen für ihn, darum wird er versuchen, diese Verluste unauffällig zu buchen.

Die Breite der grauen Bereiche in Abbildung 28 lässt sich selbstverständlich nicht generell für alle Kreditinstitute festlegen. Verschiedene Indikatoren werden letztendlich die Breiten bestimmen; dabei können beispielhaft der Durchsatz und das Durchschnittsvolumen genannt werden. Wenn viele Posten verbucht werden, dann ist es einfacher, einen Posten stillschweigend zu buchen, der eigentlich hätte gemeldet werden müssen. Die Chance, dass diese Buchung auffällt, ist dementsprechend gering. Darüber hinaus spielt die Betragshöhe ebenfalls eine wichtige Rolle. Wenn viele Posten in Millionenhöhe gebucht werden, wird einem Posten von 10.000 € wahrscheinlich keine Aufmerksamkeit gewidmet werden. In einer Bank, die sich auf das Privatkundengeschäft konzentriert, liegen die Grenzen natürlich anders.

Wenn die Tendenzen jetzt bekannt sind, können die Maßnahmen überlegt werden, die für eine vollständige Datensammlung am wichtigsten sind:

- Alle Mitarbeiterinnen und Mitarbeiter sind von der Verpflichtung und den Möglichkeiten zur Verlustdatenerfassung zu unterrichten.
- Die Verluste aus Operational-Risk-Ereignissen sollen nur auf speziell dafür eingerichteten Konten gebucht werden.
- Schäden werden manchmal in anderen Abteilungen erkannt als dort, wo sie verursacht wurden. Beispielhaft kann hier die Abteilung Reklamationen im Zahlungsverkehr genannt werden. Manchmal wird diese Tätigkeit auch von der Nostro-Konten-Abstimmungsfunktion vorgenommen. Diese Funktion kann sehr wohl Ereignisse identifizieren.
- Die Zinsaufwandskonten sollten möglichst für manuelle Buchungen gesperrt werden, weil hier Verzugszinsen »versteckt« werden könnten.
- Die Schäden, die in der Versicherungsabteilung gemeldet werden, können mit der Verlustdatensammlung abgeglichen werden.
- Es gibt Indikationen eines drohenden Verlustes, die verfolgt werden können. Beispielhaft können hier Rechtsstreitigkeiten genannt werden. Dafür werden vielfach Rückstellungen gebildet, deren Verlauf analysiert werden sollte.
- Es gibt Kundenbeschwerden, die in der Form einer Schadenskompensation abgewickelt werden. Diese Positionen sollten erfasst und in die Verlustdatensammlung aufgenommen werden.
- Größere Fälle gelangen manchmal an die Presse. Sie sollten dann ebenfalls im Haus aufgenommen werden.
- Die Controlling-Abteilung sollte die Buchungen auf Konten analysieren und Auffälligkeiten dem Risikocontrolling melden.
- Die Innenrevision sollte die vollständige Erfassung ebenfalls prüfen.
- Fehlende Erträge können identifiziert werden, wenn die Vollständigkeit der Erträge geprüft wird. Wenn 100 Transaktionen getätigt wurden und für jede Transaktion 5 € berechnet wurden, dann muss der gebuchte Ertrag 500 € entsprechen. Wenn weniger gebucht wurde, kann das ein Indiz für eine verdeckte Kompensation sein. Wenn die Konditionen sehr individuell gehandhabt werden, ist eine solche Prüfung nicht einfach durchzuführen, da nur die großen Abweichungen aufgedeckt werden.

Eine Garantie für eine vollständige Erfassung kann nicht gegeben werden. Die ersten zwei Punkte betreffen mehr die organisatorischen Voraussetzungen, die eine Erfassung erst einmal ermöglichen. Die anderen Punkte richten sich eher auf die Feststellung, dass die Erfassung dann auch tatsächlich durchgeführt wurde. Wenn alle Punkte im Rahmen des Risikocontrollings Berücksichtigung finden, dann wurde alles getan, um eine vollständige Erfassung der Verlustdaten zu gewährleisten.

Das letzte Thema bei der Verlustdatensammlung ist die Motivation der Mitarbeiterinnen und Mitarbeiter, die Verlustdaten zu erfassen. Eine direkte Entlohnung des Mitarbeiters ist schwer vorstellbar, denn:

- Mehr gesammelte Verluste führen nicht immer zu weniger *Risikokapital*. Es kann also nicht von einer Verringerung der Kapitalkosten durch das Sammeln der Verluste für einen Bereich ausgegangen werden. Dies steht im Gegensatz zur Situation der Gesamtbank. Ein fortgeschrittener Ansatz kann in diesem Fall nur für die Berechnung des regulatorischen Kapitals benutzt werden, wenn eine Verlustdatensammlung angelegt wird.

- Es widerspricht dem Gerechtigkeitsempfinden der meisten Menschen, wenn Mitarbeiterinnen und Mitarbeiter für die Erfassung der Folgen von Fehlern oder Unzulänglichkeiten entlohnt werden.

Die Motivation des Einzelnen ist also im Zusammenhang zur Aufdeckwahrscheinlichkeit und der Höhe der Strafe zu sehen. Köhne und Kaiser[9] haben es mathematisch wie folgt beschrieben:

$$U \text{ (Strafe|melden)} / U \text{ (Strafe|verschweigen)} \geq p$$
(U ist der Nutzen des Betroffenen, p die Aufdeckwahrscheinlichkeit)

$p_{max} = 1$, wenn der Nutzen in den Fällen »Melden« und »Aufdecken« gleich ist. In diesem Fall sind die Strafen gleich und die Aufdeckung ist sicher. Da dieses nicht der Fall ist, müssen die Strafen bei der Aufdeckung größer sein als im Fall »Melden«. Wenn der Nutzen im Falle der Aufdeckung sehr klein ist, steigt der Wert von p. Es wird klar, dass die Spanne in den Strafen für die Fälle »Melden« und »Aufdecken« erweitert werden muss, wenn die Kontrollen weniger effektiv sind.

Nun hört sich das vielleicht etwas abstrakt an. Diesen Fall kann man sich besser vorstellen, wenn man an das Fahren mit der Bahn denkt. Nicht selten werden Bahnfahrten ohne gültige Fahrkarte unternommen. Hier wird von den Betroffenen genauso abgewogen, wie in der Formel beschrieben: Die Kosten der Fahrkarte fallen auf alle Fälle an, die Geldbuße fällt nur dann an, wenn man als Schwarzfahrer erwischt wird. Wenn man die Wahrscheinlichkeit (p) als sehr gering einschätzt, dann wird man eher geneigt sein, ohne gültige Fahrkarte zu fahren. Der Nutzen wird in dem Fall höher sein (analog dem Verschweigen bei der Verlustdatensammlung).

Zuletzt sollte noch die Sicherstellung einer richtigen Kategorisierung behandelt werden. Es ist eine berechtigte Frage, ob die Kategorisierung jedem einzelnen Mitarbeiter überlassen werden soll. Ist es zum Beispiel in Ordnung, wenn jeder Mitarbeiter im Zahlungsverkehr mit der Kategorisierung der Verlustdaten beauftragt wird? Man würde so manche Mitarbeiter überfordern, da sie keinen Überblick über die gesamte Prozesskette haben. Deshalb ist es besser, jeden Mitarbeiter identifizieren zu lassen, aber die Klassifizierung und Maßnahmenplanung zentral in den einzelnen Einheiten vorzunehmen. Es ist allerdings zu bedenken, dass die Maßnahmen zur Schadensbegrenzung oft in einem kleinen Zeitfenster ergriffen werden müssen, und insofern eine zeitnahe Bearbeitung durch die zentrale Funktion sichergestellt sein sollte.

Die einzelnen Phasen im *Verlustdatensammelprozess* und die Attribute eines einzelnen Verlustes, die ebenfalls gesammelt werden sollen, sind in Abbildung 29 dargestellt.

Die Klassifizierungsarbeit wird erheblich erleichtert, wenn innerhalb der organisatorischen Einheiten einzelne Funktionen mit der Klassifizierung beauftragt werden. Die Mitarbeiterinnen und Mitarbeiter sind gründlich auszubilden, denn es ist nicht unüblich, dass Sie zu unterschiedlichen Klassifizierungen kommen können. Entscheidungsbäume sind somit wichtig, um eine konsistente Zuordnung zu gewährleisten.

---

9 Kaiser, Thomas/Köhne, Marc, 2003, S. 14–15.

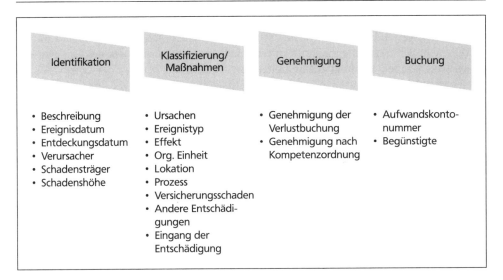

Abb. 29: Verlustdatensammelprozess

Fazit: Die Aufgaben einer Verlustdatensammlung beginnen und enden nicht mit der Programmierung einer Verlustdatenbank. Vielmehr geht es primär um eine gute Organisation der Verlustdatensammlung.

2.3 Eine Risikobewertung in der Form eines Self-Assessments

Das Self-Assessment ist eine *durch die Verantwortlichen* durchgeführte strukturierte Bewertung der operativen Risikopotenziale, denen eine organisatorische Einheit ausgesetzt ist. Es handelt sich hier um eine Bewertung, die die Risikoverantwortlichen selbst durchführen. Alternativ kann ein Self-Assessment auch in der Form eines Workshops durchgeführt werden und durch die Risikofunktion unterstützt werden. Ein Operational-Risk-Controller kann bestimmte Perspektiven öffnen, um sich so einer vollständigen Beurteilung anzunähern. Weiterhin können auch die Erfahrungen anderer Kollegen mit eingebracht werden, die möglicherweise auch für die Expertenschätzung relevant sind. Der Operational-Risk-Controller sollte jedoch die Bewertung des Experten nicht beeinflussen. Gerade hier handelt es sich um eine echte Gratwanderung. Wenn Elemente nicht berücksichtigt werden, die relevant sind, sollte der Operational-Risk-Controller in jedem Fall einen Hinweis geben. Wenn er aber rein subjektiv der Meinung ist, die Einschätzung sei zu hoch oder zu niedrig, dies aber nicht mit Fakten belegen kann, dann sollte er diese Gedanken nicht äußern.

In der Praxis ist es in jedem Fall sinnvoll, die Expertenbewertung mit Hilfe eines strukturierten Fragebogens zu unterstützen. Ein Fragebogen sollte gut durchdacht sein, denn im Nachhinein gibt es keine Möglichkeit, Informationslücken strukturiert aufzuholen. Es ist wie bei jeder Umfrage: Wenn die Antworten unbrauchbar sind, dann ist die ganze Mühe vergeblich gewesen. Das ist bei einem Self-Assessment nicht anders.

Mit einem Self-Assessment können unterschiedliche Ziele verfolgt werden. Die wesentlichen Ziele können wie folgt zusammengefasst werden:

- eine strukturierte qualitative Erhebung des Risikopotenzials,
- eine Erhebung der Basisdaten für die Quantifizierung des Risikopotenzials,
- eine Erhebung der Auswirkungen eines Operational-Risk-Ereignisses auf andere Organisationseinheiten,
- eine Qualitätsbewertung des internen Kontrollsystems der Bank.

Die Ziele bestimmen die Struktur der Fragen. Es gibt Befürworter und Gegner der Erhebung quantitativer Daten. Wer solche Daten nicht braucht, muss sie vielleicht auch nicht erheben.

Eine Frage muss vorab beantwortet werden: Welche Informationen sollen aus den Daten gewonnen werden? Wenn ein allgemeines Bild der Lage skizziert werden soll, dann reicht wahrscheinlich eine qualitative Erhebung. Soll hingegen der Handlungsbedarf für das Management aufgezeigt und gleichzeitig ein guter Vorschlag mit verschiedenen Alternativen unterbreitet werden, kann eine quantitative Erhebung notwendig sein. Der Grund für diese Entscheidung ist rein methodologisch. Wenn qualitative Erhebungen vorgenommen werden, dann entsteht durch die Einteilung des Risikopotenzials ein farbiges Bild, zum Beispiel in Grün, Gelb oder Rot. Genauso kann eine Skala »hoch – mittel – niedrig« benutzt werden. Dabei wird eine grobe Sortierung des Risikopotenzials der einzelnen bewerteten Dimensionen (wie zum Beispiel Risikoursachenkategorien oder Funktionen) vorgenommen. Wenn zwei Bewertungen in die Kategorie »Rot« fallen, gibt es methodologisch nicht die Möglichkeit, das größte Risikopotenzial zu bestimmen. Es kann nicht bestimmt werden, welcher Fall »röter« ist. Die Bewertung wird nicht auf einer Intervallskala vorgenommen. Das bedeutet, dass die Abstände zwischen den Bewertungen nicht gemessen werden können. Man kann also nicht sagen: Das Risikopotenzial der ersten Bewertung ist zweimal so groß, wie das der zweiten Bewertung.

Wenn die Frage der Rangordnung nicht beantwortet werden kann, ist eine Antwort auf die oft gestellte Frage des Managements »Wo sollen wir zunächst ansetzen« nicht möglich. Eine wesentliche Voraussetzung für die Beantwortung dieser Frage ist die Möglichkeit zum Ranking der einzelnen Risikopotenziale. Ranking setzt aber voraus, dass eine feste Skala bei der Bewertung benutzt wird. Das kann zum Beispiel »Euro« für die Schadenshöhe und »Anzahl der Schadensfälle« für die Häufigkeit sein. Wenn diese Werte zur Verfügung stehen, kann das Ranking vorgenommen werden. In einem nächsten Schritt kann dann auch die Einsparung hinsichtlich des Risikokapitals ermittelt und dargestellt werden. Dieser Punkt wird im Rahmen der Risikokapitalberechnung noch besprochen.

Die folgenden *Phasen* des *Self-Assessments* werden durchlaufen:

- Vorbereitungsphase: welche Fragenstruktur und -elemente? Welche Experten?
- Datenerhebungsphase: Wie gehen die Experten vor?
- Erste Datenqualitätssicherungsphase: Wer prüft die Expertenschätzung?
- Analysephase: Wo liegen die kritischen Punkte in der Organisation?
- Informationsphase: Wo soll das Management tätig werden?

Die Vorbereitungsphase

Bei der Vorbereitung eines Self-Assessments muss eine vollständige Datenerhebung vorgenommen werden. Wenn der Experte ohne Hilfe vorgeht, muss davon ausgegangen werden, dass er Elemente, die nicht abgefragt werden, auch nicht beantwortet. Die Matrixdimensionen des Fragebogens werden bestimmt. Es kommt auch jetzt darauf an, was mit den Ergebnissen erreicht werden soll. Managementinformationen sollten aufzeigen, wo welche Aktion in welcher Form getätigt werden soll. Dann muss die Ursache des Risikopotenzials auf alle Fälle bekannt sein. Damit ist gleichzeitig die erste Achse festgelegt: Die Risikoursachenkategorien. Die zweite Dimension der Matrix bestimmt die Elemente einer Frage. Dabei kann beispielhaft an Folgendes gedacht werden:

- das Szenario, das beurteilt wird,
- die quantitativen Elemente: Schadenshöhe und -häufigkeit,
- die Begründung für die quantitative Expertenschätzung,
- die qualitative Bewertung der Elemente, die das Risikopotenzial eindämmen können,
- die Maßnahmen die eingeleitet wurden, die geplant beziehungsweise wünschenswert sind,
- die anderen Teile der Organisation, die durch ein Operational-Risk-Ereignis beeinflusst werden können.

Das Szenario, das beurteilt wird, muss eindeutig beschrieben sein. Es darf nicht dazu führen, dass zwei Experten mit dem gleichen Fachwissen zu ganz unterschiedlichen Ergebnissen kommen. Wenn dies der Fall ist, dann liegt aller Wahrscheinlichkeit nach eine nicht eindeutige Szenariobeschreibung vor. Auf der anderen Seite muss jedoch angenommen werden, dass insbesondere bei der Bewertung seltener Fälle es durchaus zu unterschiedlichen Ergebnissen kommen kann. Da Erfahrungswerte sehr häufig nicht vorliegen, kann die Bandbreite in den Ergebnissen etwas größer werden.

Die folgende Lösung wird bei der Dresdner Bank[10] praktiziert: Zentral werden die Risikoursachen und verschiedenen Beispiele operationeller Risiken festgelegt. Der Experte wird gebeten, selbst sein Szenario unter Berücksichtigung der gegebenen Informationen festzulegen. Insbesondere wird auch gefragt, ab wann eine Situation etwas als kritisch angesehen wird. Ein Systemausfall kann für einen Händler durchaus schneller zu materiellen Verlusten führen als in der Rechtsabteilung.

Die Frage nach den quantitativen Informationen muss sowohl zu einem Erwartungswert als auch zu einem Maß für die Streuung führen. Hier wird die Basis für eine spätere Kalkulation des Risikokapitals gelegt. In der Praxis stellt sich heraus, dass ein typischer Wert und eine Bandbreite bei jedem Experten erfragt werden können. Wie diese Werte ermittelt und interpretiert werden, wird in Abbildung 30 verdeutlicht.

Der Experte hat die Möglichkeit mit Hilfe der Bandbreite die Unsicherheit in der Schätzung eines typischen Wertes zum Ausdruck zu bringen. Es ist aber gleichzeitig eine wichtige Information, um die Streuung in einem internen Modell abzubilden. Es wird hier eine Abschätzung des 95 %-Quantils des Einzelwertes vorgenommen. Von dem typischen Wert, der als Modus interpretiert wird, lässt sich der Erwartungswert ableiten. Erwar-

---

10 Anders, Ulrich/Sandstedt, Michael, 2003, S. 48–51.

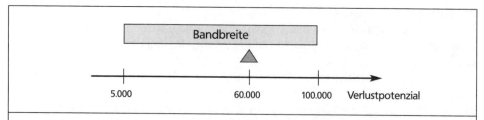

- **Verlustpotenzial:** alle zusätzlichen Aufwendungen und finanziellen Belastungen als Resultat eines Ereignisses, welches zu einem Verlust aus operativen Risiken führt.
- **Typisches Verlustpotenzial:** das Verlustpotenzial, welches dem Assessor am ehesten für den Großteil der Verluste repräsentativ erscheint. Der Wert wird als Modus interpretiert.
- **Bandbreite:** Der Bereich, in dem ca. 95 % aller Verluste liegen würden.

Abb. 30: Ermittlung des Verlustpotenzials

tungswert und Quantil stehen in einem bestimmten Verhältnis zueinander. Auf Basis dieses Verhältnisses wird die Standardabweichung, die zu dieser Expertenschätzung gehört, bestimmt. So werden die Expertenschätzungen in einen brauchbaren Parameter für das interne Modell umgewandelt. Eine ähnliche Prozedur gilt natürlich auch für die Bestimmung der Schadenshäufigkeit.

Es ist wichtig, die Begründung für bestimmte Einschätzungen zu kennen. Spätestens, wenn die Qualität der Daten analysiert wird, ist es hilfreich festzustellen, wie bestimmte Werte zu Stande gekommen sind. Es handelt sich dabei insbesondere um die zu Grunde gelegten Annahmen. Die Annahmen müssen letztendlich auf ihre Qualität geprüft werden.

Die Bewertung der Qualität der Elemente, die das Risiko eindämmen können, leitet einen Perspektivenwechsel ein. Nun wird nicht das Risiko selbst, sondern es werden die Kontrollen bewertet, die ein Risiko abmildern können. Dieser Übergang muss allerdings klar markiert werden, damit der Experte ihn auch nachvollziehen kann. Auch bei der Qualitätsbewertung ist es wichtig, die Informationen, die mit der Befragung gewonnen werden sollen, im Voraus zu bestimmen. Wenn zum Beispiel Aussagen zu bestimmten Qualitätsdimensionen zu treffen sind, dann muss dafür gesorgt werden, dass die Fragen auch darauf abzielen. Es gibt sehr unterschiedliche Qualitätsdimensionen; dabei handelt es sich um Eignung, Verfügbarkeit, Zuverlässigkeit, Präzision, Kontrollierbarkeit, Richtigkeit, Vollständigkeit und Effizienz. Nicht alle Dimensionen haben die gleiche Relevanz. Außerdem muss für jede Dimension eine Frage formuliert werden, die durch den Experten bewertet wird. Dabei kostet jede Frage Zeit. Die Risikoursachenkategorie wird oft als eine Dimension der Matrix genommen. Da jede Qualitätsdimension für jede Risikoursache abgefragt wird, würde die Berücksichtigung aller Dimensionen zu »10 x 8«, d. h. – achtzig Qualitätsfragen führen. Ein zu langer Fragebogen kann die Qualität der Antworten beeinflussen, da der Experte irgendwann unter Zeitdruck gerät und die Fragen dann nur noch oberflächig beantwortet.

Die Frage nach den Maßnahmen, hat eine wichtige Funktion: Sie fördert die Ehrlichkeit der Experten. Es ist immer schwer, wenn Sie Defizite im eigenen Verantwortungsbereich feststellen und diese dann auch noch aufschreiben sollen. Durch bestimmte Fragen werden dem Experten möglicherweise bestimmte Defizite erst transparent. Es ist in einem solchen Fall besser, dass er sich bezüglich der Maßnahmen sofort Gedanken macht und diese formuliert. Dadurch bekommen die Ergebnisse eine andere Qualität. Jetzt muss nur noch geprüft werden, ob die Maßnahmen zu dem gewünschten Erfolg führen können. Wenn dies so ist, dann ist das für den Experten eine deutlich bessere Lage als im Fall einer Bewertung ohne Maßnahmen.

Ein Unterschied nach gewünschten, geplanten und bereits sich in der Umsetzung befindenden Maßnahmen hilft auch, die Priorisierung von Maßnahmen noch einmal zu objektivieren. Es kann sein, dass der Experte eine Maßnahme als dringend erforderlich ansieht, er dafür jedoch kein Budget bekommt. Eine strukturierte Bewertung des Risikos kann dann auch zu einer neuen Bewertung der Notwendigkeit dieser Maßnahme führen.

Die Frage nach dem Einfluss einzelner Risiken auf andere Organisationseinheiten hilft, die Vollständigkeit der Expertenbewertung festzustellen. Wenn ein Experte meint, dass sich gewisse Ereignisse auch auf andere Bereiche auswirken, dann sollte er in diesen Bereichen auch eine Bewertung durchführen. Tut er es nicht, ist das ein Anzeichen für ein nicht aufgedecktes Risikopotenzial und somit für eine unvollständige Risikobewertung.

Die Datenerhebungsphase
Die Fachleute, die befragt werden, sind als Experten auf ihrem eigenen Gebiet zu sehen. Sie müssen also nicht unbedingt den Bereich Risikocontrolling verstehen. Es empfiehlt sich sicherlich, bei der ersten Durchführung eines Self-Assessments einen Workshop mit allen Betroffenen durchzuführen, um das Ziel und die Vorgehensweise darzustellen. Es hilft, wenn die Experten im Voraus wissen, was mit welcher Frage gemeint ist. Gleichzeitig können Fragen beantwortet werden. Nicht zuletzt können die Basisdaten, die für ein erfolgreiches Self-Assessment unentbehrlich sind, besprochen werden.

Die Durchführung eines Self-Assessments kann sowohl in einem Workshop als auch alleine durch den Fachmann erfolgen. Erfahrungsgemäß ist ein Workshop sehr zu empfehlen, da der Risikocontroller nicht nur das Ergebnis einer Expertenbewertung kennt, sondern auch den Weg auf dem das Ergebnis zu Stande kommt. Der Risikocontroller kann so helfen, Informationen einzuordnen und kommt zusammen mit den Experten zu einer besseren Bewertung des Risikopotenzials des beurteilten Prozesses.

Die Expertenbewertung sollte weitgehend durch Fakten unterstützt werden. Die in Abbildung 31 dargestellten Elemente sollten mit in die Bewertung einfließen.

Obwohl es sehr ratsam ist, die verfügbaren Daten im Rahmen eines Self-Assessments einzubinden, muss der Erfahrung des Experten eine zentrale Position eingeräumt werden. Niemand kennt die »Lücken und Tücken« eines Prozesses besser als derjenige, der damit täglich beschäftigt ist. Es wird unterstellt, dass der Experte immer wieder die Prozesse kritisch prüft und damit »Betriebsblindheit« weitgehend ausgeschlossen ist.

Die Erfahrung ist auch aufschlussreich, wenn es um die Aufdeckung der Risikopotenziale geht, die bis jetzt noch nicht in der Form eines Ereignisses in Erscheinung getreten sind. Hier ist die Datensammlung vollends auf die Erfahrung des Fachmanns angewiesen. Es kann sich hier um Prozesse handeln, die neu sind und bei denen sich noch kein Verlust ereignet hat. Es kann ebenfalls sein, dass in einem Prozess noch kein Verlust vorgekommen ist, da alle drohenden Verluste bis dahin noch abgewendet werden konnten.

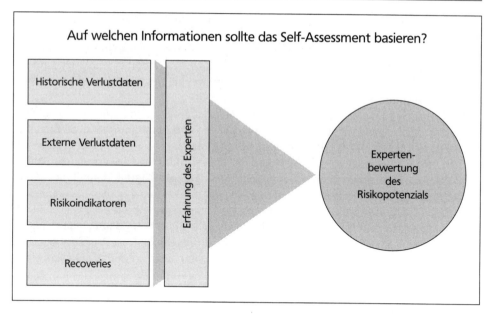

Abb. 31: Basisinformationen für das Self-Assessment

Außerdem ist bereits bei der Behandlung des Prozesses der Verlustendatensammlung deutlich geworden, dass diese nicht vollständig ist. Die Expertenschätzung ist eine der wenigen Möglichkeiten, dieses Defizit auszugleichen.

Die historischen Verlustdaten spiegeln in der Regel ein adäquates Bild von den Operational-Risk-Ereignissen wider, die sich in dem Prozess schon einmal ereignet haben. Dies hilft sicherlich bei der Einschätzung der typischen Häufigkeit und Schadenshöhe im Falle von Ereignissen, die sich regelmäßig wiederholen. Der Experte sollte allerdings immer wieder bedenken, dass Verlustdaten lediglich die Vergangenheit beleuchten und damit für das Risikomanagement alleine nicht geeignet sind.

Die anderen Datenquellen helfen dem Fachmann, nach vorne zu schauen. Die Risikoindikatoren verhelfen zu einer besseren Einschätzung des Risikopotenzials. Wenn zum Beispiel ein IT-Risiko eingeschätzt werden muss, wird der Experte wahrscheinlich zu einer anderen Bewertung kommen, wenn er eine Systemauslastung von 85 Prozent statt 50 Prozent sieht. Im ersten Fall ist die Chance eines Ausfalls der IT relativ hoch, im zweiten Fall ist das weniger zu befürchten.

Wenn der Experte schon Kenntnis von Prozessveränderungen hat, ist es hilfreich, diese Informationen mit einzubeziehen. Prozessänderungen sind vorübergehende Quellen von Risikoursachen, da die Mitarbeiterinnen und Mitarbeiter sich zunächst an die neue Situation gewöhnen müssen. Das muss bei der Bewertung berücksichtigt werden. Außerdem kommt es in einer Zeit der Kosteneinsparungen des Öfteren zur Reduzierung von Kontrollprozessen; auch dadurch verändert sich das Risikoprofil.

Die Recoveries, d. h. beispielsweise Regresserlöse bzw. Versicherungserstattungen, beeinflussen die Höhe des Schadens und sind somit bei der Expertenbewertung mit einzubeziehen.

Erste Phase zur Sicherung der Datenqualität

Wenn ein Experte die Eingaben erledigt hat, kann es ratsam sein, dass ein zweiter Fachmann noch einmal prüft, ob er zu ähnlichen Ergebnissen kommen würde. Die Komplexität des Themas Operational Risk ist so groß, dass auch ein Experte etwas übersehen kann. Ein zweiter Experte sieht diesen Punkt vielleicht, und somit wird die Expertenbewertung qualitativ besser.

Auf der anderen Seite muss allerdings auch bedacht werden, dass eine zweite Meinung hemmend wirken kann. Wenn der zweite Experte der Vorgesetzte ist, werden wahrscheinlich nicht alle Schwachstellen ehrlich aufgezeichnet. Dieses Verhalten ist umso verständlicher, wenn das Verhältnis zum Chef nicht offen und ehrlich ist. Wenn der Mitarbeiter darüber hinaus mit negativen Folgen rechnen muss, kann von einer beschönigten Darstellung ausgegangen werden.

Analysephase

Wenn alle die Daten gesammelt worden sind, fängt die Datenanalyse an. Es geht hier um die Erhebung des Handlungsbedarfs für das Management. Dazu findet noch eine weitere Sicherung der Datenqualität statt. Eine der bekanntesten Maßnahmen ist das Benchmarking. Ähnliche Aktivitäten werden miteinander verglichen, und bei Abweichungen kann die Ursache analysiert werden. Es heißt aber nicht, dass von vorneherein eine der beiden Bewertungen nicht richtig ist. Spezifische Umstände können dazu Anlass geben. Darum sind die Unterschiede immer nur als Grund für eine Frage zu verstehen und nicht als Grund für eine Schlussfolgerung.

Informationsphase

Das Management sollte sowohl bezüglich der quantitativen als auch der qualitativen Ergebnisse informiert werden. Die quantitativen Informationen sind hier noch einfacher Natur, da die technischen Möglichkeiten noch nicht so weit sind, dass schnell ein Risikokapital berechnet werden kann. Oft werden die typischen Werte (Schadenshäufigkeit und -höhe) auf der Achse abgetragen und in der Abbildung die multiplizierten Werte abgebildet. Die Werte können als erstes Indiz für das Ranking der Operational Risks benutzt werden. Es ist allerdings zu bedenken, dass die Reihenfolge der Risikokategorien – basierend auf dem Risikokapital – eine andere sein kann, da in einem solchen Fall die Standardabweichung ebenfalls betrachtet wird.

Innerhalb der Dresdner Bank wird unter anderem der nachfolgende Report verwendet. In dem Management-Report ist per Risikoursachenkategorie die Multiplikation der Schadenshöhe und der Schadenshäufigkeit abgebildet. Die Risikokategorien IT und Personalausstattung zeigen die höchsten Werte auf. Rechts in der Abbildung 32 ist eine erste Indikation der qualitativen Bewertungen aufgenommen. Die qualitativen Bewertungen werden ausführlicher in der Abbildung 33 dargestellt.

In diesem Report kann die Zusammenstellung der einzelnen Qualitätsbewertungen abgelesen werden. Wenn Qualitätswerte gemittelt werden, besteht immer das Risiko, dass der Mittelwert sich zur Mitte hin bewegt. Es ist aber für die Analyse und auch für die Bestimmung des Handlungsbedarfs wichtig zu wissen, ob es bestimmte Stellen gibt, die qualitativ schlechter bewertet sind. Diese Information würde untergehen, wenn nur

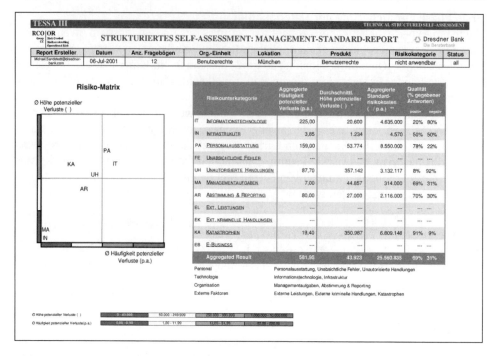

Abb. 32: Management-Report (Self-Assessment)

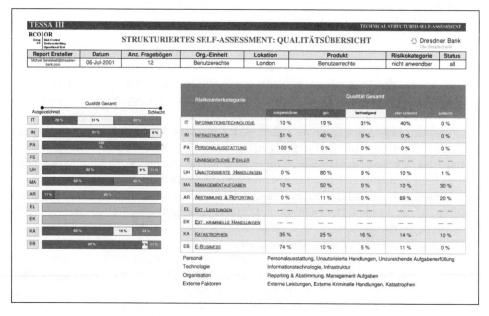

Abb. 33: Qualitäts-Report (Self-Assessment)

Mittelwerte gebildet würden. Es ist hilfreich, wenn die IT-Anwendung eine Detaillierung (d. h. einen so genannten »Drill-down«) ermöglicht.

Die Vor- und Nachteile eines Self-Assessments sollen zum Abschluss einander gegenübergestellt werden.

Die *Vorteile* eines Self-Assessments sind:

- Der Prozessverantwortliche kennt die mit dem Prozess verknüpften Schwachstellen und Risiken in der Regel sehr genau. Niemand ist so mit dem Prozess und seinen Eigenschaften vertraut, wie diejenigen, die tagtäglich damit arbeiten.
- Die erhobenen Daten und damit auch die Ergebnisse in der Form von Management-Reports werden von den Mitarbeitern eher akzeptiert, da Sie die Basisdaten im Wesentlichen selbst erstellt haben.
- Die Experten sind aufgrund vorliegender Informationen und ihrer Erfahrung in der Lage, zukunftsorientierte Daten zu generieren.
- Da der Experte die Verantwortung für den beurteilten Prozess trägt, ist er auch am meisten motiviert, die Verbesserungsvorschläge zu implementieren. So wird das Operational-Risk-Management ganz nah an die Basis der Organisation gebracht.

In einem bestimmten Kontext können allerdings auch Nachteile für das Self-Assessment genannt werden:

- Der Experte erzeugt per Definition subjektive Daten. Das ist im Grunde genommen nicht verwerflich. Wenn diese Datenerzeugung jedoch in einer bestimmten Kultur (beispielsweise: Jeder ist perfekt, Fehler machen nur die anderen) stattfindet, muss mit bestimmten Tendenzen in der Beantwortung gerechnet werden. Diese können von einer Beschönigung bis zu einer Falschangabe reichen. Gleichzeitig muss hier festgestellt werden, dass ein solches Verhalten nur teilweise mithilfe von gründlichen Analysen entdeckt werden kann.
- Wenn Experten nicht zusammengebracht werden, ist es schwierig die überlappenden Effekte verschiedener Ereignisse kennen zu lernen. Erkennen beide Experten das Problem nicht, wird dieses in der Datenerhebung auch nicht berücksichtigt. Eine Szenarioanalyse, die Experten unterschiedlicher Disziplinen zusammenbringt, um zu einer gemeinsamen Bewertung zu kommen, kann hier Abhilfe schaffen.

Statt Self-Assessments können auch *Fremd-Assessments* durchgeführt werden. Der entscheidende Unterschied liegt bei den ausführenden Personen. Beim Fremd-Assessment werden Personen aus anderen Abteilungen oder Firmen mit der Durchführung beauftragt. Beispielhaft können folgende unterschiedliche Formen genannt werden:

- *Peer-Review:* Kolleginnen und Kollegen aus anderen Bereichen führen das Assessment durch. Zum Beispiel: Der Operations Manager von Frankfurt führt das Assessment in London durch.
- *Audits*, die durch die Innenrevision, den Wirtschaftprüfer oder eine Beratungsfirma durchgeführt werden.

Es ist zu befürworten, auch in diesem Fall einen strukturierten Fragebogen zu Grunde zu legen. Letztendlich sollen die Daten für ein Management-Reporting einfließen, und dann ist eine gemeinsame Datengrundlage unumgänglich.

Die große Herausforderung für die bewertenden Experten ist das Finden der eigentlichen Problemstellen. Einem Peer-Review werden die größten Chancen eingeräumt, da die Experten selbst vergleichbare Aufgabengebiete haben und die täglichen Prozessabläufe im Detail kennen. Bei der Durchführung von Audits, dann muss meistens mit einer geringeren Kenntnis des Geschäftsablaufes gerechnet werden. Je weniger der Beurteilende von einem Geschäftsablauf versteht, umso weniger Risiken wird er aufdecken können.

Es gilt auch zu bedenken, dass bei einem Peer-Review bestimmte Tendenzen bestehen können. Der eine Experte weiß sehr wohl, dass die Rollen bald umgedreht sein können. Unter dem Motto »wie du mir so ich dir« können wichtige Erkenntnisse unentdeckt bleiben. Auf der anderen Seite ist immer zu hoffen, dass die Experten untereinander ihre Erkenntnisse austauschen und Lösungsansätze besprechen. So wird das eigentliche Problem gelöst, ohne dass dies groß an die Öffentlichkeit gerät. Alle Interessen bleiben so gewahrt und die »stille« diplomatische Vorgehensweise führt genau zum Ziel: Das Operational-Risk-Profil des Finanzinstituts wird optimiert. Dieses Ergebnis kommt allerdings nur zu Stande, wenn alle Beteiligten eine hohe Professionalität aufweisen.

Risikoindikatoren
Das Ziel der Aufsicht ist ein verbessertes Operational-Risk-Management, damit weniger Ereignisse zu einem Verlust führen.

Jeder Manager würde sich folgendes Ergebnis wünschen: eine leere Verlustdatenbank und ein Self-Assessment, das keine inakzeptablen Risikopotenziale aufweist. Das wäre ein Idealfall. Es wird schwierig sein, eine solche Situation zu erreichen. Menschen sind nun einmal nicht perfekt, Systeme können gestört werden oder sogar ausfallen und die externen Faktoren entziehen sich dem Einfluss erst recht. Es bleibt der Bank manchmal nichts anderes übrig, als »nur« zu reagieren. Dann wird es aber spannend, denn der Erfolg wird entscheidend dadurch geprägt, wie viel Reaktionszeit letztendlich zur Verfügung steht. Die Situation ist vergleichbar mit der eines Notarztes: Jede Minute, die er früher am Unfallort eintrifft, kann entscheidend für das medizinische Ergebnis sein. Ja, manchmal ist es sogar eine Entscheidung über Leben und Tod. Die Situation, mit der ein Operational-Risk-Manager konfrontiert wird, ist zwar nicht lebensbedrohend, aber es gilt, Verluste zu vermeiden.

In diesem Abschnitt wird ein Instrument betrachtet, das helfen kann, Reaktionszeit zu gewinnen. Es sind die Risiko(frühwarn-)indikatoren. Damit können die Risikoverantwortlichen früh gewarnt werden. Allerdings ergeben Frühwarnindikatoren nur dann Sinn, wenn innerhalb kürzester Zeit die richtigen Maßnahmen eingeleitet und ausgeführt werden. Die Schadensbegrenzungsmaßnahmen müssen somit bekannt sein. Sie sollten idealerweise auch schon einmal geübt worden sein.

Key-Risk-Indikatoren (Risikofrühwarnindikatoren) werden wie folgt definiert:

Key-Risk-Indikatoren sind Parameter, die sich auf Geschäftsprozesse oder Prozessbündel beziehen und in der Lage sind, Veränderungen im Operational-Risk-Profil dieser Geschäftsprozesse oder Prozessbündel vorherzusehen.

Das wichtigste Wort steht am Ende des Satzes: vorherzusehen. Je früher der Verantwortliche auf Veränderungen des Operational-Risk-Profils aufmerksam gemacht wird, umso wahrscheinlicher kann er Maßnahmen einleiten, die zur Abmilderung oder sogar Vermeidung eines Verlustes führen können.

Es wird oft behauptet, dass Risikoindikatoren nicht eingesetzt werden können. Es ist leicht einzusehen, dass viele Risikoindikatoren den Kriterien nicht standhalten. Um die Kriterien abzuleiten, sollten die folgenden Punkte etwas näher betrachtet werden:

- Warum gibt es Key-Risk-Indikatoren?
- Welche Eigenschaften besitzt ein Key-Risk-Indikator?
- Wie wird ein Key-Risk-Indikator definiert?

Warum gibt es Key-Risk-Indikatoren? Es gibt im Wesentlichen zwei Gründe, da man bestrebt ist:

- Verlusten aus operativen Risikoereignissen vorzubeugen:
  - durch die Implementierung eines Frühwarnsystems, das dem Management eine optimale Reaktionszeit gewährleistet.
  - Direkt verantwortliche Mitarbeiter werden gewarnt, wenn Prozesse nicht erwartungsgemäß ablaufen.
- ungünstige Trends zu entdecken: Wenn ein Indikator sich ungünstig entwickelt, kann das Management schon Maßnahmen ergreifen, bevor die Situation kritisch wird.

Im ersten Punkt geht es darum, das Reaktionszeitfenster so weit wie möglich auszudehnen. Je länger der Risikoverantwortliche Zeit hat, ein Problem zu lösen, umso wahrscheinlicher wird er auch rechtzeitig eine Lösung finden. Darum muss bei der Definition des Risikoindikators herausgefunden werden, welche Ursache für ein Ereignis wann wahrgenommen werden kann.

Wenn Risikoindikatoren regelmäßig gemessen werden, dann ist es möglich, Trends zu erkennen. Eine *Trendanalyse* versetzt das Management frühzeitig in die Lage, Maßnahmen einzuleiten. Das ist insbesondere wichtig, wenn Trends durch Maßnahmen nicht leicht gegengesteuert werden können. Das gilt zum Beispiel für die Mitarbeitermotivation. Wenn Mitarbeiter frustriert sind, benötigt man in der Regel sehr viel Zeit diese Frustration wieder abzubauen. Kurzum: Das Management muss wieder Vertrauen gewinnen. Sie müssen in solchen Fällen damit rechnen, das auch nachdem Maßnahmen eingeleitet worden sind, sich der Trend zunächst noch negativ entwickelt. Es ist darum wichtig, einen negativen Trend so früh wie möglich zu erkennen, damit die Situation nicht kritisch wird und Verluste eintreten.

Die *Eigenschaften* eines *Risikoindikators* lassen sich wie folgt zusammenfassen:

- Ein Risikoindikator wird regelmäßig gemessen.
- Ein Risikoindikator sollte das Risiko reflektieren.
  Beispiel: Die Verarbeitungskapazität sollte bei den Transaktionsvolumen berücksichtigt werden: Transaktionsvolumen/Verarbeitungskapazität.
- Ein Risikoindikator braucht Schwellenwerte dafür, ab wann das Management gefragt ist, korrigierende Aktionen einzuleiten. Die regelmäßige Messung ist nicht nur für die Früherkennung einzelner Risikoursachen notwendig. Sie ist ebenfalls eine notwendige Voraussetzung für die Erkennung von Trends. Die Messfrequenz wird im Wesentlichen durch das Risikopotenzial bestimmt. Wenn es zum Beispiel um die Verfügbarkeit des Handelssystems geht, dann ist während der Handelszeit eine kontinuierliche

Messung angebracht. Die Schadenshöhe ist so hoch, das es sich hier lohnt, intensiv zu überwachen.

Viele Indikatoren, die benutzt werden, erfüllen das zweite Kriterium nicht. Das angeführte Beispiel zeigt, dass das Transaktionsvolumen alleine keine Aussage über das Risiko erlaubt. Es ist kein Problem, wenn das Transaktionsvolumen um 10.000 ansteigt, da die Verarbeitungskapazität eine Erhöhung von 40.000 Transaktionen mühelos zulässt. Die Kapazitätsauslastung sagt etwas über das Risiko aus. Wenn es hier um eine Datenbank geht, dann ist zum Beispiel bekannt, dass die Auslastung nicht über 70 Prozent gehen sollte. Es muss dann eine Erweiterung der Datenbank eingeleitet werden. Dieser Prozess nimmt Zeit in Anspruch, und darum sollte er eher früher als später gestartet werden. Wenn die Grenze von 85 Prozent überschritten wird, kann es schon zu Ablaufstörungen kommen.

Ein Indikator ohne Schwellenwerte ist nicht wirksam, da hier nie eine Warnung ausgelöst wird. Die Schwellenwerte werden an zwei Stellen gesetzt: Frühwarnung und kritische Situation. Oft werden diese Stellen mit Farben markiert: Der Übergang von grün nach gelb stellt die Frühwarnung dar, der Übergang von gelb nach rot die kritische Situation.

Nun kann man sich fragen, wer solche Schwellenwerte setzen soll. Darauf kann keine eindeutige Antwort gegeben werden. Es gibt jedoch einige Randbedingungen, die bei der Bestimmung von Schwellenwerten in Betracht gezogen werden sollten:

- Die Warnung sollte bezwecken, dass Risikosituationen rechtzeitig erkannt werden. Der Prozessverantwortliche sollte diese Warnung auf jeden Fall erhalten. Wie würde der Prozessverantwortliche sich verhalten, wenn er die Schwellenwerte nicht selbst definiert? Es kann hier zu unterschiedlichen schädlichen Verhaltensmustern kommen. Wird der Schwellenwert zu niedrig angesetzt, ignoriert der Prozessverantwortliche die Warnungen. So kann eine »richtige« Warnung auch nicht wahrgenommen werden. Wenn der Schwellenwert allerdings zu hoch gesetzt wird, kann das dazu führen, dass der Prozessverantwortliche dem System nicht traut und somit nebenbei eine Überwachung einführt.
- Der kritische Level hat eine andere Bedeutung. Hier muss nicht nur der Prozessverantwortliche informiert werden, sondern auch das Senior Management. In einem solchen Fall hat der Prozessverantwortliche nicht adäquat reagiert oder reagieren können. Wie dem auch sei, es ist wichtig, dass das Senior Management informiert wird, um so Schäden abzuwenden. Darum sollte der »kritische« Schwellenwert nicht alleine durch den Prozessverantwortlichen bestimmt werden.

Die letzte Frage hat die Definition zum Thema. Man kann fragen: Wie kommt ein Risikoindikator zu Stande? Die folgende Vorgehensweise kann bei der Gestaltung von Risikoindikatoren hilfreich sein.

Im ersten Schritt werden die zu *überwachenden Objekte* definiert. Die Objekte können variieren, zum Beispiel:
- eine interne Kontrolle,
- eine Funktion,
- eine Abteilung,
- ein Standort,
- ein Produkt.

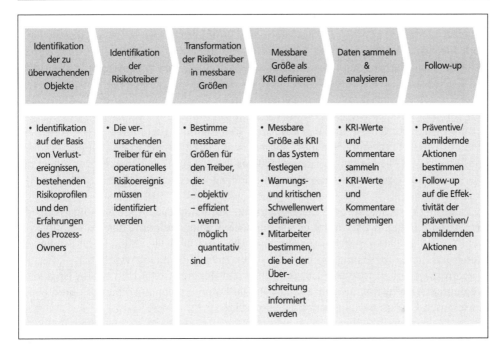

Abb. 34: Wie werden Key-Risk-Indikatoren definiert?

Es gibt einige bekannte Beispiele für Risikoindikatoren. Die Altersanalyse der offenen Posten auf Nostrokonten ist eine der bekanntesten internen Kontrollen. Je älter die offenen Posten werden, umso unwahrscheinlicher wird es, dass sie noch geklärt werden können. Damit wird es gleichzeitig umso wahrscheinlicher, dass die Posten der Gewinn- und Verlustrechnung belastet werden. Je früher erkannt wird, dass Rückstände bei der Kontoabstimmung bestehen, umso schneller kann reagiert werden und können Maßnahmen eingeleitet werden. Es muss in solchen Fällen gar nicht zum Schaden kommen.

Eine Funktionsüberwachung ist zum Beispiel in der IT-Welt angebracht. Die Verfügbarkeit verschiedener Funktionen kann für die Bank kritisch sein. Dabei kann zum Beispiel an die Verfügbarkeit der Handelssysteme gedacht werden. Diese Verfügbarkeit wird oft kontinuierlich überwacht. Wenn die Kapazitätsauslastung auf einmal kritisch wird, dann kann noch schnell gehandelt werden und Systemstörungen und etwaige Verluste können vermieden werden.

Die bestehende Verlustdatensammlung oder die Self-Assessment-Ergebnisse können zusammen mit der Erfahrung der Prozessverantwortlichen eine gute Basis sein, die Schwachstellen in der Organisation zu identifizieren.

Im zweiten Schritt werden die *Risikotreiber* gesucht. Zunächst wird geprüft, welche Risikoursachenkategorien eine Rolle spielen: Unautorisierte Handlungen, Personalausstattung, externe kriminelle Handlungen, IT-Ausfälle etc. können als Beispiele genannt werden.

Es ist wichtig, das Reaktionsfenster so weit wie möglich auszudehnen, um so viele Verluste vermeiden zu können. Darum reicht eine Zuordnung zu einer Risikoursachenkategorie nicht aus. Es gilt, die Treiber hinter diesem Risiko zu finden. Dies ist eine wesentliche Herausforderung, denn das Vergessen eines Treibers hat zur Konsequenz, dass auch nicht gewarnt wird. Es ist natürlich auch so, dass aus Effizienzgründen nicht beliebig viele Risikoindikatoren gemessen werden können. Deshalb ist es sinnvoll, die wichtigen von den weniger wichtigen Indikatoren auszuwählen.

Im dritten Schritt werden die *gefundenen Treiber* in der Form messbarer Größen abgebildet. Dabei wird immer wieder überlegt, wie Daten effizient und objektiv erhoben werden können, die eine gute Wiedergabe des Risikos erlauben. Hier wird insofern der ideale Entwurf eines Risikoindikators mit den zu erhebenden Daten in Einklang gebracht.

Wenn diese drei Schritte erfolgreich umgesetzt worden sind, dann ist die Aufgabe eigentlich schon erledigt. Jetzt kommt es noch auf die Implementierung des Risikoindikators an. Er muss in einem System aufgesetzt werden, das heißt der Ablauf, die Schwellenwerte und die zu benachrichtigenden Personen müssen festgelegt werden. Die Messfrequenz wird ebenfalls festgelegt und damit kann der nächste Schritt schon eingeleitet werden: die Datensammlung und -analyse. Die Daten werden ausgewertet und etwaige Korrekturen werden geplant und vorgenommen.

Der Management-Zyklus wäre nicht vollständig, wenn nicht gleichzeitig ein Followup vorgesehen wäre. Der Risikocontroller überwacht, ob die Warnungen wahrgenommen werden und der Handlungsbedarf auch tatsächlich umgesetzt wird, damit die Risiken tatsächlich Risiken bleiben und sich nicht in der Form von Ereignissen oder – schlimmer noch – Verlusten manifestieren.

Praxisbeispiel: Es treten öfter Verluste durch Unterbesetzung in der Zahlungsverkehrsabteilung auf. Dieses Problem ist größer, wenn Mitarbeiter mit bestimmten Qualifikationen fehlen. Der Risikomanager möchte vermeiden, dass dadurch eine kritische Situation entsteht und er entscheidet sich, einen Risikoindikator zu implementieren.

Zunächst kann festgestellt werden, dass hier eine Funktion Objekt der Messung ist. Die Treiber können sehr unterschiedlich sein: Krankheit, fehlende Motivation, fehlende qualifizierte Mitarbeiter oder fehlendes Budget. Es handelt sich aber um bestimmte Mitarbeiter. In der Praxis ist es nicht immer möglich, diese Mitarbeiter exakt zu bestimmen. Darum müssen wir das Problem anders angehen. Um einen reibungslosen Prozessablauf zu gewährleisten, muss jede Tätigkeit von mindestens drei Mitarbeitern erledigt werden können. Sobald einer krank wird, wenn der andere im Urlaub ist, kommt es entscheidend auf den dritten Mitarbeiter an.

Die Messbarkeit kann realisiert werden, wenn ein Staff/Task-Ratio eingeführt wird. Hier wird für jede Aufgabe festgestellt, wie viele Mitarbeiter eine einzelne Aufgabe erledigen können. Der kritische Wert sollte in diesem Fall auf drei festgelegt werden, eine Frühwarnung schon bei dem Wert 4 angesetzt werden.

Die Risikoindikatoren nehmen eine wichtige Rolle im Operational-Risk-Management-Prozess ein. Sie erlauben uns, entstehende Probleme frühzeitig zu erkennen und zu lösen, damit Verluste weitgehend vermieden werden können. Dieses Instrument ist insofern hervorragend geeignet, das Operational-Risk-Management in der tägliche Praxis zu verankern.

Das interne Modell zur Berechnung des Risikokapitals

Das Risikokapital wird als das Kapital definiert, das von der Bank als Reserve gehalten wird, um Risiken abdecken zu können, und selbst bei unerwarteten Verlusten bis zu einem definierten Wahrscheinlichkeitsniveau für einen bestimmten Zeitraum solvent zu bleiben. Dieser Begriff wird auch als ökonomisches Kapital bezeichnet. Die Zuordnung der Begriffe erfolgt beispielhaft in der Abbildung 35.

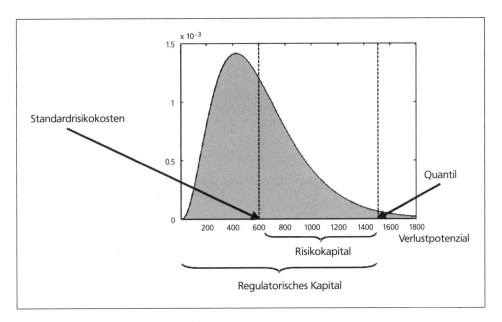

Abb. 35: Basisbegriffe Risikokapital

Die Standardrisikokosten sind statistisch als der erwartete Verlust zu interpretieren. Das Quantil ist das oben genannte Wahrscheinlichkeitsniveau. Regulatorisch sollte das Quantil unter der gleichen Maßgabe wie beim Kreditrisiko bestimmt werden. Für das Kreditrisiko sieht Basel II 99,9 Prozent vor. Das regulatorische Kapital ist in der Abbildung 35 inklusive der Standardrisikokosten abgebildet. Diese Vorgehensweise ist dann durch Basel II verpflichtend, wenn die Bank nicht explizit nachweisen kann, dass die Standardrisikokosten in einer Risikovorsorge berücksichtigt wurden.

Der Kalkulationsprozess muss in der Lage sein, die Häufigkeits- und Verlustpotenzialschätzungen mit den dazu geschätzten Unsicherheiten zu berücksichtigen. Diesen Prozess zeigt die Abbildung 36.

Im ersten Schritt werden die Parameterwerte für die Verteilungen der Häufigkeit und der Schadenshöhe bestimmt. Die zu bestimmenden Parameterwerte sind der Mittelwert und die Standardabweichung. Der Mittelwert wird aus dem geschätzten typischen Wert abgeleitet. Die Ableitung der Standardabweichung erfolgt aus den geschätzten Bandbreiten. Die Bestimmung der Standardabweichung berücksichtigt, dass der Experte 95 Prozent

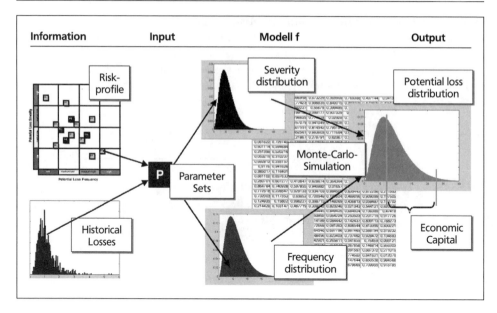

Abb. 36: Der Risikokapitalkalkulationsprozess

aller typischen Fälle in ihrer Bandbreite eingeschlossen hat. Das Modell unterliegt ebenfalls bestimmten *Anforderungen*[11]:

- Es muss *konsistent* sein: Die Änderungen im Risikokapitalwert sollten den Änderungen im Risikoprofil entsprechen.
- Es muss *zuverlässig* sein: Die absolute Betragsgröße sollte das tatsächliche Risiko widerspiegeln.
- Es muss *robust* sein: Kleine Änderungen im Risikoprofil sollten nicht zu größeren Ausschlägen im Risikokapital führen.
- Es muss *stabil* sein: Die Risikokapitalwerte sollten zeitlich vergleichbar sein.

Das Modell zur Bestimmung des Risikokapitals ist eine vereinfachte Wiedergabe der Realität. Es sollte Auskunft darüber geben, wie viel Risikokapital benötigt wird, um zum Beispiel in 99,9 Prozent der Fälle eine Insolvenz zu vermeiden. Dazu müssen die Häufigkeits- und Verlustpotenzialschätzungen zusammengebracht werden. Statistisch wird dieser Prozess »falten« genannt. Die Faltung wird mithilfe einer *Monte-Carlo-Simulation* vorgenommen. Eine Monte-Carlo-Simulation kann mit einem Würfelspiel verglichen werden. Aufgrund von Expertenschätzungen werden Würfel für die Häufigkeit und das Verlustpotenzial »zurecht geschnitten«, sodass die Augenzahl mit entsprechender Wahrscheinlichkeit fällt. Danach wird zum Beispiel 100.000 Mal gewürfelt und die daraus resultierenden Ergebnisse werden aufgeschrieben. Eine Darstellung dieses Prozesses zeigt Abbildung 37.

---

11   Vgl. Anders, Ulrich, 2002, S. 214.

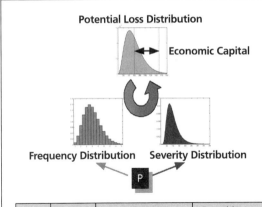

Für jeden Parameterset **P** werden Verlusthäufigkeiten und Schadenshöhen zufällig mit Hilfe einer Monte-Carlo-Simulation generiert. Die Potential Loss Distribution reflektiert den jährlichen Verlust.

Das ökonomische Kapital wird bestimmt durch den unerwarteten Verlust unter Berücksichtigung eines Perzentils (z. B. 99,9 %)

Iteration	Frequency	Loss Severities			Potential Loss
1	1	18			18
2	2	28	23		51
3	1	19			19
4	3	17	19	29	65
...	...	...			...

Abb. 37: Monte-Carlo-Simulation

Die Werte in der Spalte »Potential Loss« werden in eine Grafik übertragen und bilden die empirische Verlustpotenzialverteilung ab. Für diese Verlustverteilung wird das 99,9 %-Quantil bestimmt. Von diesem Wert werden die Standardrisikokosten abgezogen. Das Risikokapital ist das Ergebnis. Die Bestimmung der Parameterwerte für die Häufigkeits- und Verlustpotenzialverteilungen ist abhängig von den Basisdaten. In manchen Fällen wird eine Verlustverteilung auf Basis der vorliegenden Daten »gefittet«. Dieses »Fitting« hat eine ständige Anpassung des Modells bei Änderungen in den Basisdaten zur Folge. Das Modell verliert an Stabilität. Insofern wird eine explizite Wahl für bestimmte Verteilungen bevorzugt. Für die Häufigkeitsverteilung liegt die Wahl auf der Hand. Die Statistik bietet hier eine Binomial-, Negativ-Binomial- oder eine Poisson-Verteilung.[12]

Für die Verlustpotenzialverteilungen gibt es mehrere Alternativen. Momentan wird oft mit einer Lognormal-Verteilung gearbeitet. Diese Verteilung weist eine gewisse Robustheit auf und bildet die notwendige Asymmetrie ab. Damit wird deutlich, dass große Verluste relativ wenig vorkommen. Andere Verteilungen, die in Frage kommen, sind die Gamma-Verteilung oder die Weibull-Verteilung. Die letzte Verteilung wird allerdings durch drei Parameter beschrieben und reagiert empfindlicher auf Änderungen im Risikoprofil als die beiden erstgenannten Verteilungen. In dem genannten Beispiel für die Monte-Carlo-Simulation wurde das operationelle Risiko mithilfe einer Verteilung

---

12 Bei der Poissonverteilung ist der Erwartungswert gleich der Varianz.

für die Häufigkeit und einer Verteilung für das Verlustpotenzial modelliert. In Wirklichkeit wird das operationelle Risiko jedoch durch verschiedene Risikoursachenkategorien bestimmt. In die Basler Definition für operationelle Risiken ist die erste Ebene der Risikoursachenkategorien bereits aufgenommen: Menschen, Systeme, Prozesse und externe Faktoren. Diese Kategorisierung kann noch beliebig weiter spezifiziert werden. Die große Streuung der Risikoursachen macht eine differenzierte Betrachtung notwendig. Für diese Betrachtung können zwei unterschiedliche Perspektiven gewählt werden:

- Die pessimistische Perspektive: Auf Grund aller genannten Risikoursachen manifestieren sich OR-Verluste zur gleichen Zeit.
- Die optimistische Perspektive: Auf Grund aller genannten Risikoursachen manifestieren sich OR-Verluste nicht zur gleichen Zeit.

Die pessimistische Perspektive unterstellt, dass die einzelnen Risikoursachen vollkommen abhängig voneinander sind. Statistisch kommt dies durch einen Korrelationskoeffizienten von 1 zum Ausdruck. Die optimistische Perspektive unterstellt dagegen, dass alle Risikoursachen vollkommen unabhängig sind. Statistisch kommt dies durch einen Korrelationskoeffizienten von 0 zum Ausdruck.

Die Bestimmung beider Perspektiven zeigt die Abbildung 38.

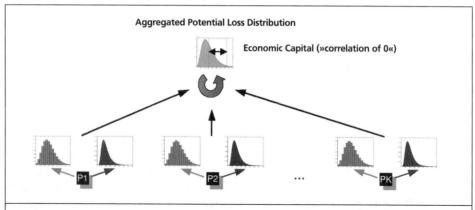

Abb. 38: Aggregationsmethode »Korrelationskoeffizient = 0«

Die beiden Betrachtungen sind gleichzeitig die Extreme: Der wirkliche Wert liegt dazwischen. Die genaue Position wird durch die Korrelationskoeffizienten zwischen den Risikokategorien bestimmt. Erste bankinterne Analysen belegen, dass die Korrelationskoeffizienten sich in den meisten Fällen eher in der Nähe von null befinden.

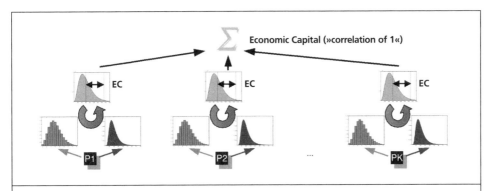

Das ökonomische Kapital wird für jede compound loss distribution einzeln berechnet. Das undiversifizierte ökonomische Kapital ist die Summe der einzelnen Beiträge. Dieser Wert ist äquivalent mit den vollständigen korrelierten Werten für jede compound loss distribution.

Diversifikationseffekte werden bei diesem Ansatz nicht berücksichtigt.

Abb. 39: Aggregationsmethode »Korrelationskoeffizient = 1«

Es gibt außer dem besprochenen Ansatz durchaus noch andere statistische Vorgehensweisen. Beispielhaft kann an die Weibull-Verteilung gedacht werden. In der Literatur[13] finden sich auch Modelle, denen die *Bayesianische Statistik* zugrunde gelegt wird. In diesen Modellen werden die verschiedenen Risikofaktoren beschrieben und die dazugehörenden Eintrittswahrscheinlichkeiten geschätzt. Es handelt sich hier um bedingte Wahrscheinlichkeiten: die Wahrscheinlichkeit, dass sich A ereignet unter der Bedingung, dass B sich ereignet hat. Obwohl diese Art der Modellierung interessante Potenziale aufzeigt, wird sie in der Praxis noch nicht oft umgesetzt. Die Komplexität der Realität mag hierfür eine Ursache gewesen sein, da die Prozesse genau abgebildet sein müssen, um die Risikofaktoren und deren Eintrittswahrscheinlichkeit einschätzen zu können. Ein anderes Gebiet der Statistik, das immer wieder angesprochen wird, ist die Extremwerttheorie. Die *Extremwerttheorie* ist die Theorie über das stochastische Verhalten besonders großer oder kleiner zufälliger Werte. Bei potenziell katastrophalen Ereignissen, die zwar selten eintreten, dafür aber fatale Schadenssummen produzieren, greift man auf die Extremwert-Theorie (»Extreme Value Theorie«, EVT) bzw. die Peaks-over-Threshold-Methode (PoT) zurück. Mit ihrer Hilfe wurde beispielsweise die Höhe der Deiche berechnet, die die Niederlande vor Überschwemmungen schützen. Für die Fluthöhen oberhalb von drei Metern setzte man eine verallgemeinerte Pareto-Verteilung an. Deren Parameter bestimmte man jedoch nicht nur aus den Daten der seltenen Katastrophenereignisse (vier Meter im Jahre 1570 als höchste Flut aller Zeiten; 3,85 Meter im Jahr 1953), sondern aus den empirischen Daten »normaler« Zeiten. Daraus ergab sich, dass ein Deich

---

13 Vgl. Alexander, Carol, 2003.

von 5,14 Metern Höhe eine Katastrophe mit großer Sicherheit verhindert, da mit einer solchen Flut nur einmal in 10.000 Jahren zu rechnen ist.[14]

Zunächst scheint diese Theorie per Definition geeignet, da wir ein hohes Quantil einer schiefen Verteilung bestimmen müssen. Es gibt inzwischen Untersuchungen, die belegen, dass die Datenlage noch nicht ausreichend ist.[15] Außerdem reagieren die Ergebnisse stark, wenn einige Daten weggelassen werden und das gesamte Modell neu gerechnet wird.

---

14 Vgl. Romeike, Frank: Lexikon Risikomanagement, Wiley-VCH, Weinheim 2004.
15 Vgl. Gnusins, Jurijs, Seminararbeit 2003.

3 Risikomanagement und Corporate Governance in der Praxis

Es kommt nun darauf an, das Risikomanagement und die Aktivitäten im Rahmen der Corporate Governance in einer geschickten Art und Weise miteinander zu verbinden. Den meisten Experten wird recht schnell klar, dass die Schnittmenge zwischen diesen beiden Gebieten groß sein muss, weil das Untersuchungsobjekt vergleichbar ist (vgl. Abbildung 40).

Es gibt in der Organisation kaum einen wesentlichen Prozess, der nicht gleichzeitig auch einen wichtigen Einfluss auf die Bilanz oder die Gewinn- und Verlustrechnung hat. Die Einflüsse sind nicht immer klar: Ein gutes Risikomanagement sorgt gerade dafür, dass die Effekte auf die Bilanz und Gewinn- und Verlustrechnung klein bleiben. Jeder weiß jedoch sofort, dass der Managementprozess bezüglich operationeller Risiken als ein wichtiger Prozess eingestuft wird.

Der Fokus auf das Objekt ist nicht immer gleich: In einem Risiko-Assessment wird der Fokus auf das Risiko gelegt. Im Rahmen des Corporate Governance-Ansatzes stehen primär die internen Kontrollen im Vordergrund. Mit anderen Worten: Im Rahmen des Risiko-Assessments werden die internen Kontrollen implizit beurteilt, während sie im Rahmen der Corporate Governance explizit beurteilt werden.

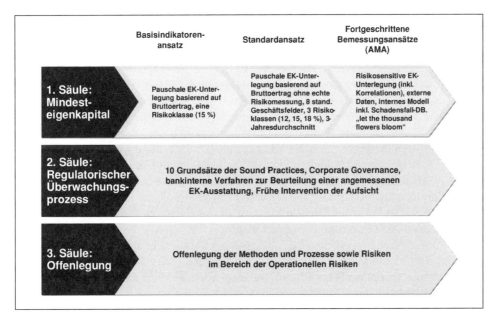

Abb. 40: Basel II: 3 Säulen
Quelle: Romeike, Frank: Integration des Managements der operationellen Risiken in die Gesamtrisikosteuerung, in: Banking and Information Technology – A Strategic Report for Top Management, Band 5, Heft 3/2004, S. 41–54.

Wie bereits besprochen, ist das Management nach dem Sarbanes-Oxley Act verpflichtet, ein Internes Kontrollsystem aufzubauen und regelmäßig zu überprüfen. Es kommt in diesem Fall auf zwei Arten der Prüfung an:

- Sind die Prozesse mit den richtigen Kontrollen versehen?
- Funktionieren diese internen Kontrollen auch?

Die erste Frage ist eng mit dem Implementierungsprozess für neue Produkte verbunden. Nachdem die Risiken inventarisiert worden sind, können die passenden internen Kontrollen identifiziert und implementiert werden. Dieser Prozess wird für bestehende Prozesse in der Regel nicht regelmäßig durch den Prozessverantwortlichen durchgeführt. Wenn die Interne Revision jedoch mit der Prüfung beginnt, wird zunächst festgestellt, ob der Prozess tatsächlich für die Verarbeitung der Produkte geeignet ist. Diese Eignung wird ebenfalls über den adäquaten Einsatz interner Kontrollen definiert. Die inhärenten Produkt- und Prozessrisiken müssen durch die internen Kontrollen in den Prozessen abgemildert werden.

Die Prozesse sollten bezüglich ihrer Effektivität und Effizienz regelmäßig geprüft werden, da die Risiken sich mit der Zeit ändern können. Wenn Prozesse weitgehend automatisiert werden oder das Internet als Distributionskanal eingesetzt wird, ändern sich die Risiken und die internen Kontrollen müssen entsprechend der neuen Situation angepasst werden. Schon aus diesem Grund sollte die erwähnte Prüfung regelmäßig stattfinden.

Abgesehen von den inhärenten Risiken gibt es interne und externe Anforderungen die ebenfalls berücksichtigt werden müssen. Die Aufsicht stellt an das Betreiben von Handelsgeschäften und für das Kreditgeschäft spezifische Anforderungen, die nicht immer nur die Risiken betreffen. Diese Anforderungen sollten ebenfalls bei der Eignungsprüfung der internen Kontrollen berücksichtigt werden.

Interne Kontrollen haben im Rahmen der Corporate Governance unterschiedliche Bedeutung. Im Rahmen der Corporate Governance stehen vor allem die Kontrollen im Fokus, die zur Vermeidung materieller Fehler im Jahresabschlussbericht beitragen. In dem bereits besprochenen Swap-Beispiel nimmt die Abstimmung der Bestätigungen eine zentrale Rolle ein, da diese Kontrolle – unter Einbeziehung des Kontrahenten als Kontrollinstanz – die Richtigkeit und die Vollständigkeit der Abbildung einzelner Geschäfte sicherstellt. Neben der Richtigkeit und Vollständigkeit der Abbildung der einzelnen Geschäfte ist auch die tägliche Bewertung im Rahmen des Jahresabschlussberichtes wichtig. Die Kontrolle der Marktpreise, die zur Bewertung der Geschäfte herangezogen werden, ist deshalb eminent wichtig. Die Zinskurve wird auf Basis der Marktpreise abgebildet und kann dann zur Bewertung verwendet werden.

Es ist unbestritten, dass in dem Swap-Prozess noch weitere interne Kontrollen vorhanden sind. Die Abstimmung der Front-Office- und Back-Office-Position ist eine davon. Diese Kontrolle ist ebenfalls notwendig. Sie kann aber die Vollständigkeit und die Richtigkeit der Abbildung jeder Transaktion nicht sicherstellen.

Im Rahmen der Priorisierung der internen Kontrollen kann festgehalten werden, dass die Abstimmung der Bestätigungen durch Kontrahenten höher eingestuft werden sollte als die Abstimmung der Front-Office- und Back-Office-Positionen. Die am höchsten priorisierten internen Kontrollen sollten im Rahmen der Corporate Governance als Key Controls definiert werden.

Die Relevanz eines materiellen Fehlers ist ohne eine Quantifizierung der Risiken nicht möglich. Für die Einschätzung der aus Fehlern resultierenden Gefahr müssen die Wahrscheinlichkeit des Eintretens und das Ausmaß des erwarteten Effekts bekannt sein.

Mittlerweile wird immer klarer, dass Corporate Governance ohne *IT-Governance* undenkbar ist[1]. In der Finanzindustrie nimmt die IT-Unterstützung eine prominente Stellung ein. Der Zahlungsverkehr, das Investment-Banking und das Risikocontrolling sind Beispiele, die ohne IT-Unterstützung nicht mehr funktionieren können.

Die IT-Dominanz hat gleichzeitig aber auch eine Konsequenz: Die internen Kontrollen in und um die IT-Systeme nehmen bei dem Testing im Rahmen der Corporate Governance eine bedeutende Rolle ein. Es handelt sich hier sowohl um die General Controls als auch um die Application Controls. Es kommt also darauf an, diese Controls zum einen aus der Soll-Sicht (Sind die Controls an der richtigen Stelle im Prozess angebracht?) und zum anderen aus der Ist-Sicht (Funktionieren die Controls?) zu bewerten.

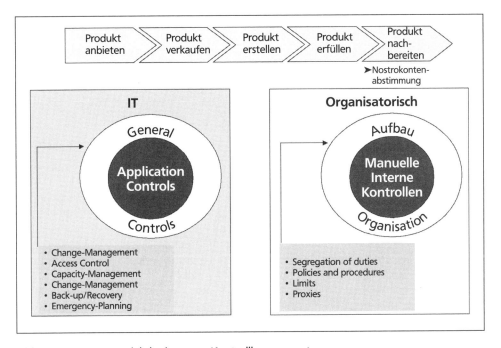

Abb. 41: Zusammenspiel der internen Kontrollkomponenten

Aus der Abbildung 41 wird klar, dass die *General Controls* eine wichtige Voraussetzung für das Funktionieren der *Application Controls* sind. Dieser Punkt ist auch bei der Bewertung der Controls in den einzelnen Prozessen zu bedenken. Der Prozessverantwortliche kennt die Application Controls in der Regel, da sie eine direkte Wirkung auf den Prozessablauf haben.

---

1 NOREA, 2004, IT-Governance: Een Verkenning, Amsterdam, 2004.

Die getrennte Ein- und Freigabe werden zum Beispiel von den Prozessverantwortlichen wahrgenommen. Es ist für den Prozessverantwortlichen nicht immer klar, dass die General Controls ebenfalls in die IT-Prozesse aufgenommen werden, und diese Controls auch funktionieren müssen. Darum sind die General Controls wie ein Ring um die Application Controls in Abbildung 41 abgebildet. Sie müssen funktionieren, damit der Prozessverantwortliche sich auf die Effektivität der Application Controls verlassen kann. In diesem Fall muss der »Access Control« geregelt sein und dieser Control muss funktionieren. Wenn die physische Zugangskontrolle nicht funktioniert, können Dritte gewollt oder ungewollt im Rechenzentrum Einfluss auf die Prozesse nehmen. Wenn der logische Zugang nicht funktioniert, kann zum Beispiel das Vieraugenprinzip umgangen werden.

Es ist in jedem Fall wichtig, die General Controls zu kennen. Die nachfolgende kurze Beschreibung soll dem Prozessverantwortlichen helfen, die Diskussion mit der IT-Abteilung adäquat führen zu können.

Access Control

Access Control umfasst sowohl die physischen als auch die logischen Zugänge zu IT-Systemen. Der physische Zugang gilt insbesondere für den Rechnerraum. Wenn der Rechnerraum jedem zugänglich ist, dann können Unbefugte auch die Systemkonsole bedienen und so auf Systemsoftwareebene unbemerkt Daten manipulieren. Weiterhin kann die Exklusivität der Daten verletzt werden, da externe Mitarbeiter Daten sehen und diese möglicherweise auf Datenträgern speichern und somit zweckentfremden. Der Bank kann Schaden entstehen, wenn die Daten Dritten unautorisiert zur Verfügung gestellt werden.

Für den Bereich *IT-Sicherheit* haben sich vier allgemein anerkannte *Schutzziele* herausgebildet:[2] die Verfügbarkeit, die Vertraulichkeit, die Integrität sowie die Zurechenbarkeit.

a) *Verfügbarkeit*: Nur dann, wenn jederzeit auf Informationen und Systemressourcen zugegriffen werden kann, ist Verfügbarkeit gegeben. Die Verfügbarkeit ist daher ein zentrales Merkmal im IT-Risk-Management. Untersuchungen zeigen, dass Mangel an Sicherheitsbewusstsein, fehlende Notfallpläne und Nachlässigkeiten von Mitarbeitern die häufigsten Ursachen bei Problemen im Bereich Verfügbarkeit sind. Der technische Sicherheitsaspekt spielt eher eine untergeordnete Rolle.

b) *Vertraulichkeit*: Hier wird der Aspekt des Datenschutzes angesprochen. Unberechtigte Dritte sollen von Daten und/oder Kommunikationsprozessen keine Kenntnis erlangen. Insbesondere im weltweiten Internet besteht hier noch ein großer Harmonisierungsbedarf der einzelnen Länder. Auf der einen Seite sind die Anbieter stark an Kundeninformationen interessiert (Stichwort: Data Warehouse und Database Marketing). Auf der anderen Seite steht der ›Schutz der Privatsphäre‹.

c) *Integrität*: Informationen dürfen auf ihrem Weg vom Sender zum Empfänger nicht durch unzulässige Modifikationen verändert werden. Nur wenn die Integrität gewähr-

---

2 Vgl. Romeike, Frank: Integration von E-Business und Internet in das Risk-Management des Unternehmens. In: Kommunikation & Recht: Betriebsberater für Medien, Telekommunikation und Multimedia (Verlag Recht und Wirtschaft Heidelberg), Heft 8 (2001), S. 412–417.

leistet ist, kann der Empfänger das Vertrauen haben, dass ihn die Botschaft unverfälscht erreicht. Im E-Business hat das Thema Integrität eine besondere Schlüsselrolle.

d) *Zurechenbarkeit*: Von Zurechenbarkeit spricht man dann, wenn sich Kommunikationsinhalte und -prozesse immer verbindlich nachweisen und zuordnen lassen. Im E-Commerce, d. h. dem Handel im Internet, ist es wichtig, dass Kommunikationsbeziehungen sicher zugerechnet werden können (z. B. bei Bestellungen oder Kündigungen).

Der logische Zugang wird klassisch mit Hilfe einer User-Id und einem Passwort geregelt. Heute wird sicherlich in sensiblen Bereichen von anderen Mitteln – wie Tokens, Smartcards, biometrischen Daten – Gebrauch gemacht. Das Ziel ist jedoch immer noch das gleiche: Die Benutzerrechte sollten nur durch autorisierte Benutzer ausgeübt werden können. So soll sichergestellt werden, dass Kompetenzen nicht überschritten werden sowie Mitarbeiter und Mitarbeiterinnen nur die Daten und Informationen lesen können, zu denen sie auch berechtigt sind. Wenn diese Situation nicht mehr gegeben ist, können Mitarbeiter Transaktionen freigeben, zu denen sie gar nicht berechtigt sind. Damit wird der Weg zum Betrug deutlich erleichtert.

Diese Zugangskontrolle wird sicherlich nicht nur für die Benutzer der Systeme als wichtig eingestuft. Es ist genauso wichtig, dass die Abgrenzungen zwischen der Entwicklungs-, Test- und Produktionsumgebung aufrechterhalten werden. Wenn Entwickler direkt in der Produktionsumgebung eingreifen können, dann sind sie ebenfalls in der Lage, in die IT-seitigen Abläufe einzugreifen. Sie können so programmierte Kontrollen umgehen oder sogar außer Funktion setzen. Solche Punkte sind zu berücksichtigen, wenn die so genannten »significant Classes of Transactions« und die damit verbundenen Prozesse untersucht werden. In vielen Prozessen ist die Unterstützung von IT-Systemen so dominant, dass sie für die Qualität der Internal Controls bestimmend sind. Wenn die General Controls in der Form der Zugangskontrollen versagen, kann kaum argumentiert werden, dass der Prozess den Qualitätsanforderungen entspricht.

Capacity Management

Das Capacity Management hat einen direkten Einfluss auf die Verfügbarkeit der IT-Systeme. Wenn Systeme nicht verfügbar sind, kann die Richtigkeit und Vollständigkeit der Transaktionsverarbeitung nicht sichergestellt werden. Transaktionen können verloren gehen, da sie während des Ausfalls schlichtweg verschwinden und nicht mehr wiederhergestellt werden können. In Abhängigkeit von der Art der Transaktionen kann es länger dauern, bevor bemerkt wird, dass Transaktionen fehlen. Wenn es zum Beispiel um Zinsswaps geht, ist die Bank – wie bereits skizziert – auf den Bestätigungsprozess angewiesen. Wenn der Kontrahent es mit der Rücksendung von Bestätigungen nicht so genau nimmt, wird eine unvollständige Erfassung erst am Tage des ersten Cashflow-Austausches klar. Die Konsequenz ist eine falsche Position in der Periode von dem Transaktionsdatum bis zum ersten Settlement-Datum und dadurch eine falsche Bewertung der Position und somit eine falsche Ausweisung in der Gewinn- und Verlustrechnung.

Kapazitätsmanagement beeinflusst nicht nur die richtige und vollständige Verarbeitung der Transaktionen, sondern auch die richtige und vollständige Speicherung von

Informationen, die ebenfalls für die Erstellung der Bilanz sowie der Gewinn- und Verlustrechnung eine große Rolle spielen. Hier sind Daten wie Preise und Kurse zu nennen, die zur Bewertung der Transaktionen verwendet werden.

Change Management

Das Change Management ist eine wichtige Voraussetzung für die Sicherstellung der Funktionalität der Systeme. Software wird weiterentwickelt und die neue Funktionalität muss natürlich getestet werden. Gleichwohl muss sichergestellt werden, dass die bestehende Funktionalität nach wie vor einwandfrei funktioniert. Die Sicherstellung der Funktionalität wird durch verschiedene Tests realisiert: Systemtests, Integrationstests und User-Akzeptanztests. Der Systemtest wird meistens durch die Entwickler durchgeführt. Auch beim Integrationstest sind die IT-Spezialisten noch in einer prominenten Position. Es handelt sich hier um das Testen der Funktionalität eines Systems unter Berücksichtigung der IT-Architektur des Unternehmens. Die Schnittstellen zwischen den Systemen, die Daten liefern oder empfangen, werden hier getestet.

Beim User-Akzeptanztest stehen die Benutzer des Systems in Vordergrund: Sie testen die Umsetzung der Geschäftsanforderungen in dem System. Im Rahmen der Corporate Governance stehen die Funktionalitäten, die die richtige und vollständige Verarbeitung der Transaktionen und deren Bewertung tangieren, im Vordergrund. Die Abwicklung der Transaktionen ist schon weitgehend automatisiert. Dies gilt in der Zwischenzeit auch für unterstützende Aktivitäten, wie etwa die Anpassung der Zinssätze für die Transaktionen. Dass die Zinssätze einen großen Einfluss auf die Gewinn- und Verlustrechnung haben, braucht wenig Argumentation.

Die Bewertung von Transaktionen zum Marktwert hat dafür gesorgt, dass die Zinskurven und die anderen Marktpreise ebenfalls für die Berechnung der nicht realisierten Ergebnisse eine wichtige Rolle spielen. Bei dem User-Akzeptanztest sollte im Rahmen der Corporate Governance auch auf die Bewertungsfunktionalität Bezug genommen werden.

Back-up-/Recovery- und Emergency-Planung

Sowohl die Back-up-/Recovery- als auch die Emergency-Planungsaktivitäten sind auf die Verfügbarkeit von Systemen gerichtet. Die kritischen Systeme stehen hier im Vordergrund.

Die General Controls spielen sich zum größten Teil außerhalb des direkten Wahrnehmungs- und Einflussbereiches des Systembenutzers ab. Es ist darum auch für die Systembenutzer sehr schwierig, ein Urteil über die Wirkung solcher Controls zu bilden. Wenn diese Controls aber außer Acht bleiben, kann der Prozessverantwortliche kaum eine gute Bewertung der internen Kontrollen vornehmen. Viele interne Kontrollen sind heutzutage in der Form von Application Controls in den Systemen aufgebaut oder werden wesentlich durch Systeme unterstützt. Diese Application Controls können aber nur einwandfrei funktionieren, wenn die General Controls effektiv sind. Insofern ist es für die Beurteilenden eines Prozesses wichtig, ein gutes Verständnis der Qualität der General Controls zu haben.

III Corporate Governance-Rating

1 Einführung

Insbesondere für Investoren und andere Kapitalmarktteilnehmer ist die Qualität der Corporate Governance sehr wichtig. Dies zeigt sich u. a. auch an den in den vergangenen Jahren wiederholt publizierten Corporate Governance-Ratings bzw. -Rankings der großen deutschen und europäischen Aktiengesellschaften. In diesem Zusammenhang sei auch die *Corporate Governance Scorecard* der DVFA (Deutsche Vereinigung für Finanzanalyse und Asset Management e. V.) erwähnt, die die Einschätzung der Unternehmen durch die Kapitalmarktteilnehmer erleichtern soll.

Vor diesem Hintergrund sind die Ergebnisse einer im Juli 2002 veröffentlichten Studie der Unternehmensberatung McKinsey & Company interessant.[1] McKinsey kam zu dem Ergebnis, dass der Qualität der Corporate Governance bei der Anlageentscheidung inzwischen die gleiche Bedeutung beigemessen wird wie finanziellen Kennzahlen. Eine große Mehrheit der institutionellen Anleger ist bereit, eine Prämie für Unternehmen mit hohen Standards in der Unternehmensleitung und -überwachung zu zahlen. Als besonders wichtig werden in diesem Zusammenhang hohe *Transparenz* durch möglichst einheitliche Rechnungslegung, ein unabhängiges und kompetent besetztes Aufsichtsgremium sowie hohe Qualität der Marktregulierung und des rechtlichen Investorenschutzes erachtet. Darüber hinaus ist auch die aktuelle Studie »Beyond the Numbers« der Deutschen Bank vom Februar 2004 zum britischen Markt (Gesellschaften des FTSE 350) interessant, die zu einem ähnlichen Ergebnis kommt: »Investments in companies with the highest quality of governance structures and behaviour significantly outperform those with the lowest«.[2] Im Rahmen der Studie wird insbesondere der Einfluss von Corporate Governance auf Risiko, Profitabilität und Performance untersucht.

Mit Hilfe eines Corporate Governance-Ratings erfolgt eine umfassende Analyse der Qualität der Corporate Governance-Strukturen auf der Ebene eines einzelnen Unternehmens. Dazu wird ein unternehmensspezifisches *Rating* (ein Score) benötigt, das möglichst viele Aspekte der Corporate Governance berücksichtigt und zu einer Kennzahl aggregiert. Insbesondere die institutionellen Anleger fordern bereits seit vielen Jahren, die Corporate Governance der Unternehmen einer objektivierenden Analyse zu unterziehen und Verfahren zu entwickeln, um die Qualität von Corporate Governance anhand von Vergleichsmaßstäben (Benchmarks) zu messen.

In der Zwischenzeit bieten sowohl die drei internationalen Ratingagenturen Standard & Poor's (S&P), Moody's Investors Service sowie FitchRatings Corporate Governance-Ratings an. Daneben haben sich auch weitere Agenturen, wie Deminor, ISS (Institutional Shareholder Services), DVFA (Deutsche Vereinigung für Finanzanalyse und Asset Management

---

1 McKinsey & Comp. (Hrsg.): Global Investor Opinion Survey: Key Findings, London, Juli 2002.
2 Deutsche Bank AG (Hrsg.): Global Equity Research Corporate Governance »Beyond the Numbers«, 18. 02. 04.

e. V.) und GMI (Governance Metrics International), auf Corporate Governance-Ratings spezialisiert. Obwohl sich die methodischen Ansätze im Detail sehr stark unterscheiden, können als wesentliche Kriterien aller Ratingagenturen aufgezählt werden:

* Schutz der Aktionärsrechte,
* Gleichbehandlung der Aktionäre (einschließlich der Minderheits- und ausländischen Aktionäre),
* Sicherung der Rolle der übrigen »Stakeholder« (etwa Mitarbeiter, Gläubiger, Zulieferer),
* Offenlegung und Transparenz (etwa hinsichtlich Finanzlage, Eigentumsverhältnisse und Strukturen der Unternehmensführung),
* Pflichten des Aufsichtsrats.

In diesem Zusammenhang ist es auch interessant, dass Standard & Poor's und DVFA von »*Scorings*« spricht; Fitch und Moody' von »*assessments*« sprechen und Deminor, ISS sowie GMI »*corporate governance Ratings*« durchführen.

2 Die Methodik von Standard & Poor's

Standard & Poor's legte 1998 eine Methodologie vor, um Corporate Governance zu »benchmarken« und bietet seit 2000 einen »Scoring Service« mit umfassenden Analysen an.[3] Die Methodik basiert auf einer »synthesis of current international policies and procedures, e. g. best practises and guidelines of good corporate practise«. Das Rating wird im Kundenauftrag erstellt. Die Ergebnisse sind zunächst auch nur für den Kunden bestimmt. Optional kann das Rating jedoch auf Kundenwunsch hin veröffentlicht werden. Die Scoring-Methodik seitens Standard & Poor's ist in fünf Kategorien strukturiert:

- Ownership Structure & Influence,
- Shareholder Rights & Stakeholder Relations,
- Transparency,
- Disclosure & Audit,
- Board Structure & Effectiveness.

Jeweils für die einzelnen Kategorien ermittelt S&P »Component Scores« von 1 (schlechtester Wert) bis 10 (bester Wert) und verdichtet die Teilergebnisse zu einem »Overall Company Score« (CGS), die wie folgt bewertet werden:

- CGS 1: very weak CG processes and practices,
- CGS 2: very weak CG processes and practices,
- CGS 3: weak CG processes and practices,
- CGS 4: weak CG processes and practices,
- CGS 5: moderate CG processes and practices,
- CGS 6: moderate CG processes and practices,
- CGS 7: strong CG processes and practices,
- CGS 8: strong CG processes and practices,
- CGS 9: very strong CG processes and practices,
- CGS 10: very strong CG processes and practices.

Im Unterschied zu vielen CG-Anbietern fokussiert sich Standard & Poor's nicht auf öffentliche Unternehmensangaben, sondern analysiert das Unternehmen »vor Ort«. In die Analyse fließen auch landesspezifische Kriterien (wie etwa das politische oder regulatorische Umfeld) ein. Daneben bietet Standard & Poor's auch »Country Governance Reviews« an.

---

3 Vgl. Murtfeld, Martin: Corporate Governance Ratings, in: RATINGaktuell 05/2003, S. 16–22.

3   Die Methodik von FitchRatings

FitchRatings definiert die aus der Prinzipal-Agent-Theorie basierende Methodik aus der Sicht der Gläubiger. Fitch stellt als »principal« den »bondholder« neben den aus der Prinzipal-Agent-Theorie bekannten »shareholder«. Der Analyseprozess bei FitchRatings ist zweistufig und setzt sich aus einer systematischen Datenanalyse und einem »contextual review« zusammen. Bei der Datenanalyse greift Fitch u. a. auf den Corporate Governance-Quotient (CGQ) von Institutional Investors Services (ISS) zurück. Dieser verdichtet öffentlich verfügbare Informationen zur Qualität von »governance practices« zu einem Rating, das die Stellung des einzelnen Unternehmens im Verhältnis zu einem Index und zur »Peer Group« seiner Branche darstellt.

Ergänzend werden bei den »contextual reviews« qualitative Aspekte hinsichtlich des Aufbaus und der praktischen Handhabung seiner Corporate Governance abgefragt. Hierbei stehen insbesondere die folgenden Punkte im Vordergrund:

- Unabhängigkeit und Effektivität des Board,
- Untersuchung von »related party transactions«,
- Integrität des Audit-Prozesses,
- Vergütung des Management im Verhältnis zur Unternehmensperformance unter Einbezug von Aktienbesitz und/oder »equity based compensation« von Management und Board,
- Takeover Defenses,
- Eigentümerstruktur (insbesondere bei von Mehrheitsaktionären oder Familien kontrollierten Unternehmen) sowie Struktur und Komplexität einer etwaigen Holding.

4   Die Methodik von Moody's

Bereits im Rahmen des traditionellen Ratingprozesses werden seitens *Moody's* Corporate Governance Kriterien abgefragt und fließen in das Ratingergebnis ein. Hier sei beispielsweise auf das Kriterium der »management quality« verwiesen. Damit versteht Moody's »corporate governance assessments« vor allem als integraler Bestandteil der »overall rating methodology«. Hierbei wird vor allem das Ziel verfolgt, zu überprüfen, ob Unternehmen »in the best interest of shareholders and creditors« geführt werden.

Als zu analysierende Themenbereiche führt Moody's u. a. auf:

- Board of Directors,
- Audit Committee and Key audit/accountability functions,
- Conflicts of interest,
- Executive compensation and management development and evaluation,
- Shareholder rights,
- Ownership,
- Governance transparency.

5 Die Methodik von Deminor Rating

Deminor Rating entwickelte eine eigene Rating-Methodik für Corporate Governance im Jahr 1993 (»Deminor Rating Standards«). Seit 1995 führt Deminor Ratings durch. Hierbei werden vor allem die beiden Ansätze des »Public Information Ratings« sowie des »Solicited CG Ratings« verfolgt.

Beim »Public Information Ratings« analysiert Deminor jährlich alle Unternehmen des FTSE Eurotop 300 anhand öffentlich zugänglicher Informationen. Unternehmen haben hier jedoch auch die Möglichkeit, die vorhandene (öffentliche) Datenbasis durch interne Informationen zu ergänzen. Veröffentlicht werden die Ergebnisse u. a. im jährlich erscheinenden »Trends & Results«-Report.

»Solicited CG Ratings« werden seitens Deminor gegen Bezahlung und auf Kundenwunsch erstellt. Als Datengrundlage dienen neben veröffentlichten Informationen (beispielsweise Geschäftsbericht, Satzung, TO-Punkte zur HV) vor allem auch nicht publizierte Informationen (beispielsweise Sitzungsprotokolle des Aufsichtsrats und seiner Ausschüsse sowie des Vorstands, nicht veröffentlichte Vergütungsstrukturen). Des Weiteren führen die Rating-Analysten Interviews mit Unternehmensvertretern aus Vorstand, Aufsichtsrat etc.

Nach eigenen Angaben beruht die Methodik auf etwa 300 Einzelindikatoren, die jedoch nicht veröffentlicht sind. Basis hierfür sind die Kriterien nach OECD, ICGN sowie nationalen Kodizes und die Corporate Governance-Prinzipien institutioneller Investoren.

Im »Solicited Corporate Governance Rating Reports« erfolgt die Kategorisierung in jeweils vier Hauptkategorien:
- Rights and duties of shareholders,
- Commitment to shareholder value,
- Disclosure on corporate governance,
- Board structure.

Die Bewertung dieser Hauptkategorien erfolgt über eine Skala von 1 (»most questionable«) bis 10 (»best practice«), bevor die Einzelergebnisse zu einer Gesamtnote aggregiert werden. Die Ratings werden außerdem periodisch überwacht (»Monitoring«).

6 Die Methodik von Institutional Shareholder Services (ISS)

Institutional Shareholder Services (ISS) hat im Juni 2002 das Ratingsystem »Corporate Governance Quotient« (CGQ) eingeführt. Hierbei handelt es sich um ein Tool »for monitoring and comparing the corporate governance structures of America's leading publicly-traded companies«.

Im Rahmen eines CGQ-Ratings werden acht »core topics« (»Scores«) behandelt:

- Board of directors,
- Audit,
- Charter and bylaw provisions,
- Anti-takeover provisions,
- Executive and director compensation,
- Progressive practices,
- Ownership,
- Director education.

Diese acht »Scores« werden in weitere Einzelkriterien (so genannte »Subscores«) untergliedert. Bei US-amerikanischen Gesellschaften handelt es sich hierbei um insgesamt 61, bei Gesellschaften außerhalb der USA um insgesamt 55 »Subscores«. Im Rahmen der Bewertung werden die »Subscores« als »key governance variables« metrisch, d. h. nach Quintilen (1 bis 5) bewertet.

7   Die Methodik von Governance Metrics International (GMI)

Governance Metrics International (GMI) bietet auf Subskriptionsbasis Ratingresearch zu über 2.600 Unternehmen des MSCI World, MSCI EAFE, S&P 500, FTSE Eurotop 300, Nikkei 225 und inzwischen weiteren 15 Indizes (einschließlich CAC 40 und DAX). GMI bietet »Basic Ratings« aufgrund veröffentlichter Daten und ohne Kosten für das geratete Unternehmen an. Optional wird auch ein »Comprehensive Rating« gegen Gebühr angeboten, bei dem dann auch intern verfügbare Informationen berücksichtigt werden. Die Ratingkriterien basieren hierbei auf Wertpapier- und Börsenregulationen, diversen Kodizes sowie Expertenwissen.

Um subjektive Wertungen möglichst auszuschließen, erfolgt die Bewertung der etwa 600 Messgrößen (»metrics«) ausschließlich mit »ja«, »nein« und »nicht offen gelegt«. Das GMI-Rating basiert im Wesentlichen auf sieben Themenkategorien:
- Board accountability,
- Financial disclosure and internal controls,
- Shareholder rights,
- Executive compensation,
- Market for control and Ownership,
- Corporate Behavior,
- CSR issues.

Die Bewertungsskala reicht von der niedrigsten Stufe 1 bis zur Bestnote 10.

8 Die Scorecard for German Corporate Governance

Mit der *Scorecard for German Corporate Governance* bietet die Deutsche Vereinigung für Finanzanalyse und Asset Management e. V. ein praxisnahes Analysewerkzeug für Analysten und Investoren. Basis der Scorecard ist der Deutsche Corporate Governance Kodex (DCG-Kodex) in der Fassung vom 21. 5. 2003 sowie weitere international gültige »Best Practice-Standards«.

Die Scorecard enthält insgesamt 50 Fragen (vgl. Tabelle 1), die nur mit »ja« oder »nein« beantwortet werden können.

Die vom DVFA-Arbeitskreis vorgegebene Standard-Gewichtung (siehe Tabelle 1) stellt sicher, dass Unternehmen, die alle »Soll-Empfehlungen« des DCG-Kodex erfüllt haben und ein aktives Governance-Commitment aufweisen, ein Gesamtergebnis von 75 Prozent erzielen. Durch eine vollständige Erfüllung der »Sollte-Anregungen« des Kodexes sowie weiterer »Best Practice«-Standards wird ein Gesamtscore von 100 Prozent erreichbar. Es ist daher wahrscheinlich, dass Unternehmen mit anspruchsvollen Governance-Verhältnissen einen Erfüllungsgrad von 80 bis 90 Prozent erreichen bzw. übertreffen.

Von der Standard-Gewichtung der einzelnen Fragen kann in angezeigten Fällen durch eine individuelle Gewichtung abgewichen werden. Dadurch erhält das zu ratende Unternehmen die Möglichkeit, das Rating mitzugestalten oder unternehmensspezifische Anpassungen bei Evaluierung durch Dritte einzufordern.

Teilkriterium		Erfüllung (1)		Standard Gewichtung (2)
		1 ja	**0** nein	
I.	**Corporate Governance-Commitment (10 %)**			
I.1	Gibt es auf dem DCG-Kodex basierende unternehmens-spezifische Corporate Governance-Grundsätze?			20 %
I.2	Sind die auf dem DCG-Kodex basierenden unternehmens-spezifischen Corporate Governance-Grundsätze allen Stakeholdern aktuell (u. a. Internet) zugänglich?			10 %
I.3	Ist darin ein Commitment zur Anpassung an Best-Practice-Entwicklungen der Corporate Governance ausdrücklich verankert?			15 %
I.4	Wird vom Vorstand und Aufsichtrat jährlich über die Corporate Governance des Unternehmens berichtet?			
a)	Wird die Nichterfüllung von Soll-Empfehlungen des DCG-Kodexes begründet? (3.10)			10 %
b)	Wird zu den Sollte-Anregungen Stellung genommen? (3.10 S. 2)			15 %

	(noch Corporate Governance-Commitment, I)			
I.5	Ist die unternehmensinterne Umsetzung und Einhaltung der Grundsätze durch einen neutralen Corporate Governance-Beauftragten vorgesehen?			15%
I.6	Erfolgt eine regelmäßige Diskussion des Berichts des CG-Beauftragten im Aufsichtsrat?			15%
				100%

II. Aktionäre und Hauptversammlung (12%)

II.1	Sind die Tagesordnung der Hauptversammlung, die Gegenanträge, die Stellungnahme der Verwaltung und die Abstimmungsergebnisse allen Aktionären im Internet rechtzeitig zugänglich? (2.3.1, 2.3.2)			20%
II.2	Ist die Stimmrechtsausübung (zumindest über Stimmrechtsvertreter) via Internet vorgesehen? (2.3.3, 2.3.4)			20%
II.3	Ist die Verfolgung der HV auch im Internet möglich? (2.3.4)			10%
II.4	Bei Kapitalerhöhungen von mehr als 10% des Grundkapitals durch Platzierungen nahe am Börsenkurs: Wird das Bezugsrecht eingeräumt?			20%
II.5	Bei akquisitionsbedingten Kapitalerhöhungen von mehr als 20% des Grundkapitals mit Bezugsrechtsausschluss: Ist eine gesonderte HV-Genehmigung erforderlich?			15%
II.6	Bei akquisitionsbedingten Kapitalerhöhungen mit Bezugsrechtsausschluss: Werden den Aktionären die Unterlagen zeitnah zugänglich gemacht?			15%
				100%

III. Zusammenwirken von Vorstand und Aufsichtsrat (15%)

III.1	Verankern Aufsichtsrat und Vorstand die regelmäßige, zeitnahe und umfassende Informations- und Berichtspflicht des Vorstands in schriftlicher Form? (3.4)			20%
III.2	Existiert eine Geschäftsordnung hinsichtlich der Rechte und Pflichten für den Aufsichtsrat, die u. a. die zustimmungspflichtigen Geschäfte sowie die Informations- und Berichtspflichten des Vorstands festlegt? (3.3, 5.1.3)			20%
III.3	Gibt es in mitbestimmten Aufsichtsräten gesonderte Treffen der Aktionärs- und Arbeitnehmervertreter zur Sitzungsvorbereitung? (3.6)			20%
III.4	Wird bei Übernahmeangeboten grundsätzlich eine HV einberufen? (3.7)			30%
III.5	Wird bei Abschluss einer D&O-Versicherung zur Begrenzung des Schadensersatzes ein angemessener Selbstbehalt für Vorstand und Aufsichsrat vereinbart? (3.8)			10%
				100%

IV. Vorstand (10%)

IV.1	Hat der Vorstand geschäftspolitische Grundsätze, Unternehmensleitlinien und eine Geschäftsordnung aufgestellt, in der u. a. die Zusammenarbeit im Vorstand geregelt ist? (4.2.1)			20%

	(noch Vorstand, IV)			
IV.2	Wird eine Vorstandsvergütung getrennt nach fixen und variablen Bestandteilen individualisiert veröffentlicht? (4.2.4)			15 %
IV.3	Existiert eine an der relativen Wertsteigerung (z. B. relative Performance, ökonomischer Gewinn) orientierte variable Vergütung des Vorstands? (4.2.3 S. 2)			15 %
IV.4	Enthalten die variablen Vergütungsbestandteile auch Komponenten mit langfristiger Anreizwirkung und Risikocharakter? (4.2.3. S. 4)			10 %
IV.5	Wird über Aktienoptionsprogramme und ähnliche Anreizsysteme sowie deren Bewertung und erfolgswirksame Verbuchung berichtet? (4.2.3 Abs. 3)			10 %
IV.6	Besteht für Aktien und aus Optionen beziehbare Aktien als variable Vergütungskomponente eine mehrjährige Veräußerungssperre und ist eine nachträgliche Korrekturmöglichkeit (wie Option Repricing) ausgeschlossen? (4.2.3 S. 4, S. 6)			15 %
IV.7	Sind Interessenkonflikte, Geschäfte und Nebentätigkeiten zu kommunizieren bzw. zu genehmigen (u. a. Geschäfte mit dem Unternehmen oder dessen Organmitgliedern, Darlehen vom Unternehmen)? (3.9, 4.3.4, 4.3.5)			15 %
				100 %

	V. Aufsichtsrat (15 %)			
V.1	Existiert ein expliziter Katalog von Kriterien zur Qualifikation der Aufsichtsratsmitglieder (u. a. fachliche Qualifikation, zeitliche Verfügbarkeit, Internationalität)? (5.4.1)			15 %
V.2	Gehören dem Aufsichtsrat nicht mehr als zwei ehemalige Mitglieder des Vorstands an und haben AR-Mitglieder keine Organfunktion oder Beratungsaufgaben bei wesentlichen Wettbewerbern des Unternehmens? (5.4.2)			15 %
V.3	Wird eine Wiederbestellung von Vorständen frühestens ein Jahr vor Ende der Bestelldauer und unter Berücksichtigung von Altersgrenzen vorgenommen? (5.1.2)			5 %
V.4	Existiert eine ausreichende Anzahl von Aufsichtsratsausschüssen zur sachgerechten Behandlung von komplexen Themen? (5.3.1)			15 %
V.5	Existiert ein Prüfungsausschuss (Audit Committee)? (5.3.2, 5.2)			15 %
V.6	Wird der Prüfungsausschuss nicht vom Aufsichtsratsvorsitzenden geleitet? (5.2 Abs. 2, S. 2)			5 %
V.7	Existiert eine leistungsorientierte variable und am langfristigen Unternehmenserfolg orientierte, im Anhang individualisiert veröffentlichte Vergütung des Aufsichtsrats? (5.4.5)			5 %
V.8	Werden Vergütungen des Aufsichtsrats für Beratungs- und Vermittlungsleistungen individualisiert angegeben? (5.4.5)			5 %

	(noch Aufsichtsrat, V)			
V.9	Werden Interessenkonflikte und Eigengeschäfte dem gesamten Aufsichtsrat und in erheblichen Fällen der Hauptversammlung mitgeteilt (u. a. Geschäfte mit dem Unternehmen oder dessen Organmitgliedern, Darlehen vom Unternehmen, Mandate bei direkten Wettbewerbern)? (5.5.2, 5.5.3)			5 %
V.10	Erfolgt eine jährliche Überprüfung der Tätigkeit des Aufsichtsrats (Board Review)? (5.6)			15 %
				100 %
VI. Transparenz (20 %)				
VI.1	Werden alle Investoren (nicht nur Aktionäre gemäß § 53a AktG) und Finanzanalysten gleichberechtigt (»Fair Disclosure«) über Internet und auch in englischer Sprache informiert? (6.3, 6.4, 6.8)			30 %
VI.2	Werden regelmäßig Kapitalmarktkonferenzen (wie Analystenmeetings) durchgeführt?			15 %
VI.3	Wird eine detaillierte Abweichungsanalyse wesentlicher, früher genannter Ertrags- und Strategieziele veröffentlicht?			15 %
VI.4	Werden alle aufgrund gesetzlicher Regelungen im Ausland publizierten Informationen auch in Deutschland zeitnah publiziert? (6.5)			10 %
VI.5	Wird der jeweilige Aktienbesitz (einschließlich bestehender Optionsrechte) individualisiert und getrennt nach Aufsichtsratmitgliedern und Vorständen sowie dessen jeweilige Veränderung zeitnah und im Konzernabschluss veröffentlicht? (6.6 Abs. 2)			20 %
VI.6	Ist der Finanzkalender zeitnah zugänglich? (6.7)			10 %
				100 %
VII. Rechnungslegung und Abschlussprüfung (18 %)				
VII.1	Wird eine Rechnungslegung nach IAS/US-GAAP (7.1.1) durchgeführt und werden ergänzend zu den IDW-Prüfungsstandards die International Standards on Auditing (ISA) oder die US-Generally Accepted Auditing Standards (US-GAAS) beachtet?			10 %
VII.2	Wird bei der Auswahl auf eine ausreichende Unabhängigkeit der Abschlussprüfer geachtet? (7.2.1)			20 %
VII.3	Achtet der Aufsichtsrat auf ein angemessenes Prüfungshonorar?			15 %
VII.4	Wird bei Prüfungen durch unterschiedliche WP-Gesellschaften auf besondere Bilanzierungsmaßnahmen im Konzern geachtet?			10 %
VII.5	Werden der Jahresabschluss spätestens 90 Tage und die Quartalsberichte spätestens 45 Tage nach Ende der Berichtsperiode veröffentlicht? (7.1.2)			10 %
VII.6	Existieren Quartalsberichte nach IAS oder US-GAAP (alternativ DVFA Reporting Standards oder DSR)? (7.1.1)			10 %

(noch Rechnungslegung und Abschlussprüfung, VII)				
VII.7	Werden im Geschäftsbericht (Konzernabschluss) für folgende Beteiligungen detaillierte Angaben gemacht? (7.1.4)			
a)	Beteiligungen von mindestens 5 % des Kapitals (auch an nicht börsennotierten Gesellschaften)			5 %
b)	wechselseitige Beteiligungen			5 %
VII.8	Hat der Aufsichtsrat den Prüfer beauftragt, über alle wesentlichen Abweichungen vom DCG-Kodex zu berichten? (7.2.3)			15 %
				100 %

Tab. 1: Scorecard for German Corporate Governance© (gem. DCG-Kodex vom 21.05.03), Quelle: Deutsche Vereinigung für Finanzanalyse und Asset Management e.V.

9   Zusammenfassung und Ausblick

Seit einigen Jahren werden in Deutschland Corporate Governance Rankings bzw. Ratings durchgeführt. So wurde im Jahr 2003 im Rahmen einer gemeinsam von der Sozietät Haarmann Hemmelrath und der Financial Times Deutschland (FTD) durchgeführten Studie Bilanz gezogen, wie es um die Unternehmensführung in Deutschland bestellt ist. An der Spitze des Rankings lag ThyssenKrupp (777 von 803 maximal zu erreichenden Punkten). Mit 768 Punkten teilen sich die Allianz und Infineon den zweiten Platz. Die weiteren Platzierungen sind in der folgenden Abbildung zusammengefasst:

Rang	Punkte	Unternehmen
1	777	ThyssenKrupp
2	768	Infineon
2	768	Allianz
4	765	Deutsche Börse
5	740	Münchener Rück
6	730	Deutsche Post
7	726	MAN
7	726	Volkswagen
9	716	Deutsche Telekom
10	715	Siemens
11	713	Deutsche Bank
12	711	Henkel
13	710	HypoVereinsbank
14	709	Altana
15	693	Metro
16	689	SAP
17	686	Adidas-Salomon
18	682	BASF
19	679	Bayer
19	679	RWE
21	675	DaimlerCrysler
22	665	Commerzbank
23	657	Schering
24	654	MLP
25	639	BMW
26	636	Fresenius Medical Care
27	627	Linde
28	626	TUI
–*	–	Lufthansa
–*	–	EON
* Unternehmen haben sich nicht beteiligt.		

Abb. 42: Corporate Governance Ranking 2003
(Quelle: Financial Times Deutschland)

Methodisch basiert die Studie auf einem umfangreichen Fragebogen, der sich weitgehend an dem Anforderungskatalog, den Empfehlungen und Anregungen des Deutschen Corporate Governance Kodex orientiert.

Die unterschiedlichen Aspekte der Unternehmensverfassung wurden analog des Aufbaus des Corporate Governance Kodex in sechs Blöcken zusammengefasst:
- Aktionäre und Hauptversammlung (mit einem Anteil von 17,7 Prozent am Gesamtscore),
- Zusammenwirken von Vorstand und Aufsichtsrat (17,4 Prozent),
- Vorstand (15,7 Prozent),
- Aufsichtsrat (19,1 Prozent),
- Transparenz (7,5 Prozent),
- Rechnungslegung und Abschlussprüfung (22,6 Prozent).

Die Angaben in Klammern geben die jeweilige Gewichtung an. In die Gesamtbewertung sind neben den ausgewerteten Fragebögen auch ergänzende Tiefeninterviews mit Unternehmensvertretern sowie öffentlich zugängliche Unternehmensinformationen wie Geschäftsberichte und Internetauftritt eingegangen.

Bereits seit den neunziger Jahren haben im deutschsprachigen Raum viele Unternehmen große Anstrengungen unternommen, ihre Corporate Governance zu verbessern und ihre diesbezüglichen Regeln transparent und nachvollziehbar zu gestalten. Als treibende Kraft dieser Veränderungen spielten insbesondere die institutionellen Investoren – allen voran Investmentfonds und Vorsorgeeinrichtungen – eine zentrale Rolle. Es ist deutlich geworden, dass ein ausreichender rechtlicher Schutz der Aktionäre und eine effektive Corporate Governance unabdingbare Voraussetzungen für einen liquiden und effizienten Kapitalmarkt sind, der dem Unternehmenssektor als Finanzierungsquelle dient. Der zunehmende Wettbewerbsdruck führt dazu, dass die Kosten für die Kapitalbeschaffung für Unternehmen eine immer größere Rolle spielen.

Intransparente Unternehmensstrukturen sowie eine schlechte Corporate Governance sind aus Sicht eines Investors mit einem höheren Risiko für das eingesetzte Kapital verbunden. Dieses Risiko lassen sich die Investoren durch eine höhere Risikoprämie vergüten, die die Kapitalkosten erhöht. Diese Kausalkette wird in den nächsten Jahren dazu führen, dass »gute« Corporate Governance und Corporate Governance-Ratings stark an Bedeutung gewinnen werden.

Aktuelle Entwicklungen und Ausblick

Sowohl auf Bundesebene als auch auf der europäischen Ebene gewinnt das Thema Corporate Governance weiter an Bedeutung. Eine der letzten Amtshandlungen des Binnenmarktkommissars Bolkenstein[1] war die Implementierung des »European Corporate Governance Forum« mit dem Ziel die Konvergenz der unterschiedlichen Regelungen auf nationaler Ebene herbeizuführen. Ebenfalls wurde am 29. 10. 2004 das Bilanzrechtsreformgesetz und Bilanzkontrollgesetz durch den Bundestag[2] verabschiedet. Beide Gesetze spielen im Rahmen der Verbesserung des Corporate Governance-Systems eine wichtige Rolle.

Die europäische Union steht vor der Aufgabe, ein Regelwerk zu formulieren, das einerseits den internationalen Ansprüchen genügt und andererseits ausgewogen Rücksicht auf die einzelnen nationalen Interessen nimmt. Es handelt sich hier um weit mehr als nur die Angleichung der Gesetzgebungen in den Mitgliedstaaten. Wenngleich in Europa immer mehr Unternehmen zusammenwachsen, so impliziert das nicht, dass die Kulturen und Traditionen sich ebenfalls vereinheitlichen. Das Thema Corporate Governance hat eine große kulturelle Komponente und das European Corporate Governance Forum hat die Aufgabe, gerade diesen Punkt ausführlich zu beleuchten und Wege zu finden, die Brücken zwischen den unterschiedlichen Vorstellungen zu bauen.

Hierbei können einzelne Punkte besonders hervorgehoben werden:

- Welches »Board System« wird bevorzugt? In manchen Ländern gibt es eine klare Trennung zwischen dem Aufsichtsrat und dem Vorstand. In anderen Ländern gibt es das angelsächsische Board System, in dem »Executives und Non-Executives« gemeinsam in einem Board ihre Aufgaben wahrnehmen. In beiden Fällen handelt es sich um Systeme, die eine lange Tradition haben und sich in dem Kulturkreis bewährt haben.
- Verschiedene Corporate Governance-Kodizes in Europa bedingen einen Aufsichtsratsvorsitzenden, der vorher kein Vorstandsmitglied war. In Deutschland ist es Usus, dass der scheidende Vorstandsvorsitzender Aufsichtsratvorsitzender wird. Dieses System ist ebenfalls in der Tradition verwurzelt und auch hier sollten Vor- und Nachteile ernsthaft gegeneinander abgewogen werden.
- Die Verschiebung der Aufgaben des Prüfungsausschusses in die Richtung eines Risikoüberwachungsausschusses wird mehr und mehr deutlich. Neben den Audit-Findings sind dem Ausschuss auch andere Informationen bezüglich der Risiken im Unternehmen vorzulegen. Hier kann man an das Risikoprofil des Unternehmens denken, dass mit den unterschiedlichen Risikoarten bestückt wird. Diese Informationen müssen in einer adäquaten Art und Weise aufbereitet werden. Die Zusammenhänge zwischen den Risikoarten sollten aufgezeigt werden.

Die europäische Kommission hat bereits Empfehlungen für die Transparenzsteigerung der Vorstands- und Aufsichtsratsentlohnungen, die Rolle des Aufsichtsrates und die Strategie zur Vorbeugung des finanziellen oder unternehmerischen Fehlverhaltens. Die Kommission hat Folgendes angekündigt: die »Accounting Directives« im Hinblick auf die Verantwortung des Gesamtvorstandes, die Offenlegung bestimmter Transaktionen und/oder

---

1 European Commission, Press Releases, IP/04/1241, http://www.europa.eu.int.
2 Bundesministerium der Justiz, Pressemitteilungen, http://www.bmj.bund.de.

»Off-Balance Sheet Items« und die Aufnahme des Corporate Governance Statements in den Jahresabschlussbericht.

Das *Bilanzrechtsreformgesetz* hat zu Anpassungen der Anforderungen an den Wirtschaftsprüfer geführt. Es handelt sich hier insbesondere um die Unabhängigkeit des Wirtschaftsprüfers. Der angepasste Artikel § 319 HGB schließt Abschlussprüfer aus, wenn sie:

- aufgrund persönlicher, finanzieller oder persönlicher Beziehungen die Besorgnis einer Befangenheit begründen,
- gesetzliche Vertreter, Aufsichtsratsmitglieder oder Arbeitnehmer des zu prüfenden oder damit verbundenen Unternehmens sind,
- bei der Buchführung, Aufstellung des Jahresabschlusses oder internen Revision des zu prüfenden Unternehmens mitgewirkt haben oder
- Finanzdienstleistungen oder Bewertungsdienstleistungen für das zu prüfende Unternehmen erbracht haben.

Mit dem neuen § 319a HGB sind Abschlussprüfer bei der Prüfung von Kapitalmarktunternehmen ausgeschlossen, wenn sie:

- in den letzten 5 Jahren mehr als 15 % der Gesamteinahmen der beruflichen Tätigkeit von dem zu prüfenden oder damit verbundenen Unternehmen beziehen,
- gestaltende Rechts- oder Steuerberatungsleistungen für das zu prüfende Unternehmen erbracht haben, die sich unmittelbar auf den Jahresabschluss auswirken oder
- den Bestätigungsvermerk für ein Unternehmen 7 Jahre hintereinander gezeichnet haben (interne Rotation).

Das *Bilanzkontrollgesetz* führt ein zweistufiges »Enforcement Verfahren« ein, um die Rechtmäßigkeit von Unternehmensabschlüssen zu kontrollieren. Informell ist hier auch von der »Bilanzpolizei« die Rede. Die Abschlüsse kapitalmarktorientierter Unternehmen werden bei Verdacht einer Unrichtigkeit und auch ohne besonderen Anlass durch Stichproben überprüft.

Auf der ersten Stufe wird eine privatrechtlich ausgerichtete Organisation als Prüfstelle für Rechnungslegung tätig. Wenn ein Unternehmen nicht mit der Prüfstelle kooperiert oder es aus anderen Gründen nicht zu einer einvernehmlichen Lösung kommt, prüft auf der zweiten Stufe die Bundesanstalt für Finanzdienstleistungsaufsicht (BaFin). Sie kann die Prüfung der Rechnungslegung mit hoheitlichen Mitteln und – falls erforderlich – zwangsweise durchsetzen.

Wenn es sich um ein durch die BaFin beaufsichtigtes Unternehmen handelt, kann die BaFin auch schon auf der ersten Prüfungsstufe tätig werden.

Es ist langfristig zu erwarten, dass die europäische Kommission einen Entwurf für einen europäischen Corporate Governance-Kode vorlegen wird. Auf dem Weg dorthin kann es nötig sein, nationales Wahlrecht an Stellen aufzunehmen, die tief in die Tradition der Mitgliedstaaten eingreifen.

Die weitere Integration des europäischen Binnenmarktes, die auch in den grenzüberschreitenden Fusionen zum Ausdruck kommt, fragt ja auch nach einer europäischen Regelung. Die Aufgaben des angesprochenen »European Forums« können als ein wichtiger Schritt zur Identifikation der Abweichungen in den nationalen Vorgaben gesehen werden. Diese Aufgabe wird die Konvergenz der einzelnen Regeln zum Ziel haben.

Anhang 1: Übersicht wesentlicher Corporate Governance-Codes

Thema	Deutscher Corporate Governance Kodex	Niederländischer Corporate Governance-Code	Combined Code (Vereinigtes Königreich)
In Kraft seit	21. 05. 2003	01. 01. 2004	01. 11. 2003
Implementierung der Corporate Governance-Struktur		• Verantwortlich für die Implementierung sind der Vorstand und der Aufsichtsrat. • Im Jahresabschlussbericht gibt es ein separates Kapitel, in dem der Vorstand die Corporate Goverance-Struktur beschreibt und sich rechtfertigt, wenn er bestimmte »best practices« aus dem Code nicht umsetzt. • Substanzielle Änderungen der Corporate Governance-Struktur und der Implementierung der Codes sind in der Aktionärshauptversammlung zu besprechen.	
Verantwortlichkeit des Vorstandes	• Der Vorstand entwickelt die strategische Ausrichtung des Unternehmens und sorgt für ihre Umsetzung. • Der Vorstand hat für die Einhaltung der gesetzlichen Bestimmungen im Konzern zu sorgen und wirkt auf deren Beachtung durch die Konzernunternehmen hin. • Der Vorstand sorgt für ein angemessenes Risikomanagement und Risikocontrolling im Unternehmen. • Der Vorstand soll aus mehreren Personen bestehen und einen Vorsitzenden oder	• Der Vorstand ist verantwortlich für die Zieldefinition des Unternehmens, die Strategie die zur Zielerreichung führt und für die Ergebnisentwicklung. • Der Vorstand ist verantwortlich für die Einhaltung von Gesetzen und übrigen Verordnungen, die Risikobeherrschung bezüglich der Unternehmungsaktivitäten und die Refinanzierung des Unternehmens. • Der Vorstand implementiert ein Risikobeherrschungssystem und erklärt im Jahres-	Vorbemerkung: Der »Board of Directors« umfasst sowohl den Aufsichtsrat (non-Executive Directors) als auch den Vorstand (Executive Directors). Aus diesem Grund werden die allgemeinen Anforderungen unter der Rubrik »Vorstand« behandelt. • Der »Board« ist für die unternehmerische Führung des Unternehmens zuständig. Diese Führung ist eingebettet in einem Rahmenwerk von vorsichtigen und effektiven Controls, die eine Bewertung und das Manage-

Thema	Deutscher Corporate Governance Kodex	Niederländischer Corporate Governance-Code	Combined Code (Vereinigtes Königreich)
	Sprecher haben. Eine Geschäftsordnung soll die Geschäftsverteilung und die Zusammenarbeit im Vorstand regeln. • Die Erstbestellung eines Vorstandsmitglieds sollte in der Regel nicht länger als für fünf Jahre sein.	abschlussbericht, dass die Risikobeherrschungs- und internen Kontrollmaßnahmen effektiv und adäquat sind. Die Wirkung des internen Control-Systems ist ebenfalls im Jahresabschlussbericht zu dokumentieren. Die Sensitivität der Unternehmensergebnisse bei Veränderungen im Außenverhältnis ist ebenfalls im Jahresabschlussbericht zu dokumentieren. • Der Vorstand ist verantwortlich für die Implementierung und das Funktionieren von Abläufen, die dafür sorgen, dass der Vorstand alle materiellen und finanziellen Informationen erhält. So wird die Richtigkeit und Vollständigkeit des externen finanziellen Berichtswesens sowie die zeitnahe Verarbeitung von Informationen innerhalb des Berichtswesens sichergestellt. Informationen über das Finanzwesen der Tochtergesellschaften und Divisionen ist dem Vorstand direkt zur Verfügung zu stellen, um Integritätsverluste zu vermeiden. • Der Vorstand richtet sein Handeln im Interesse des Unternehmens aus und sorgt dabei für eine angemessene Berücksichtigung der bei dem Unternehmen involvierten Dritten. • Der Vorstand stellt sicher, dass die Mitarbeiter Missstände dem Vorstandsvorsitzenden	ment von Risiken ermöglichen. • Alle Direktoren müssen ihre Entscheidungen objektiv im Interesse des Unternehmens treffen. • Die Zusammensetzung des »Board« sollte ausgewogen sein, sodass nicht eine Person oder eine kleine Gruppe von Personen den »Board« dominieren können. • Der »Board« kann unabhängige Beratung zu Lasten des Unternehmens heranziehen, wenn er dieses als notwendig erachtet. • Alle Mitglieder müssen Zugriff auf die Dienstleistungen des Sekretärs haben. • Der Board wird jährlich eine rigide Bewertung seiner eigenen Tätigkeiten vornehmen. Diese Bewertung gilt sowohl den Ausschüssen als auch den einzelnen Mitgliedern. Die Vorgehensweise bei der Bewertung ist im Jahrsabschlussbericht zu veröffentlichen. • Alle Mitglieder des »Board« sollten für maximal drei Jahre durch die Hauptversammlung gewählt werden. • Die Direktoren erklären ihre Verantwortung für die Vorbereitung des Jahresabschlussberichtes im Jahresabschlussbericht. • Der »Board« unterhält ein fundiertes System der internen »Controls« zur Sicherung der Aktionärsinvestitionen und der Unternehmensaktiva.

Thema	Deutscher Corporate Governance Kodex	Niederländischer Corporate Governance-Code	Combined Code (Vereinigtes Königreich)
		berichten können, ohne Konsequenzen befürchten zu müssen. Missstände im Vorstand müssen dem Vorsitzenden des Aufsichtsrates berichtet werden. • Ein Vorstandsmitglied wird für maximal vier Jahre ernannt. • Ein Vorstandsmitglied darf maximal zwei Aufsichtsratspositionen bei anderen Unternehmen bekleiden. Er darf nicht Vorsitzender des Aufsichtrates sein. Der Aufsichtsrat muss dem Vorstand ein Aufsichtsratsmandat bei einem Drittunternehmen genehmigen.	• Der »Board« sollte das System der internen »Controls« mindestens jährlich bewerten und den Aktionären berichten, dass diese Bewertung stattgefunden hat. Alle materiellen Kontrollen sind hier zu berücksichtigen.
Vergütung des Vorstandes	• Die Vergütung der Vorstandsmitglieder wird vom Aufsichtsrat unter Einbeziehung von etwaigen Konzernbezügen in angemessener Höhe auf der Grundlage einer Leistungsbeurteilung festgelegt. • Die Gesamtvergütung der Vorstandsmitglieder soll fixe und variable Bestandteile umfassen. Die variablen Vergütungsanteile sollten auch Komponenten mit langfristiger Anreizwirkung und Risikocharakter enthalten. • Die Vergütung der Vorstandsmitglieder soll im Anhang des Konzernabschlusses aufgeteilt nach Fixum, erfolgsbezogenen Komponenten und Komponenten mit langfristiger Anreizwirkung ausgewiesen	• Die Höhe der Vergütung des Vorstandes wird so bestimmt, dass das Unternehmen in der Lage ist, qualifizierte Vorstände einzustellen und behalten zu können. • Die Vergütungsstruktur darf nicht zu Handeln im eigenen Interesse des Vorstandes und zu Lasten des Unternehmens führen. Erfolglose Vorstände dürfen bei ihrer Entlassung nicht »entlohnt« werden; die Maximalvergütung bei einer Entlassung ist ein Jahresgehalt (feste Komponente). • Optionen auf eigene Aktien dürfen nur eingeschränkt und nach Erreichen der vorab festgelegten Leistungskriterien benutzt werden. Die Leistung muss innerhalb von mindestens drei Jahren er-	

Thema	Deutscher Corporate Governance Kodex	Niederländischer Corporate Governance-Code	Combined Code (Vereinigtes Königreich)
	werden. Die Angaben sollten individualisiert erfolgen.	bracht werden. Die Optionen dürfen erst drei Jahre nach der Anerkennung ausgeübt werden. • Besitzen Vorstände Aktien von Drittunternehmen, so ist dafür einer Regelung auf der Unternehmenswebseite zu veröffentlichen. Veränderungen im Aktienbesitz melden die Vorstände mindestens einmal im Quartal beim Compliance Officer. • Das Unternehmen gibt den Vorstandsmitgliedern keine Darlehen, es sei denn das Unternehmen ist ein Kreditinstitut. In solchen Fällen sind marktübliche Konditionen anzuwenden und der Aufsichtsrat muss solche Transaktionen genehmigen. Darlehen können nicht ohne Tilgung gestrichen werden. • Der Aufsichtsrat berichtet die wesentlichen Informationen aus dem Entlohnungsreport bezüglich der Entlohnungsstrategie des Unternehmens. Dieser Report wird in der Aktionärshauptversammlung festgestellt. • Veränderungen in der Entlohnungsstrategie müssen der Aktionärshauptversammlung vorgelegt werden. • Die Höhe und Struktur der Entlohnung ist zu veröffentlichen	
Interessenkonflikte	• Vorstandsmitglieder unterliegen während ihrer Tätigkeit für das Unternehmen einem	• Interessenvermischung zwischen Unternehmen und Vorstand sollte vermieden werden.	

Thema	Deutscher Corporate Governance Kodex	Niederländischer Corporate Governance-Code	Combined Code (Vereinigtes Königreich)
	umfassenden Wettbewerbsverbot. • Vorstandsmitglieder und Mitarbeiter dürften im Zusammenhang mit ihrer Tätigkeit weder für sich noch für andere Personen von Dritten Zuwendungen oder sonstige Vorteile fordern oder Dritten ungerechtfertigte Vorteile gewähren. • Die Vorstandsmitglieder sind dem Unternehmensinteresse verpflichtet. • Jedes Vorstandsmitglied soll Interessenkonflikte dem Aufsichtsrat gegenüber unverzüglich offen legen. Alle Geschäfte sollen branchenüblichen Standards entsprechen. Wesentliche Geschäfte bedürfen der Zustimmung des Aufsichtsrats. • Vorstandsmitglieder sollten Nebentätigkeiten (insbesondere Aufsichtsratsmandate) nur mit Zustimmung des Aufsichtsrats übernehmen.	• Der Aufsichtrat muss Transaktionen der Vorstände, die zu Interessenkonflikten führen, vermeiden.	
Verantwortlichkeiten des Aufsichtsrates	• Aufgabe des Aufsichtsrats ist es, den Vorstand bei der Leitung des Unternehmens regelmäßig zu beraten und zu überwachen. • Der Aufsichtsrat bestellt und entlässt Mitglieder des Vorstands. • Die Aufsichtsratmitglieder sollen über die zur ordnungsgemäßen Wahrnehmung der Aufgaben erforderlichen Kenntnisse, Fähigkeiten und fachlichen Erfahrungen	• Der Aufsichtsrat beaufsichtigt den Vorstand und den allgemeinen Geschäftsverlauf im Unternehmen. • Der Aufsichtsrat beaufsichtigt die Abläufe zur Erstellung des externen finanziellen Berichtswesens. • Der Aufsichtsrat berät den Vorstand. • Der Aufsichtrat handelt im Interesse des Unternehmens und sorgt dabei für eine angemessene	• Die »non-Executive Directors« sollen die Strategievorschläge konstruktiv hinterfragen und bei deren Entwicklung helfen. • Die »non-Executive Directors« überzeugen sich von der Intergrität der Finanzinformationen. Sie überzeugen sich ebenfalls von der Qualität der Kontrollen, die bei der Erstellung der Finanzinformationen eine Rolle spielen, sowie von den

Thema	Deutscher Corporate Governance Kodex	Niederländischer Corporate Governance-Code	Combined Code (Vereinigtes Königreich)
	verfügen und unabhängig sein. • Nicht mehr als zwei Aufsichtsratsmitglieder sollen ehemalige Vorstandsmitglieder sein. • Aufsichtsratsmitglieder sollen keine Organfunktionen oder Beratungsaufgaben bei wesentlichen Wettbewerbern übernehmen. • Jedes Aufsichtsratsmitglied achtet darauf, dass ihm für die Wahrnehmung seiner Mandate genügend Zeit zur Verfügung steht. • Wer dem Vorstand eines börsennotierten Unternehmens angehört, soll insgesamt nicht mehr als fünf Aufsichtsratsmandate in konzernexternen börsennotierten Gesellschaften wahrnehmen.	Berücksichtigung der bei dem Unternehmen involvierten Dritten. • Der Aufsichtsrat ist für die Qualität seiner Handlungen selbst verantwortlich. • Wenn ein Aufsichtratsmitglied nicht erfolgreich ist, mit einem Interessenkonflikt konfrontiert wird, oder die anderen Aufsichtsräte der Meinung sind, dass sein Rücktritt notwendig ist, muss es zurücktreten. • Wenn ein Aufsichtsratsmitglied in Sitzungen oft abwesend ist, wird dieses im Bericht des Aufsichtsrates festgehalten. • Der Aufsichtsrat bespricht mindestens jährlich die Strategie und die damit verbundenen Risiken und die Ergebnisse der Beurteilung des internen Risikobeherrschungs- und Kontrollsystems. • Ein Aufsichtsratsmitglied kann nur dann ernannt werden, wenn es mindestens 5 Jahren vor der Ernennung nicht im Unternehmen angestellt oder als Vorstand tätig war. • Ein Aufsichtsratsmitglied muss Finanzexperte sein. • Eine Person darf maximal fünf Mandate auf sich vereinen; ein Vorsitz wird doppelt gezählt.	Risikomanagement-Systeme. • Die »non-Executive Directors« legen die Vergütung der »Executive Directors« fest. Sie haben eine wesentliche Rolle bei der Ernennung, Entlassung und Nachfolgeplanung der »Executive Directors«. • Der »Board« soll in dem Jahresabschlussbericht die Unabhängigkeit der »non-Executive Directors« dokumentieren. Wenn es Umstände gibt, die die Unabhängigkeit in Frage stellen, soll der »Board« die Gründe nennen, weshalb er die Unabhängigkeit trotzdem nicht gefährdet sieht. • Der »Board« ernennt einen der »non-Executive Directors« als »Senior Independent Director«. Er ist Ansprechpartner für Aktionäre, die Anliegen vorbringen, die nicht in Kontakt mit dem Vorsitzenden, Chief-Executive, oder Finance Director geregelt werden konnten.
Rolle des Aufsichtsratsvorsitzenden und des Sekretärs	• Der Aufsichtsratsvorsitzende ist gleichzeitig Vorsitzender aller Ausschüsse mit Ausnahme des Audit Auschusses.	• Der Vorsitzende sorgt dafür, dass der Aufsichtsrat und seine Ausschüsse adäquat funktionieren.	• Der Vorsitzende ist verantwortlich für die Führung des »Board«. Er sorgt dafür, dass alle Mitglieder rechtzeitig

Thema	Deutscher Corporate Governance Kodex	Niederländischer Corporate Governance-Code	Combined Code (Vereinigtes Königreich)
	• Der Aufsichtratsvorsitzende soll mit dem Vorstand, insbesondere mit dem Vorstandsvorsitzenden regelmäßig Kontakt halten und mit ihm die Strategie, die Geschäftsentwicklung und das Risikomanagement des Unternehmens beraten.	• Der Vorsitzende sorgt dafür, dass die Aufsichtsratsmitglieder und Vorstandsmitglieder einmal im Jahr beurteilt werden. • Der Vorsitzende ist kein ehemaliges Vorstandsmitglied des Unternehmens. • Der Sekretär unterstützt den Aufsichtsrat, insbesondere bei der Einhaltung von Gesetzen und Satzungsverpflichtungen.	mit korrekten Informationen ausgestattet werden. Er sorgt ebenfalls für die effektive Kommunikation mit den Aktionären. • Der Vorsitzende soll nicht zeitgleich »Chief Executive« sein. Die Rollenverteilung zwischen beiden Funktionen soll schriftlich niedergelegt werden. • Nur ausnahmsweise und nach Diskussionen mit den wichtigsten Aktionären sollte ein »Chief Executive« Vorsitzender werden können. • Der Vorsitzende stellt sicher, dass die Mitglieder des »Boards« ihre Fähigkeiten und Kenntnisse ständig aktualisieren, damit sie ihre Rollen wahrnehmen können. • Der Sekretär ist verantwortlich für die Beratung des »Boards« durch den Vorsitzenden in allen Governance-Angelegenheiten. • Der Vorsitzende gewährleistet, dass die Positionen der Aktionäre an alle »Board«-Mitglieder kommuniziert werden.
Audit-Ausschuss	• Der Audit-Ausschuss befasst sich insbesondere mit – Fragen der Rechnungslegung und des Risikomanagements, – der erforderlichen Unabhängigkeit des Wirtschaftsprüfers, – der Erteilung des Prüfungsauftrags	• Der Audit-Ausschuss beaufsichtigt den Vorstand in den Bereichen: – Funktionieren des internen Risikobeherrschungs- und internen Kontrollesystems, – finanzielle Berichterstattung durch das Unternehmen,	• Alle Mitglieder des Audit-Ausschusses sind »non-Executive Directors«. Mindestens ein Mitglied sollte die erforderliche Erfahrung im Finanzwesen haben. • Die wesentlichen Rollen des Audit-Ausschusses sind:

Thema	Deutscher Corporate Governance Kodex	Niederländischer Corporate Governance-Code	Combined Code (Vereinigtes Königreich)
	an den Abschluss-prüfer, – der Bestimmung von Prüfungsschwer-punkten und – der Honorarverein-barung.	– Audit Follow-up bezüglich der Audit Findings der internen Revision und des Wirtschaftsprüfers, – Rolle und das Funk-tionieren der internen Revision, – Vorgehen des Unter-nehmens bei der Steuerplanung, – Verhältnis mit dem Wirtschaftsprüfer, – Finanzierung des Unternehmens, – Anwendungen der ICT. • Den Vorsitz des Audit-Ausschusses hat weder der Aufsichtsrats-vorsitzende noch ein ehemaliges Vorstands-mitglied inne. • Der Audit-Ausschuss spricht mindestens ein-mal pro Jahr mit dem Wirtschaftsprüfer ohne Anwesenheit des Vor-standes.	– Überwachung der Integrität des Jahres-abschlussberichtes, – Beurteilung der in-ternen »Controls« des Unternehmens, – Überwachung und Beurteilung der in-ternen Revision, – Vorschlag für die Er-nennung des Wirt-schaftsprüfers, den der »Board« der Ak-tionärsversammlung vorlegt, – Beurteilung und Überwachung des Unabhängigkeit des Wirtschaftsprüfers, – Entwicklung und Im-plementierung einer Policy bezüglich der Beratungstätigkei-ten, die durch den Wirtschaftsprüfer ge-leistet werden. • Die Tätigkeiten des Audit-Ausschusses werden in einem sepa-raten Teil des Jahres-abschlussberichtes behandelt. • Der Audit-Ausschuss soll sicherstellen, dass Mitarbeiter Missstände vertraulich besprechen können.
Vergütungssausschuss		• Den Vorsitz des Vergütungsausschusses hat weder der Auf-sichtsratsvorsitzende noch ein ehemaliges Vorstandsmitglied oder ein Aufsichtsrats-mitglied, das ebenfalls ein Aufsichtsratsman-dat bei einem Dritt-unternehmen hat, inne.	• Der Vergütungsaus-schuss beurteilt die Position des Unterneh-mens im Vergleich zu anderen Unterneh-men. • Die variable Vergütung sollte für die »Execu-tive Directors« ein sub-stanzieller Bestandteil sein. • Die Vergütung für »non-Executive Di-rectors« soll den Zeitbedarf und die Verantwortung be-rücksichtigen. Optio-

Thema	Deutscher Corporate Governance Kodex	Niederländischer Corporate Governance-Code	Combined Code (Vereinigtes Königreich)
			nen sind kein Bestandteil dieser Vergütung. • Der Vergütungsausschuss soll die Regelungen bei einer vorzeitigen Kündigung so treffen, dass schlechtes Management nicht entlohnt wird. • Der Vergütungsausschuss soll die Vergütungen für alle »Executive Directors«, den Vorsitzenden und das erste Managementlevel unter dem »Board« bestimmen.
Selektions- und Ernennungsausschuss		• Der Ausschuss legt die Selektions- und Ernennungskriterien für Aufsichtsratsmitglieder und Vorstandsmitglieder fest. • Der Ausschuss nimmt die regelmäßige Beurteilung der Aufsichtsrats- und Vorstandsmitglieder vor und berichtet die Ergebnisse dem Aufsichtsrat.	• Ernennungen in dem »Board« sollen auf objektive Kriterien basieren. • Der »Board« sollte einen Ernennungsausschuss implementieren, der zum größten Teil aus »non-Executive Directors« besteht. • Der Ernennungsausschuss sollte ein Mandat stellen, das seine Rolle und die delegierten Befugnisse beschreibt. • Der Ernennungsausschuss bewertet die Fähigkeiten, Kenntnisse und die Erfahrung der »Board«-Mitglieder und berücksichtigt diese bei Ernennungsvorschlägen. • Wenn der Ernennungsvorschlag dem Vorsitzenden gilt, so muss sichergestellt sein, dass er insbesondere in Krisenzeiten verfügbar ist. Wenn er andere signifikante Tätigkeiten hat, sind diese offen zu legen. • Niemand sollte zwei Rollen als Vorsitzender eines FTSE 100 Unter-

Thema	Deutscher Corporate Governance Kodex	Niederländischer Corporate Governance-Code	Combined Code (Vereinigtes Königreich)
			nehmen auf sich vereinen.
			• Die Voraussetzungen für die Ernennung der »non-Executive Directors« sind offen zu legen. Wenn ein »non-Executive Director« andere signifikante Rollen innehat, sind diese vor der Ernennung offenzulegen.
			• Ein Vollzeit »Executive Director« sollte nicht Vorsitzender eines anderen FTSE 100 Unternehmens sein. Er sollte maximal eine Position als »Non-Executive Director« bekleiden.
			• Die Tätigkeiten des Ernennungsausschusses werden in einem separaten Teil des Jahresabschlussberichtes behandelt.
Interessenkonflikte	• Jedes Aufsichtsratsmitglied ist dem Unternehmensinteresse verpflichtet. • Jedes Aufsichtsratsmitglied soll Interessenkonflikte dem Aufsichtsrat gegenüber offenlegen. • Der Aufsichtsrat soll in seinem Bericht an die Hauptversammlung über aufgetretene Interessenkonflikte und deren Behandlung informieren. • Wesentliche und nicht nur vorübergehende Interessenkonflikte in der Person eines Aufsichtratsmitglieds sollen zur Beendigung des Mandats führen. • Berater- und sonstige Dienstleistungs- und Werkverträge eines Aufsichtsratsmitglieds	• Wenn das Unternehmen eine Transaktion mit einem Drittunternehmen schließen möchte und ein Aufsichtsratsmitglied persönlich ein materielles Interesse hat (durch Aktienbesitz), ein Aufsichtsratsmandat hat oder mit einem Vorstand des Drittunternehmens verwandt ist, liegt ein Interessenkonflikt vor. • Wenn ein Aufsichtratsmitglied vorübergehend Vorstandstätigkeiten übernimmt, dann muss er sein Aufsichtsratsmandat niederlegen.	

Thema	Deutscher Corporate Governance Kodex	Niederländischer Corporate Governance-Code	Combined Code (Vereinigtes Königreich)
	mit der Gesellschaft bedürfen der Zustimmung des Aufsichtsrats.		
Vergütung des Aufsichtsrats	• Die Vergütung des Aufsichtsrates wird durch Beschluss der Hauptversammlung oder in der Satzung festgelegt. • Die Mitglieder sollen neben einer festen eine erfolgsorientierte Vergütung erhalten. Diese erfolgsorientierte Vergütung sollte auch auf den langfristigen Unternehmenserfolg bezogene Bestandteile enthalten. • Die Vergütung der Aufsichtsratsmitglieder soll im Anhang des Konzernabschlusses individualisiert aufgegliedert nach Bestandteilen ausgewiesen werden. • Falls ein Aufsichtsratsmitglied in einem Geschäftsjahr an weniger als der Hälfte der Sitzungen des Aufsichtsrates teilgenommen hat, soll dies im Bericht des Aufsichtsrats vermerkt werden.	• Die Vergütung des Aufsichtsrates darf nicht von den Ergebnissen des Unternehmens abhängig sein.	
Aktionärshauptversammlung	• Der Vorstand legt der Hauptversammlung den Jahresabschluss und den Konzernabschluss vor. • Die Hauptversammlung entscheidet über die Gewinnverteilung sowie die Entlastung von Vorstand und Aufsichtsrat, wählt die Anteilseigner im Aufsichtsrat und in der Regel den Abschlussprüfer.	• Aktionäre sollten an den Entscheidungen in der Hauptversammlung vollwertig teilnehmen können. • Die Hauptversammlung muss Einfluss auf die Entscheidungen des Vorstandes und Aufsichtsrates nehmen können, um so das »Checks and Balances« Prinzip zu erfüllen. • Alle Informationen, die für das Funktionieren	• Der »Board« soll die Aktionärshauptversammlung für die Kommunikation mit den Aktionären nutzen und deren Beteiligung anregen. • Das Unternehmen sorgt dafür, dass jedes wesentliche Thema eine eigene Behandlung erhält. • Der Vorsitzende stellt sicher, dass die Vorsitzenden der Ausschüsse

Thema	Deutscher Corporate Governance Kodex	Niederländischer Corporate Governance-Code	Combined Code (Vereinigtes Königreich)
	• Der Vorstand ruft die Hauptversammlung mindestens einmal jährlich zusammen. • Die Gesellschaft soll den Aktionären die persönliche Wahrnehmung ihrer Rechte erleichtern. • Die Gesellschaft sollte den Aktionären die Verfolgung der Hauptversammlung über moderne Kommunikationsmedien ermöglichen.	der Hauptversammlung notwendig sind, werden durch den Aufsichtsrat und den Vorstand zur Verfügung gestellt. • Wenn Kurs relevante Informationen während der Beantwortung von Fragen bekannt werden, sind diese direkt nach der Hauptversammlung zu veröffentlichen.	anwesend sind, um eventuelle Fragen zu beantworten. • Die institutionellen Anleger stellen sicher, dass ihre Abstimmvorhaben in der Praxis umgesetzt werden.
Wirtschaftsprüfer	• Der Wirtschaftsprüfer soll vor einem Wahlvorschlag eine Erklärung bezüglich seiner Unabhängigkeit von dem Unternehmen und seinen Organmitgliedern abgeben. Es handelt sich insbesondere um die Beratungsleistungen, die der Wirtschaftsprüfer für das Unternehmen erbringt. • Der Wirtschaftprüfer informiert den Audit-Ausschuss oder den Vorsitzenden unverzüglich wenn Ausschuss- oder Befangenheitsgründe während der Prüfung auftreten. • Der Aufsichtsrat erteilt dem Abschlussprüfer den Prüfungsauftrag und trifft mit ihm die Honorarvereinbarung. • Der Wirtschaftsprüfer informiert den Aufsichtsrat unverzüglich über alle Feststellungen die für die Aufgabenerfüllung des Aufsichtsrats wesentlich sind. • Der Abschlussprüfer nimmt an den Beratungen des Aufsichtsrats über den Jahres-	• Der Wirtschaftsprüfer nimmt an der Aufsichtsratssitzung zur Feststellung des Jahresabschlussberichtes und Besprechung des Wirtschaftsprüferberichtes teil. • Der Wirtschaftsprüfer erhält alle finanziellen Informationen, die die Basis für die Erstellung der Finanzberichte sind und bekommt die Gelegenheit, darauf zu reagieren. • Der Wirtschaftsprüfer kann den Vorsitzenden des Audit-Ausschusses bitten, bei einer Sitzung des Audit-Ausschusses anwesend zu sein. • Der Wirtschaftsprüfer wird durch die Aktionärshauptversammlung beauftragt. Er ist in der Hauptversammlung anwesend und kann das Wort führen. • Der Aufsichtsrat wird durch den Vorstand und den Audit-Ausschuss jährlich von den Ergebnissen des Wirtschaftprüfers unterrichtet. Es handelt sich	

Thema	Deutscher Corporate Governance Kodex	Niederländischer Corporate Governance-Code	Combined Code (Vereinigtes Königreich)
	und Konzernabschluss teil und berichtet über die wesentlichen Ergebnisse seiner Prüfung.	dabei insbesondere um die Unabhängigkeit des Wirtschaftsprüfers. • Mindestens einmal in vier Jahren beurteilen Vorstand und Audit-Ausschuss die Leistungen des Wirtschaftsprüfers. Auf dieser Beurteilung basiert der Vorschlag zur Beauftragung des Wirtschaftsprüfers durch die Hauptversammlung.	
Interne Revision		• Die interne Revision unterliegt der Verantwortung des Vorstandes. • Die interne Revision beurteilt und prüft das interne Risikobeherrschungs- und Kontrollsystem. • Der Wirtschaftsprüfer und der Audit-Ausschuss werden bei der Erstellung des Revisionsplans mit eingebunden und haben Einsicht in die Revisions-Findings.	
Transparenz	• Der Vorstand wird neue Tatsachen, die im Tätigkeitsbereich des Unternehmens aufgetreten und nicht öffentlich bekannt sind, unverzüglich veröffentlichen, wenn sie in der Lage sind, den Börsenpreis der zugelassenen Wertpapiere der Gesellschaft wesentlich zu beeinflussen. • Sobald der Gesellschaft bekannt wird, dass jemand 5, 10, 25, 50 oder 75 % der Stimmrechte an der Gesellschaft erreicht, über- oder unterschreitet, wird dies vom Vor-		

Thema	Deutscher Corporate Governance Kodex	Niederländischer Corporate Governance-Code	Combined Code (Vereinigtes Königreich)
	stand unverzüglich mitgeteilt. • Erwerb oder Veräußerung von Aktien der Gesellschaft oder darauf bezogener Erwerbs- oder Veräußerungsrechte, sowie von Rechten die unmittelbar vom Börsenkurs der Gesellschaft abhängen, durch Vorstands- und Aufsichtsratsmitglieder der Gesellschaft oder ihres Mutterunternehmens sowie durch bestimmte ihnen nahe stehende Personen werden unverzüglich der Gesellschaft mitgeteilt und durch die Gesellschaft unverzüglich veröffentlicht.		

Anhang 2: IT-Governance-Checkliste

Diese Checkliste basiert auf IT Control Objectives for Sarbanes-Oxley, die von dem IT Governance Institute herausgegeben wurden.

Fragen	Antworten	Kommentare
General Controls		
Kauf oder Entwicklung von Application-Software		
1 Sind die Sicherheits-, Verfügbarkeits- und Integritätsanforderungen der Organisation in der Systementwickungs-Lebenszyklus-Methodologie (SLM) berücksichtigt?	☐ ja ☐ nein	
2 Werden die Entwicklung und der Kauf neuer Systeme sowie wesentliche Änderungen an bestehenden Systemen in der SLM berücksichtigt?	☐ ja ☐ nein	
3 Stellt die SLM sicher, dass neue Systeme so entwickelt werden, dass Application Controls zur Unterstützung vollständiger, richtiger, autorisierter und valider Abwicklung in das System integriert werden?	☐ ja ☐ nein	
4 Verfügt die Organisation über einen Softwarekauf- und Planungsprozess, der zu ihrer allgemeinen strategischen Ausrichtung passt?	☐ ja ☐ nein	
5 Stellt das IT-Management sicher, dass die Mitarbeiter ausreichend in der Entwicklung der Applications, Selektion von Standardsoftware und deren Testen zur Absicherung einer zuverlässigen Umgebung eingebunden sind?	☐ ja ☐ nein	
6 Werden Prüfungen nach der Implementierung zur Sicherstellung der Effektivität der Controls durchgeführt?	☐ ja ☐ nein	
7 Wird der Kauf-, Entwicklungs- und Planungsprozess in der Organisation eingehalten?	☐ ja ☐ nein	
Kauf der technischen Infrastruktur		
8 Bestehen dokumentierte Prozesse, die gewährleisten, dass gekaufte Infrastrukturkomponenten zu den Anforderungen der Finanz-Applications passen?	☐ ja ☐ nein	
Entwicklung und Wartung von Policies und Prozessen		
9 Werden die SLM, Policies und Prozesse regelmäßig durch das Management geprüft, aktualisiert und genehmigt?	☐ ja ☐ nein	
10 Wird in der Organisation sichergestellt, dass Systeme und Applications konform ihrer unterstützten Policies und Prozesse entwickelt werden?	☐ ja ☐ nein	

Fragen	Antworten	Kommentare
Installation und Testen der Application Software und der technologischen Infrastruktur		
11 Ist eine Teststrategie für alle signifikanten Änderungen in Applications und technischer Infrastruktur implementiert, die auf Unit-, System-, Integration- und User-Acceptance-Level-Testing fokussiert und somit sicherstellt, dass die Systeme so funktionieren, wie sie vorgesehen sind?	☐ ja ☐ nein	
12 Wird Load- und Stress-Testing so durchgeführt, wie es im Testplan und in den maßgeblichen Testing-Standards vorgesehen ist?	☐ ja ☐ nein	
13 Werden Schnittstellen zwischen Systemen getestet, um sicherzustellen, dass die Datenübertragung vollständig, richtig und valide stattgefunden hat?	☐ ja ☐ nein	
14 Wird im Falle einer Datenkonversion zwischen Quelle und Bestimmung festgestellt, dass die Daten nach der Konversion vollständig, richtig und valide sind?	☐ ja ☐ nein	
Change Management		
15 Sind Change-Requests standardisiert, dokumentiert und unterliegen sie einem formalen Change-Management-Prozess?	☐ ja ☐ nein	
16 Werden Not-Change-Requests dokumentiert und unterliegen sie formalen Change-Management-Prozessen?	☐ ja ☐ nein	
17 Gibt es Controls, die sicherstellen, dass die Migration von Programmen in die Produktivumgebung nur durch autorisierte Personen vorgenommen wird?	☐ ja ☐ nein	
18 Stellt das IT-Management sicher, dass der Set-up und die Implementierung von Systemsoftware die Datensicherheit und die Programme nicht beeinträchtigt?	☐ ja ☐ nein	
Definition und Management der Service-Levels		
19 Werden Service-Levels zur Umsetzung der Anforderungen an Financial-Reporting-Systeme definiert und überwacht?	☐ ja ☐ nein	
20 Ist ein Rahmenwerk zur Etablierung der Leistungsindikatoren in Service-Level-Agreements (sowohl intern als auch extern) definiert?	☐ ja ☐ nein	
Management der Dienstleistungen durch Dritte		
21 Sind die Verantwortung für die regelmäßige Überwachung der Erreichung der im SLA festgehaltenen Leistungskriterien und das Berichtswesen eindeutig geregelt?	☐ ja ☐ nein	
22 Wird die Qualifizierung und die Finanzlage der potenziellen Auslagerungsunternehmen geprüft, bevor ein Dienstleister ausgewählt wird?	☐ ja ☐ nein	

Fragen	Antworten	Kommentare
24 Werden die Risiken, Sicherheits-Controls und Prozesse für Informationssysteme und Netzwerke im Auslagerungs-vertrag geregelt?	☐ ja ☐ nein	
25 Ist ein formaler Vertrag definiert (mit u. a. der Definition der Anforderungen am Internal-Control-Framework und der Anerkennung der Policies und Prozesse des aus-lagernden Unternehmens) und unterschrieben, bevor mit der Ausführung der Aktivitäten begonnen wird?	☐ ja ☐ nein	
26 Wird die Sicherheit, Verfügbarkeit und Integrität der Verarbeitung der ausgelagerten Aktivitäten regelmäßig geprüft?	☐ ja ☐ nein	
Gewährleistung der Systemsicherung		
27 Besteht eine Informationssicherheits-Policy, die durch eine angemessene Management-Ebene abgenommen wurde?	☐ ja ☐ nein	
28 Wurde ein Rahmenwerk der Sicherheitsstandards zur Erreichung der Ziele der Sicherheitspolicy entwickelt?	☐ ja ☐ nein	
29 Besteht ein IT-Sicherheitsplan, der mit den allgemeinen IT-Strategieplänen im Einklang ist?	☐ ja ☐ nein	
30 Wird der IT-Sicherheitsplan regelmäßig der veränderten Situation und der veränderten Sicherheitsanforderungen spezifischer Systeme angepasst?	☐ ja ☐ nein	
31 Bestehen Prozesse zur Authentizität aller Benutzer, um die Validität der Transaktionen zu gewährleisten und werden diese Prozesse auch eingehalten?	☐ ja ☐ nein	
32 Bestehen Prozesse zur Sicherstellung der Effektivität der Authentizitäts- und Zugangsmechanismen und werden diese Prozesse auch eingehalten?	☐ ja ☐ nein	
33 Bestehen Prozesse zur Sicherstellung zeitnaher Aktionen bezüglich der Anfrage, Eröffnung, Suspendierung und Schließung von User-Accounts?	☐ ja ☐ nein	
34 Besteht ein Kontrollprozess zur regelmäßigen Prüfung und Bestätigung der Benutzerrechte und wird dieser Prozess eingehalten?	☐ ja ☐ nein	
35 Gibt es Controls die sicherstellen, dass keine Partei den Audit-Trail beeinflussen kann?	☐ ja ☐ nein	
36 Wenn das Netzwerk mit dem öffentlichen Netzwerk ver-bunden ist, sind Controls, wie Firewalls Intrusion De-tection und Vulnerability Assessments implementiert?	☐ ja ☐ nein	
37 Werden die Sicherheitsaktivitäten durch IT-Security überwacht und protokolliert und werden identifizierte Sicherheitsverletzungen dem Senior Management berichtet?	☐ ja ☐ nein	

Fragen	Antworten	Kommentare
38 Gibt es eine funktionale Trennung zwischen der Genehmigung und Einrichtung der Benutzerrechte und wird diese eingehalten?	☐ ja ☐ nein	
39 Ist der Zugang zu den Gebäuden auf autorisiertes Personal begrenzt und wird die Identifizierung und Authentifikation adäquat durchgeführt?	☐ ja ☐ nein	
Konfigurationsmanagement		
40 Ist sichergestellt, dass nur autorisiertes Personal die IT-Systeme benutzen kann?	☐ ja ☐ nein	
41 Werden die Systemkomponenten (einschließlich Firewalls, Routers, Switches, Network Operating Systems, Servers) so konfiguriert, dass unautorisiertem Zugang vorgebeugt wird?	☐ ja ☐ nein	
42 Sind Applikationen und Data Storage Systems so konfiguriert, dass sie dem einzelnen Mitarbeiter nur die Rechte (Lesen, Aktualisieren, Löschen, etc.) gemäß seiner Benutzerrechte ermöglichen?	☐ ja ☐ nein	
43 Sind Prozesse zum Virenschutz in der ganzen Organisation implementiert?	☐ ja ☐ nein	
44 Wird die adäquate Konfiguration der Software und Netzwerk-Infrastruktur regelmäßig geprüft?	☐ ja ☐ nein	
Problem- und Incidentmanagement		
45 Ist ein Problemmanagementsystem zur Erfassung, Analyse und rechtzeitigen Lösung operationeller Ereignisse, die nicht Teil des normalen Betriebs sind, implementiert?	☐ ja ☐ nein	
46 Ist der Audit-Trail im Problemmanagementsystem so sichergestellt, dass die Ursache der Ereignisses aufgespürt werden kann?	☐ ja ☐ nein	
47 Besteht ein Prozess zur zeitnahen Reaktion und Untersuchung der nicht autorisierten Aktivitäten?	☐ ja ☐ nein	
Datamanagement		
48 Bestehen Policies und Prozesse für das Handling, die Verteilung und das Halten der Daten und des Reportings?	☐ ja ☐ nein	
49 Sind vertrauliche Informationen logisch und physisch während der Speicherung und Datenübertragung gegen nicht autorisierten Zugang und nicht autorisierte Veränderung geschützt?	☐ ja ☐ nein	
50 Sind die Datenaufbewahrungsfristen für Dokumente, Programme, Reports und Nachrichten (z. B. E-Mail, ein- und ausgehend) als auch für die Verschlüsselungsdaten und Authentifikationsdaten (Zertifikate, Schlüssel) definiert?	☐ ja ☐ nein	

Fragen	Antworten	Kommentare
51 Hat das Management eine Strategie für ein zyklisches Backup der Daten und Programme implementiert?	☐ ja ☐ nein	
52 Bestehen Testprozesse zur Prüfung der Effektivität des Restoring-Prozesses und der Qualität der Backup-Medien?	☐ ja ☐ nein	
53 Werden Veränderungen in Datenstrukturen autorisiert und im Einklang mit Entwurfsspezikationen rechtzeitig umgesetzt?	☐ ja ☐ nein	
Operationsmanagement		
54 Hat das Management Standardprozesse für IT-Operations (Scheduling, Managing, Überwachung der Sicherheit, Verfügbarkeit und Abwicklungsintegrität) implementiert?	☐ ja ☐ nein	
55 Ist ein Audit-Trail in den Systemen implementiert?	☐ ja ☐ nein	
56 Werden Systemereignisdaten so entworfen, dass eine vernünftige Sicherheit hinsichtlich der Vollständigkeit und rechzeitigen Verarbeitung der System- und Datenverarbeitung besteht?	☐ ja ☐ nein	
57 Bestehen Policies und Prozesse für das End-User Computing (Ms-Office) bezüglich der Sicherheit, Verfügbarkeit und Verarbeitungsintegrität und werden sie eingehalten?	☐ ja ☐ nein	
58 Werden End-User-Programme dokumentiert und regelmäßig bezüglich der Verarbeitungsintegrität geprüft (insbesondere die, die im Rahmen der Jahresabschlussarbeiten eine wichtige Rolle spielen)?	☐ ja ☐ nein	
59 Werden für Benutzer entwickelte Systeme regelmäßig gesichert und diese Backups sicher aufbewahrt?	☐ ja ☐ nein	
60 Werden für Benutzer entwickelte Systeme gegen unautorisierte Benutzung gesichert?	☐ ja ☐ nein	
61 Ist der Zugang zu von Benutzern enwickelten Systemen auf eine bestimmte Anzahl von Benutzern begrenzt?	☐ ja ☐ nein	
62 Werden Eingaben, Verarbeitung in und Ergebnisse aus von Benutzern enwickelten Systemen unabhängig bezüglich Vollständigkeit und Richtigkeit geprüft?	☐ ja ☐ nein	

Literaturverzeichnis

Alexander, Carol: Managing Operational Risks with Bayesian Networks in: Operational Risk (Alexander, Carol), February 2003.

Allen, F./Gale, D.: Corporate Governance and Product Market Competition, in: Vives, X. (Hrsg.): Corporate Governance: Theoretical and Empirical Perspectives, Cambridge 2000.

Anders, Ulrich/Sandstedt, Michael: An operational risk scorecard approach, in: Risk, January 2003, S. 48–51, 2003.

Anders, Ulrich: The path to operational risk economic capital, in: Operational Risk (Alexander, Carol), February 2003.

Basel Committee on Banking Supervision, International Convergence for Capital Measurement and Capital Standards, A Revised Framework, Basel, 2004.

Basel Committee on Banking Supervision, Sound Practices for the Management and Supervision of Operational Risk, Basel, 2003.

Baums, Th. (Hrsg.): Bericht der Regierungskommission Corporate Governance, Köln 2001.

Brauner, Ch.: Elektrosmog – ein Phantomrisiko, Schweizerische Rückversicherungs-Gesellschaft, Zürich 1996.

Brink, Gerrit Jan van den: Operational RiskManagement: The core risk for the operations manager, in: Gerrit Jan van den Brink, Banking/Trading – Operations Management, Hampshire (U. K.), 2003.

Brink, Gerrit Jan: Alles im grünen Bereich, in RISKNEWS 1/2004, Seite 39–43.

Bundesanstalt für die Finanzdienstleistungsaufsicht, Auslagerung von Bereichen auf ein anderes Unternehmen gemäß § 25a Abs. 2 KWG, Rundschreiben 11/2001, Bonn, 2001.

Bundesanstalt für die Finanzdienstleistungsaufsicht, Mindestanforderungen an das Betreiben von Handelsgeschäften der Kreditinstitute, Berlin, 1995.

Bundesanstalt für die Finanzdienstleistungsaufsicht, Mindestanforderungen an das Kreditgeschäft der Kreditinstitute, Bonn, 2002.

Dallas, George S. (Hrsg.): Governance and Risk, McGraw Hill 2004.

Deutsche Bank Research (DB Research): Corporate Governance in Deutschland: Perspektiven der Wissenschaft, Research Notes in Economics & Statistics, Frankfurt/M. 2002.

Erben, R.: Analyse ausgewählter Unternehmenskrisen: Swissair, Enron und KirchGruppe, in: Romeike, F.; Finke, R. (Hrsg.): Erfolgsfaktor Risikomanagement: Chance für Industrie und Handel, Lessons learned, Methoden, Checklisten und Implementierung, Gabler Verlag, Wiesbaden 2003.

Farny, D.: Versicherungsbetriebslehre, 3. Auflage, Verlag Versicherungswirtschaft, Karlsruhe 2000.

Gnusins, Jurijs: Vor- und Nachteile der Extremwerttheorie für die Modellierung des Operational Risk, Seminararbeit an der Johann Wolfgang Goethe-Universität, Frankfurt am Main 2003.

Helten, Elmar/Hartung, Thomas: Restrukturierung von Wertschöpfungsketten im Allfinanzbereich, in: Ackermann, Walter (Hrsg.): Financial Services – Modelle und Strategien der Wertschöpfung, St. Gallen, 2001.

Hucke, A./Ammann, H.: Der Deutscher Corporate Governance Kodex – Ein Praktiker-Leitfaden für Unternehmer und Berater, Herne 2003.

Kaiser, Thomas/Köhne, Marc: Incentives for consistent operational risk management and reporting, KPMG Basel Briefing 5, Mai 2003.

Karten, W.: Existenzrisiken der Gesellschaft – Herausforderungen für die Assekuranz, in: ZVersWiss 3/1988, S. 347.

König, E.: Internationale Entwicklungen zur Aufsicht über Rückversicherungsunternehmen – ein Paradigmenwechsel?, in: Geib, Gerd (Hrsg.): Rechnungslegung von Versicherungsunternehmen: Festschrift zum 70. Geburtstag von Dr. Horst Richter, Düsseldorf 2001, S. 161–180.

KPMG-Report: »Study into the methodologies to assess the overall financial position of an insurance undertaking from the perspective of prudential supervision, Mai 2002.

Laux, H.: Entscheidungstheorie, 3. Auflage, Berlin 1995.

Lutter, M.: Die Erklärung zum Corporate Governance Kodex gemäß § 161 AktG, in: ZHR 2002, S. 523 ff.

Müller-Reichart, M./Kurtz, H. J.: Psychologische Hintergründe der individuellen Risikobereitschaft im Lichte des Versicherungsentscheidungsproblems, Versicherungswirtschaft 4/1990, 45. Jahrgang.

Murtfeld, Martin: Corporate Governance Ratings, in: RATINGaktuell 05/2003, S. 16–22.

Noack, U.: Die Internetgestützte Hauptversammlung, in: Noack/Spindler (Hrsg.): Unternehmensrecht und Internet, München 2001, S. 13–35.

OECD Wirtschaftsberichte: Deutschland 1995, Paris 1995.

OECD-Beratergruppe: Corporate Governance – Verbesserung der Wettbewerbsfähigkeit und der Kapitalbeschaffung auf globalen Märkten, Paris 1998.

Pfitzer, N./Oser, P.: Deutscher Corporate Governance Kodex – Ein Handbuch für Entscheidungsträger, Stuttgart 2003.

Porter, M. E.: Nationale Wettbewerbsvorteile – Erfolgreich konkurrieren auf dem Weltmarkt, Verlag Droemer Knaur, München, 1991.

Romeike, F.: Basel II und die Versicherungswirtschaft, in: Zeitschrift für Versicherungswesen, 53. Jahrgang, 15. Mai 2002, Heft 10.

Romeike, F.: Corporate Governance im Mittelstand – Die Chancen einer höheren Transparenz nutzen, in: Accounting, 4/2004, S. 16.

Romeike, F.: Deutscher Corporate Governance Kodex, in: Das neue Kontroll- und Transparenzgesetz (Hrsg. Rüdiger Apel), Mering 2002.

Romeike, F.: Die Auswirkungen von Solvency II auf die Versicherungswirtschaft, in: RATING aktuell, Januar/Februar 2003, Heft 1, S. 26–29.

Romeike, F.: Enterprise-wide Risk Mangement: Opportunities to maximise value and minimise risk, in: Credit Management in a European Context (Hrsg. Schneider-Maessen/Bernd Weiß), Economica Verlag, Heidelberg 2003.

Romeike, F.: Gesetzliche Grundlagen, Einordnung und Trends, in: Romeike, Frank; Finke, Robert (Hrsg.): Erfolgsfaktor Risikomanagement: Chance für Industrie und Handel, Lessons learned, Methoden, Checklisten und Implementierung, Gabler Verlag, Wiesbaden 2003.

Romeike, F.: IT Risiken und Grenzen traditioneller Risikofinanzierungsprodukte, in: Zeitschrift für Versicherungswesen, 51. Jahrgang, 1. September 2000, Heft 17.

Romeike, F.: Milchsumpf: Der Zusammenbruch des italienischen Konzerns Parmalat, in: RISKNEWS – Das Fachmagazin für Risikomanagement, Heft 02/2004, S. 52–56.

Romeike, F.: Neue Risiken, neue Konzepte, Innovative Wege im Risikomanagement, in: FINANCE, Heft 5/2004, Sonderbeilage S. 10–11.

Romeike, F.: Rating von Versicherungsunternehmen, in: RATING aktuell, August/September 2003, Heft 4, S. 12–17.

Romeike, F.: Sarbanes-Oxley Gesetz, in: Das neue Kontroll- und Transparenzgesetz (Hrsg. Rüdiger Apel), Mering 2002.

Romeike, F.: Zur Risikoverarbeitung in Banken und Versicherungsunternehmen (Teil 3), in: Zeitschrift für Versicherungswesen, 46. Jahrgang, 1. Februar 1995, Heft 3.

Romeike, F.: Zur Risikoverarbeitung in Banken und Versicherungsunternehmen (Teil 2), in: Zeitschrift für Versicherungswesen, 46. Jahrgang, 15. Januar 1995, Heft 2.

Romeike, F.: Zur Risikoverarbeitung in Banken und Versicherungsunternehmen (Teil 1), in: Zeitschrift für Versicherungswesen, 46. Jahrgang, 1. Januar 1995, Heft 1.

Romeike, Frank, Integration von E-Business und Internet in das Risk-Management des Unternehmens. In: Kommunikation & Recht: Betriebsberater für Medien, Telekommunikation und Multimedia (Verlag Recht und Wirtschaft Heidelberg), Heft 8 (2001), S. 412–417.

Romeike, Frank: Lexikon Risikomanagement, Wiley-VCH, Weinheim 2004.

Schradin, H. R.: Erfolgsorientiertes Versicherungsmanagement. Betriebswirtschaftliche Steuerungskonzepte auf risikotheoretischer Grundlage, Karlsruhe 1993.

Sharma Report: »Prudential supervision of insurance undertakings – Conference of insurance supervisory services of the member states of teh European Union, Dezember 2002.

The Müller Group Report: Solvency of insurance undertakings. Conference of Insurance Supervisory Authorities of the Member States of the European Union, 1997.

Ulmer, P.: Der Deutsche Corporate Governance Kodex – ein neues Regulierungsinstrument für börsennotierte Aktiengesellschaften, in: ZHR 2002, S. 150 ff.

Waldersee, G./Ranzinger, Chr.: Gestaltung und Bewertung des Internen Kontrollsystems, in: Pfitzer, N./Oser, P.: Deutscher Corporate Governance Kodex – Ein Handbuch für Entscheidungsträger, Stuttgart 2003, S. 473–489.

Zweifel, P./Eisen, R.: Versicherungsökonomie, Berlin 2002.

Zweifel, P./Pedroni, G.: Chancen und Risiko, Messung, Bewertung, Akzeptanz, Basel 1988.

Stichwortverzeichnis